선물 옵션 실전 고수의

성공투자전략

문홍임과 함께 떠나는 신나는 선물 옵션 투자여행

선물옵션 실전고수의 성공투자전략

문홍임 지음

화매 BOOKS

시작하는 글

2001년도 9.11테러 이후 파생상품에 대한 일반인들의 관심이 부쩍 늘었습니다. 당시에는 순식간에 500배의 투자수익을 올린 사람도 있었습니다. 하지만 당시에도 피해자는 있었고 지금도 마찬가지입니다.

실전거래에서는 늘 개인투자자들의 피해가 발생할 수밖에 없습니다. 최근의 예만 보아도, 2010년 11월 10일 옵션만기일에 10분 만에 250배의 큰 수익을 낸 사람이 있었던 반면에 그 10분 동안 750만 원의 수익을 위해 풋옵션 매도를 했다가 15억을 손해본 사람도 있었습니다. 이처럼 쉽게 수익을 낼 수도 있지만 순식간에 투자금을 모두 잃을 수도 있는 것이 파생상품입니다. 이런 시장에서 장세판단력을 갖추지 않은 채 실전에 임하는 개인투자자들의 모습을 보면 너무나 안타깝습니다.

필자는 2001년 1월에 선물 옵션에 관한 체험수기를 여성으로서는 국내 최초로 출간한 뒤 많은 독자들에게서 실전 강의 및 교육의 필요성을 제의받았고, 지금까지도 금융시장을 떠나지 못하고 있습니다.

2007년에 필자는 주가지수 최고점인 2080포인트 전후에 주식투자자들에게 주식을 팔도록 종용한 바 있습니다. 그 후 주가는 대폭락을 시작하여 900포인트까지 내려갔습니다. 이 하락장에서 많은 투자자들이 피해를 보았지만 필자와 함께했던 선물 옵션거래자들 가운데는 오히려 신흥갑부가 된 사람도 있었습니다.

필자는 지금까지 파생거래의 3대 원칙인 리스크 관리, 추세적 대응, 기계적 대응을 적용하면서 투자자들이 안전하게 자산을 불려가도록 교육해왔습니다. 다행히 필자와 함께했던 많은 투자자들이 잃었던 집을 되찾고 빚도 갚았으며 새로운 사업자금을 마련하는 등 좋은 소식이 많았기에 보람 또한 컸습니다.

그동안 종일 방송을 진행하면서 상담을 통해서 알게 된 많은 투자자들의 사례와 회원관리를 통해 모은 성공한(혹은 실패한) 투자자들의 이야기를 섬세한 부분까지 신경 써서 한 권의 책으로 엮게 되었습니다.

이 책에는 실전에서 채팅을 통해 벌어지는 투자교실의 현장을 스케치했고, 그들의 경험담과 성공한 교육생들의 증언 및 실전매매기법도 실었습니다. 알찬 재테크의 필독서, 또는 주식, 선물 옵션 실전거래자의 필독서로 자리 잡을 수 있도록 하기 위해 몇 달의 공을 들여 세심하게 집필했습니다.

"21세기는 금융상품을 모르면 금융의 문맹자가 된다."고 했던 전 FRB 엘런 그린스펀 의장의 말이 생각납니다. 이제 우리는 글로벌 금융시장의 동조화 현상을 정확하게 읽을 줄 알아야 합니다. 선물 옵션에서는 "수익 잘 내는 세력들의 매매 방법"을 배우는 것이 무엇보다 중요합니다. 이것만 해내면 이 분야에서 성공하는 것은 어렵지 않습니다.

대한민국의 투자자들이 세계금융시장을 재패할 수 있는 실력을 갖추는 데 조금이라도 도움이 되었으면 하는 바람입니다.

몇 년 전부터 이 책을 기다려왔던 사랑하는 독자들께 정말로 죄송스럽게 생각합니다. 아직 미흡한 부분이 많은 원고나마 독자들의 성원을 바라며, 그동안 원고를 위해 협조해주신 엠포트 교육생들과 사랑하는 가족과 정정란 황매 출판사 대표님 이하 직원들에게도 감사드립니다.

2010년 11월 방송실에서

엠포트 대표 문홍임

차 례

4 신나는 투자여행을 위한 실전 고수의 성공투자 법칙

5 옵션 투자를 위한 고수의 전략

6 실전 고수의 지혜 나누기

7 실전에서 꼭 필요한 이론 배우기

1

부의 패러다임

FUTURE OPTION

미래형 재테크 기술을 배워라

남보다 한발 앞서서 미래에 대한 준비를 하는 사람은 인생을 낭비하지 않고 성공하는 것을 볼 수 있다. 하지만 변화에 대비하지 못하는 사람은 사업을 하든 재테크를 하든 어떤 일을 해도 발전이 없다.

선진국으로 갈수록 실업은 증가 추세이며 서민들의 가정경제 또한 경기침체, 구조조정 등으로 그 어느 때보다 어렵다. 이미 가계부채가 750조에 이른다는 뉴스는 어제오늘 일이 아니다. 하지만 아무리 어려워도 희망은 어딘가 반드시 있기 마련이다. 외부 상황이 안 좋을수록 내면의 힘을 키워야 한다.

임금상승률보다 물가상승률이 더 높고 예금이자는 이미 마이너스 금리 시대에서 재테크는 필수다. 월급만으로는 미래가 보장되지 않기 때문이다. 서민들의 고전적인 재테크는 단연 저축이었다. 하지만 몇 년 전부터 불기 시작한 부자 열풍은 이러한 재테크 방식에 획기적인 변화를 가져왔다.

소위 대한민국 1%라는 부자들의 비밀이 '종자돈'과 '부동산 투자'였다는 비밀 아닌 비밀이 알려지면서 직장인부터 주부까지 너도나도 '종자돈 모으기' 열풍에 휩싸였다.

얼마 전까지 서점가를 강타한 부동산 재테크 관련 책까지 이런 '부자들을 따라 하는 재테크'가 재테크의 유일한 공식인양 다루어져 온 게 사실이다. 하지만 이런 재테크 관련 책은 부자가 될 수 있다는 환상만 불러일으킬 뿐 실제로는 어설픈 지식과 경험으로 실패자만 양산할 뿐이다. 그럴 수밖에 없는 것이 과거와는 다르게 경제 상황이 계속 변하고 있는데도 그 변화에 대한 성찰 없이 방법만 전달하고 있기 때문이다.

이들이 부동산에 투자해 부자가 된 시점은 우리 경제성장률이 상승곡선을 그리고 있을 때였다. 경제성장기에는 굳이 무언가를 하지 않아도 토지든 아파트든 사놓기만 하면 대박을 안겨줬을 테니 이들이 부자가 된 것은 당연하다. 하지만 안정기를 거쳐 저성장기에 접어든 지금 시점에서 이 같은 방법으로 그들이 누린 대박을 기대하기는 어렵다.

적어도 앞으로 3년 후, 길게는 10년 후 부자를 꿈꾼다면 '과거 부자를 따라 하는 재테크'를 과감하게 버리고 경제와 사회 변화를 미리 예측해 준비해야 한다. 부자 패러다임이 빠르게 바뀌고 있다. 이러한 부자 패러다임의 변화 속에서 무엇을 준비해야 하나?

21세기는 지적 재산을 많이 가진 사람이 부자가 된다. 즉 '종자돈'이 부자를 만드는 것이 아니라 '종자인간'이 부자를 만드는 비밀이라고 할 수 있다. 남들이 하지 않는 일을 먼저 생각하고 발견하고 계발한다면 그 사람은 어떠한 환경에서도 살아남을 수 있다는 것이다.

종자인간이란 무엇인가? '돈 버는 기술을 가진 사람' 을 말한다. 바야흐로 '돈 버는 기술을 가진 사람' 의 수익률이 부동산투자 수익률보다 높은 시대가 온 것이다.

종자인간이 되기 위해선 돈 버는 기술을 배워야 한다. 이것을 재才테크라 한다. 커리어를 키우고 관리하는 재(才)테크가 새로운 재(財)테크 전략으로 떠오르고 있다.

재(才)테크를 통해 돈 버는 기술을 배우게 되면 평생 불황이 없는 사업, 정년이 없는 직장을 가지고 부를 얻게 될 것이다. '종자인간' 과 '才테크' 는 바로 무한경쟁 시대에 돌입한 우리 사회에 꼭 맞는 미래형 재테크이자 향후 대한민국을 이끌어갈 새로운 부자에 대한 대안이다.

자! 그러면 불황이 없는 재테크를 하기 위해 무엇을 어떻게 준비해야 하는지 신나는 투자여행을 떠나보도록 하자.

당신이 지금 어떠한 직업적 경력이나 인간적인 삶이 최고 단계에 이르렀다 할지라도 이 순간부터는 안전벨트를 단단히 맬 것을 부탁한다. 왜냐하면 당신은 지금 평생 불황 없는 사업, 파생상품 최고 테크니션이 되기 위해 정상을 향해 올라가고 있기 때문이다.

문홍임과 함께 떠나는 신나는 투자여행은 그야말로 종자인간이 되는 여행이 될 것이다. 그 어느 할리우드의 블록버스터 영화보다 더 극적이고 스릴이 넘치며, 솔로몬의 보물보다 더 값진 대가가 기다리고 있다.

금융문맹자는 부자가 될 수 없다

미연방준비이사회(FRB) 의장을 지냈던 그린스펀도 21세기는 금융을 모르면 금융문맹자가 될 것이라고 말한 바 있다. 알면 아는 만큼 갑부가 되고 모르면 빈민층으로 전락하는 곳이 금융시장이다.

주식이 매력을 잃은 상황에서 많은 투자자들이 좀 더 실력 있는 고수들이 즐기는 파생상품으로 이동하고 있다. 이제 개인의 비중이 60%가 넘는 것을 보면 너도나도 관심을 가지고 있다는 것을 말해준다. 하지만 상품에 대한 매력을 느끼고는 있지만 레버리지가 크기 때문에 선뜻 뛰어들기가 겁나고 두려운 것이 현실이다. 왜냐하면 레버리지가 커 주식과 비교할 수 없는 고수익이 있는 반면 위험 또한 큰 상품이기 때문이다.

한국의 선물 옵션시장은 거래대금이나 거래량 규모가 현재 세계 1위를 할 정도이다. 2,000년 초 4만 개에 불과하던 계좌는 2010년 현재 20만 계좌가 넘는다는 통계가 나와 있다. 고객 예탁금은 무려 15조 원대에 있으며 신용융자 잔고만 해도 5조 원대에 육박하고 있다. 선물거래를 하는 예수금은 10조 원에 달한다. 실제 빚으로 투자한 주식대금을 공제하면 선물거래대금이 훨씬 많다는 결론이다.

펀드에 몰린 투자자가 많다고는 하지만 선물 옵션거래는 1년 내내 비수기가 없기 때문에 시장 거래대금과 회전율은 주식투자에 비교할 바가 아닐 정도로 지속적으로 성장하고 있다. 때문에 선물 옵션거래 시장을 중심으로 한 1일 데이트레이딩으로 수익을 올리고 있는 투자자가 많아 '전업투자자의 새 직종'으로 부상하고 있다. 이렇듯 주식시장에서 이른바 실력 있는 고수들은 모두 선물 옵션시장으로 집결하고 있다. 이로 인해 투자자들은 선물 옵션 투자를 '불황 없는 사업'이라고 여겨 너나 할 것 없이 뛰어들고 있다. 하지만 많은 투자자들이 아무런 준비도 없이 뛰어들어 큰 손실을 보고 있는 실정이다. 막상 시장에 뛰어든 후 선물 옵션의 거래방법과 시장 방향을 모르면 큰 낭패를 볼 수 있기 때문에 공부와 실전훈련을 절저히 하지 않으면 안 된다.

한국의 파생상품시장이 전 세계에서 1위를 할 정도의 거대한 시장이지만 왜 하필 개미투자자들만 피해자가 되어야 하는지 한번쯤 되돌아보면 준비의 필요성을 느낄 수 있을 것이다.

이제는 개인들도 이길 수 있는 법칙을 배운 뒤 훈련을 통해 세계의 금융시장을 제패하는 역전 드라마가 펼쳐지길 바란다.

선물 옵션투자는 실업으로부터의 해방

현재 우리나라는 청년실업 100만 시대에 이르고 있다. 일자리를 원하는 인구까지 본다면 대략 300~400만 명에 이르고 있다. 4년제 대학을 졸업하고도 일자리 구하기가 하늘에 별 따기라는 말이 일반화되어 있다. 최근 20대 실업을 빗대어 하는 말 중 이구백(20대 90% 백수), 졸백(졸업하자마자 백수), 사오정(45세 정년퇴직) 등의 말들처럼 우리는 실로 위기의 시대에 살고 있는 것이다. 이처럼 우리 사회는 일자리를 원하는 인구는 늘어나는 추세지만 정작 일자리는 그다지 많지 않은 것이 현실이다.

얼마 전 치과 의사와 성형외과 의사도 경제적 문제로 자살을 했다는 보도를 접한 적이 있다. 이처럼 어떤 직업도 비수기가 있고 영원하지 않은 것이다.

하지만 전문직도 영원하지 않은 현실 속에서 조금만 시간을 투자하면 21세기 신흥 갑부도 될 수 있는 시장이 바로 금융에서 파생된 파생상품시장이다.

선물 옵션은 전문가만 하는 게 아니다

선물 옵션투자는 21세기 신흥 갑부도 될 수 있는 시장이라고 앞에서 말했다. 선물 옵션투자라는 말이 일반인에게는 생소하기도 해 투자의 전문가들이 하는 금융상품처럼 느껴질 수도 있을 것이다. 그렇게 큰돈을 벌 수 있는 금융상품이라면 투자할 수 있는 자금의 규모도 크고, 투자할 시간도 있어야 하고 투자에 능숙한 고수여야 가능한 게 아닐까 하고 생각할 수 있다. 하지만 반드시 그렇지는 않다. 시간과 돈이 없어도 할 수 있고, 나이가 많아도 할 수 있고, 직장을 다녀도 할 수 있고, 고수가 아니어도 할 수 있다. 한마디로 말해 누구든 할 수 있다. 어떻게 그런 일이 가능한지 알아보도록 하자.

선물 옵션은 소액으로 억대를 만들 수 있다

돈이 없어도 투자를 할 수 있다고? 투자금이 없는데 무슨 재테크를 하고 선물 옵션거래를 한다는 것인가 라고 반문할지 모른다.

물론 돈이 한 푼도 없다면 가능하지 않다. 큰돈이 없어도 된다는 말이다. 큰돈을 투자해야만 큰돈을 벌 수 있는 것은 아니다.

우리 회원 중에는 30만 원짜리 짜투리자금으로 억대의 자금을 굴리게 된 회원도 있었고, 48만 원으로 억대까지 만드는 과정이 불과 몇 개월이었다고 한 2009년의 교육회원도 있고, 손주를 보면서 처음 200만 원으로 시작해서 지금은 억대를 굴리면서 손주한테 장난감을 사준다고 하는 60대 할머니도 있다.

그 과정을 보면 처음에는 아주 소액으로 시작을 해본다. 대부분 옵션 복권 매수로 수익 쌓기를 했다. 그러나 모든 회원들이 처음부터 척척 수익을 낸 것이 아니다. 대다수 회원들은 처음에는 잘 모르는 분야라서 두려움도 있어 쉽게 접근하기 힘들어한다. 하지만 실전교육으로 심리적인 안정과 함께 할 수 있다는 자신감을 가지게 되고, 배운 대로 가상거래와 실전거래를 병행하면서 새로운 희망을 발견하게 된다.

선물거래를 하기 위해서는 증거금이 2000만 원 정도 있어야 자기 계좌로 선물 1개를 거래할 수 있다. 하지만 선물계좌를 빌려주는 제도인 대여계좌업체를 통하면 100~200만 원 정도만 있어도 선물거래를 할 수 있다.

예전 교육생 중 자기 자금 200만 원으로 매월 대여계좌로 하루 3~4 포인트 수익 쌓기를 하더니 월간 수익 2800만 원을 낸 회원도 있었다.

이제는 누구든 적은 돈으로도 옵션거래뿐만 아니라 선물거래도 할 수 있어 적은 돈으로도 쉽게 돈을 벌 수 있는 기회는 많아지고 있다. 다만 그러한 거래를 할 수 있는 실력과 매매의 테크닉을 배우는 것이 급선무이다. 중요한 것은 매매를 잘하는 방법과 기술을 배워 실력을 키운 뒤 시작하는 것이 좋다는 것이다.

나이가 많아도 할 수 있다

어느 전문 분야든 취업을 하는 데는 반드시 연령제한이 있다. 그러나 선물 옵션거래는 컴퓨터와 거래할 수 있는 실력만 키운다면 연령제한 없이 평생직장을 가지게 되고 불황 없는 사업을 할 수 있다.

다만 20~30대는 게임을 잘하는 세대이기도 하기 때문에 컴퓨터를 다루는 솜씨가 뛰어나고, 50~60대는 조금 느리다는 차이가 있다. 하지만 회원들의 분포도가 20대에서 60대까지 다양한데 20대보다 더 큰 수익을 올리는 60대 회원도 있으니 누가 더 열심히 공부하느냐 실전경험이 많으냐가 연령보다 더 중요하다.

오히려 나이가 많으면 손 움직임은 더딜 수 있어도 젊은이들이 갖추지 못한 지혜가 있기 때문에 돈의 무서움을 알고 자기 형편에 맞는 거래를 한다는 장점이 있다. 그리고 작은 수익에도 만족하면서 감사하는 마음도 잊지 않기에 행복한 투자를 하는 경우가 많다.

바쁜 직장인도 거래를 할 수 있다

선물거래는 종일 거래를 해야만 하는 것으로 알아 직장을 다니는 경우에는 힘들지 않을까 생각될 수 있다. 하지만 직장인에게 맞는 거래법도 있다.

직장을 다니는 사람들 중 많은 수가 주식거래를 하고 있는 것이 사실이다. 하지만 주식거래보다는 선물거래가 훨씬 더 수익을 올리기에 적합한 상품이라 할 수 있다.

2010년 10월 15일 8시 SBS 뉴스에 보도된 어느 주식투자자의 빚내서 주식투자를 하다 실패한 이야기를 들어보니 가슴이 아프고 안타까웠다. 코스닥 테마주에 신용투자로 투자를 했다가 대부업체에 빚을 내고 지금은 집까지 처분했다는 이야기였다. 금년 한 해 종합주가지수의 상승세가 이어지는 상황에서 오히려 깡통계좌가 발생했다는 아이러니한 이야기이다. 일반적으로 믿기지 않는 이야기로 비춰질 것이다. 주식시장을 잘 모르는 투자자들은 우선 객관적으로 지수의 상승이 현재 1900선에 머물고 있는데 무슨 손실이냐고 생각할 수 있다. 하지만 종목투자는 결코 쉬운 것이 아니다. 특히 코스닥의 테마주는 당시 시장 바람에 따라 잠깐 올랐다가 세력들은 치고 빠져 나가버리기 때문에 꾸준한 실적이 뒷받침이 되지 않는 바람에 의한 투자는 바로 거품인 것이다. 대체로 개인들은 급등주를 산 뒤 올라오기만 기다리지만 몇 년이 걸릴지 모르는 상황에서 더구나 단기 빚을 내서 투자를 했다면 당연히 실패할 수밖에 없다.

한국을 대표하는 기업 중 S전자에 투자를 했어도 코스피지수가 1800선에서 1900선으로 올라도 주가는 제자리걸음을 하고 있는 상황이라 개미 투자자들이 주식투자를 하기란 결코 쉬운 일이 아님을 입증해준다.

종합지수의 상승이 이어지는 상황이라 주식을 매수했지만 수익이 없다면 실패한 투자일 것이다. 하지만 선물과 옵션은 코스피 200지수가 상승하면 매수만 가지고 있었다면 기본적으로 지수 상승률보다 높은 수익이 발생한다. 바로 직장인이라면 이런 투자를 하는 것이 바람직하다는 것이다. 추세를 알고 일봉매매로 한다면 불안하지 않다는 것이다. 직장인들은 장중에 자리 비움이 많아서 집중하기가 어려우니 가급적 데이트레이딩보다는 일봉 추세를 보고 거래하는 일봉매매가 적합하다. 한가한 부서에 근무한다면 종일 매매을 할 필요가 없으니 하루 한두 번의 변곡구간만 거래를 하는 데이트레이딩으로도 가능하겠지만 그래도 마음 편하게 거래하는 것은 일봉매매라 할 수 있다. 즉 추세가 상승추세라면 일정한 포지션을 상당기간 홀딩하면서 현재보다 미래의 지수 상승을 보고 상승 투자하는 형태이다. 만약 하락추세라면 반등 시 매도만 해두면 종합주가지수의 하락을 즐기면서 매도로 수익을 낼 수도 있다. 물론 수익률 면에서는 전업을 하면서 장중 데이트레이딩으로 매일 수익 쌓기를 하는 것보다는 작은 수익일 수도 있으나 마음은 편할 것이다.

최근 주식시장은 정부의 신재생에너지사업에 총 30조를 투자한다는 보도로 L화학과 소재산업 관련업체들이 급등하면서 시장을 주도하고 있다. 주식은 정부정책과 함께 꿈을 먹고 사는 상품이다. 그래서 현재 정부의 정책노선을 조금만 알면 대박은 아니라도 최소한 유행에 뒤떨어지는 투자자는 안 될 것이다.

이런 것도 정말 피곤하다면 단순논리로 투자하면 된다. 그것은 종합지수가 오르는 장이라면 오직 선물 매수로 승부를 걸어보라는 것이다. 물론 기본적인 접근 방법은 알고 해야 리스크 관리가 되니까 좀 더 안정적으로 하게 된다.

공부할 부분은 선물의 기초자산인 코스피 200지수인 만큼 지수의 상승과 하락의 가능성을 먼저 분석하는 것이 필요하다. 그것은 간단하다. 조금만 시간을 투자하면 되지만, 좀 더 빠른 공부를 원한다면 실전교육을 받고 시작하는 것이 많은 기회비용을 줄일 수가 있다.

우리가 운전면허를 취득하는 데 기본 1개월은 시간과 비용을 투자한다. 그리고 연수를 받고 연습을 하면서 차츰 능숙하게 안전운행을 하듯이 재테크로 꾸준하게 수익을 창출하는 일은 섣불리 접근하면 안 된다.

적은 돈으로 큰돈을 만들 수 있다

재테크에서 가장 신나는 일은 뭐니뭐니해도 적은 돈으로 시작해서 불려나가는 묘미가 아닐까 싶다.

재테크하면 어렵게만 생각할 수도 있으나 일반적으로 투자를 하는 경우를 들어 설명을 해보겠다. 우선 샐러리맨이 월 200~300만 원의 월급을 받아서 생활하면서 저축을 50% 정도 한다고 가정해보자. 그렇다면 우선 소액이므로 은행에 적금을 넣는 것이 1순위가 될 것이다. 그렇게 한 1년 동안 넣으면 1천만 원이 넘는 금액이 쌓이게 되므로 그때부터는 좀 더 나이가 젊다면 공격적인 재테크 수단을 택해볼 수도 있다. 즉 1천만 원 정도로 주식투자를 할 수도 있겠지만, 그중 10%만 가지고도 재산을 증식할 수 있는 금융상품이 있다면 더 매력적일 것이다.

아래에서 소액으로 시작하여 큰돈으로 불려나간 경험적 사례를 소개해보겠다. 작위적으로 꾸민 얘기가 아닌 많은 회원들이 채팅하면서 대화한 내용들도 함께 있기 때문에 좀 더 현장감이 있을 것으로 본다.

지난 2004년도에 함께했던 회원의 사례이다. 그 회원은 그동안 주식투자로 많은 재산을 잃었다. 집까지 담보대출을 받았고, 엄청난 빚더미에 있다가 마지막 종자돈 약 40만 원 정도로 필자를 찾아왔다. 그 40만 원도 혼자 원칙이 없는 거래로 이미 망가진 계좌에 조금 남은 자금이었다.

당시 일일 편당 방송비 5만 원을 지불하고 들어와서 당일 첫 수익으로 30만 원을 냈다. 그래서 약 70만 원이 되어 너무나 기뻤다는 후문이다. 그 후 다시 70만 원으로 매매를 했다. 당시 필자는 주식시장이 상승세를 탔기 때문에 장중 리딩(leading)을 할 때는 저점매수로 전략을 구사해주었다. 다음 날 다시 수익이 발생해서 120만 원이 되었다고 고백했다. 그리고 매일 조금씩 모았더니 1천 500만 원 가까이 되었다며 기뻐했다. 그 후 그는 당시 시장상황이 좋았기 때문에 즉 "상승추세는 상승할 권리에 투자하라"는 메시지를 믿고 투자금액 전액을 상승할 권리에 올인(All-in)하게 되었다. 주식이라는 금융상품에서 파생된 것이 선물과 옵션이지만 자금 규모로 봐서는 선물매매를 할 수가 없었고, 부득이 남들이 어렵다는 옵션으로 거래를 하게 되었다.

그 회원은 종일 방송을 들으면서 매수지역과 매수청산지역 또는 매도지역과 매도청산지역을 듣고서 그대로 실천했던 것이 큰 성과를 거두었다. 그 후 상승세는 지속되고 있었기 때문에 전부를 투자한 금액이 약 한 달 만에 바로 6배 정도의 이익으로 이어졌다. 그 회원은 채팅방에 글을 올리면서 많은 회원들은 감동시켰다. 당시 회원들끼리 대화한 내용을 잠깐 들어보도록 하자. 아래 채팅방 대화 내용은 전혀 경험이 없는 초보투자자도 있고 일부 교육을 받은 회원까지 다양한 회원들의 대화 내용이다. 경험이 없는 회원보다 교육을 받고 훈련을 단 1개월이라도 받았던 회원이 투자수익이 많았음을 알 수 있다.

• 엠포트 채팅방 회원들 대화 내용

오늘과 내일 오늘 수익 나신 분 축하드립니다. 손실 입으신 분은 실망하지 마세요. 내일이 또 있습니다.

明76 오늘 정말 죽여주었습니다. 막판에 1억 5천 다 질렀는데. 아찔한 순간이었습니다.

明76 오늘 막판 수익이 1억 5천이었는데 행사해서 1억 1천만 원의 수익을 올렸습니다.

(jin 10. 베, 총각1, 순이1, 순이 2, 헤러, 연속 감탄사)

sujin10 전 옵션은 영 정신없어서 못하겠어요.

순이2 이제 선생님 말이 귀에 좀 들어오는 것 같아요.

총각1 계속 수익이 쌓이고 선순환이 되던 분은 용감하게 지르는 것도 잘되는 것 같아요.

순이2 맞이요.

오늘과 내일 풋으로 오버콜로 둘 다

에게 저 같은 초보자분은 1억까지 차곡차곡

한 50 수익

솔a 차풋 80% 수익, 이번 물 겁나서

정1 저도 종가 기다리는 중.

총각1 선물로 30만 원 정도 수익인데 막판에 선물 산 거 아직도 정리가 안 되고 있네요.

정1 저도 막판에 선물 매도했는데 아직 정리가 안 되었음.

순이2 200 먹고 200 토하고 다시 70.

순이2 그래도 오늘 + 로 끝나네요.

明76 콜 150 갖고 있다가 풋 147로 질렀습니다.

明76 막판에 다 정리하고 풋 150으로 안전하게 했는데 물렸네여.

꽃 3,250만 원 되어버렸네요.

오일 웃으면서 콜155 10만 개 이상도 보유했는데요. 야단치지 마세요

헤러 소장님 말을 귀담아 듣는 게 돈 버는 길.

오일 그래야 억억 합니다.

…… 중략 ……

재미교포 저는 혼자서 한 5억 벌었다가 한순간에 깡통을 ㅠㅠㅠ

재미교포 그래서 이곳에 찾아왔습니다. 버릇 고치기 위해서.

986532 추세매매는요 원금 챙기고 나머지 놔두면 배짱이 생깁니다.

986532 저 소장님 만나기 전에 계좌에 40 만 원밖에

986532 지금 1억 한 장하고 조금

문홍임소장 40만 원, 1억?

좋은 세상 부럽다

에게 무료 방송에 올려야겠네요. 이 방송

총각1 와 진짜 축하드릴 일이네요.

986532 지가요 맨날 겁먹고 손절만 하다가

986532 한 계좌 깡통, 두 번째 40만 원.

오일 우와! 승리자다

베 희망을 느낍니다.

986532 천오백 손설만 일 년에 깡통

에게 우리 같은 초보 분은 한 번에 되는 것이 아닙니다. 조금씩 해야 합니다.

986532 지가요 하나님 믿지 않았으면 한강에 갔습니다.

明76 정말 축하드립니다.

986532 감사

화수분 용기가 나네요. 저도 그렇게 됐으면 좋겠습니다.

986532 전 소장님하고 하면서 마음먹은 수익이 하루 파출부 정도

986532 파출부 일당 13시간 일하고 5만원

화수분 맞습니다. 조금씩 만족해야 수익이 늘어나는 것 같아요

위 내용은 옵션만기일의 변동성을 보고 옵션거래로 소액을 불리는 내용이다. 장중 라이브 생방송을 들으면서 꾸밈없이 회원들끼리 채팅한 내용이므로 잘한 회원과 못 한 회원이 있고 초 · 중 · 고 수준으로 나눈다면 아직 초등학생에 해당하는 초보자도 있다. 초보자는 우선 잃지 않는 방법을 공부하는 것이 중요하다. 엄청난 수업료를 지불하고서 시작하는 것보다는 먼저 선물 옵션거래를 어떻게 시작해야 하는지 이론과 실전에서 대응 전략들을 공부하는 것이 급선무일 것이다.

성공은 철저한 준비부터

주식시장과 선물 옵션시장은 전쟁터로 비유되기도 한다. 그만큼 치열하고 살벌하기 때문이다. 그런데 개인투자자들은 사전에 아무런 준비도 없이 무턱대고 전쟁터에 나서고 있다.

훈련받지 않은 병사가 전쟁터에서 이길 수가 있겠는가? 절대 이길 수 없다. 그러나 자신을 잘 무장하고 철저히 준비를 한다면 집에서도 인터넷을 통해 전 세계를 무대로 하는 큰 전쟁터에서 이길 수가 있다. 역사적으로 훌륭한 장군들은 상대의 전략과 전술을 미리 읽어 작전을 짜서 승리하는 경우가 많았다. 마찬가지로 선물 옵션시장에서도 상대방의 전략을 미리 읽는 안목을 기른다면 좀 더 쉬운 거래로 승리할 것이다.

승부의 세계는 늘 개인들이 알기 힘든 부분이 많다. 증권시장 역시 만만한 곳이 아니라는 것도 이미 알려진 이야기다. 속임수와 작전이 팽배한 주식시장에서 이길 수 있는 법칙을 모르고 어떻게 살아남을 수 있겠는가? 그야말로 일촉즉발의 현장이라고 할 수 있다. 이런 전쟁터에서 자신의 재산과 투자금을 지키는 일은 본인 스스로의 실력이 없다면 결코 쉽지 않다. 더욱이 수익을 창출하려고 하면 명감독에게 꾸준한 훈련을 받지 않으면 가능하지 않다. 시장은 늘 개미투자자들을 속이며 혼란을 주는 국면이 많기 때문이다. 그러한 속임수까지 판독해내는 것이 실력이다. 상대방의 전략과 전술에 흔들리지 않는 매매를 하기 위해서는 교육을 통해 실전감각을 익히고 자기 자신을 무장하는 중심잡기 교육 등 철저한 준비가 필수적이다.

성공한 투자자가 되는 법

혹자는 주식투자나 선물 옵션투자를 두고 모두 다 도박이라고 한다. 그러나 따지고 보면 우리네 인생도 어쩌면 도박이다. 결혼도 도박이고 새로운 일을 시작하는 것 모두가 경험하지 않은 것이고 검증되지 않은 것이기에 도박이라고 할 수 있다. 그렇게 볼 때 재테크도 어차피 은행 금리보다 좀 더 나은 투자수익을 원해서 시작하는 도박이라고 볼 수 있다.하지만 이것은 도박이 아니라 좀 더 나은 미래를 위한 투자라고 할 수 있다. 그런데 만약 수익을 내지 못한다면 가족이나 타인으로부터 도박을 했다는 지탄을 받을 수도 있다. 그러나 많은 수익을 얻는다면 성공한 투자자가 될 수 있는 것이 바로 금융상품임을 알아야 한다. 그럼 당신은 도박자가 될 것인가 성공한 투자자가 될 것인가. 후자가 되기 위해서는 반드시 자기만의 투자 원칙을 세워야 한다.

■ 선물 옵셔 거래 투자 원칙 10계명

1 최초 투자 때에는 전체 투자금액을 10등분하라.

2 stop loss 주문을 이용하라.

3 결코 능력 이상의 과도한 거래를 하지 말라.

4 추세를 거스르지 말라.

5 시장에 의구심이 생길 때에는 참여하지 말라.

6 기술적 지표의 동의 없이 매매하지 말라.

7 극미한 이윤을 얻기 위해 잦은 매매를 하지 말라.

8 인내하라. 진정한 돈은 매년 몇 번의 큰 거래로부터 만들어진다. 이러한 거래를 위해서는 반드시 시간이 필요하다.

9 손실을 볼 때 시간과 지식을 최대한 사용하라. 결코 어떠한 합당한 이유 없이 이익을 자르지 말라.

10 항상 적고, 빠른 손실의 실현은 최선의 것이다. 기준 이탈 시 손절의 원칙 세우기, 추세방향 전환 시 즉각 포지션 변경으로 확인매도, 매수를 신속히 실천하라.

이러한 원칙을 준수해야만 파생의 3대 원칙인 리스크관리, 추세매매, 기계적 대응도 자연스럽게 실천할 수가 있다는 것을 명심해야 한다. 즉 "손실은 작게 수익을 크게" 하는 전략으로 꾸준한 수익을 쌓을 수가 있게 되는 것이다.

2

신바람 나는 선물 옵션 투자일지

FUTURE OPTION

나에게도 **초보시절**이 있었다

내가 처음으로 재테크를 시작한 것은 주식투자였다. 1988년 올림픽을 전후해 한국의 주식시장은 상승기조에 있었기 때문에 특별한 공부가 필요 없이 누구든 쉽게 접근할 수 있었다. 하지만 이것이 문제였다. 당시만 해도 나 역시 초보 수준이었기 때문에 귀동냥에 의존하거나 증권사 직원의 종목 추천을 받아 주식을 샀던 것이다. 더욱이 경기상황은 전혀 고려하지 않고 그저 종합지수가 얼마 갈 것이란 것을 신문이나 증권방송에 나온 애널리스트들의 말만을 참고하여 주식을 사서 큰 낭패를 보기도 했다. 이것은 비단 나만의 일이 아니었다.

1990년 전후 아무 것도 모르고 소위 작전주에 뛰어들어 많은 손실을 입었다. 당시 나는 셋째 동서와 함께 1억 원이라는 큰돈을 모 증권사의 차장 말만 믿고 투자했다. 그는 내 계좌의 돈으로 'D 포장' 주식을 3만

2천 원에 매입했다. 그 주식은 3천 5백 원에 시작하여 이미 10배나 오른 주식이었다. 누가 보아도 오를 만큼 오른 주식이었다. 나는 그런 주식을 산 차장이 내심 못 미더웠지만 모든 재량권을 그에게 맡긴 이상 지켜볼 수밖에 없었다. 그는 십만 원을 장담하고 있었다. 내가 염려스러워하는 말을 할 때마다 그는 호탕하게 웃었다. 그런 그가 고마웠다. 하도 자신에 차 있었기에 그의 모습을 믿지 않는 것도 도리가 아니었던 것이다. 결국 그것으로 인해 두 배의 수익을 올렸다. 하지만 이것이 나에게 마약으로 돌아왔던 것이다. 나는 그 차장의 계속적인 작전주 권유로 인해 결국 모든 재산을 잃고 말았다. 그때 진실로 깨달았던 것은 주식투자는 남에게 맡겨서는 안 되는 것이며 오직 믿을 사람은 자신뿐이라는 사실이었다. 참으로 나에게는 엄청난 경험이며 교훈이 되었던 것이다.

이런 전쟁터에서 살아남기 위해서는 오직 공부를 하는 길뿐임을 스스로 체득했다. 아침이면 세계경제 흐름을 알기 위해 인터넷 검색과 함께 관련 서적을 탐독하는 것은 물론이며 주식에 필요한 기술적 분석 중 추세분석 및 심리분석, 이동평균선, 엘리엇 파동 분석 등 주식투자에 필요한 모든 공부를 할 수 있는 데까지 다 했다. 또한 정국의 흐름 및 경제의 흐름이 주가에 어떠한 영향을 미치는가에 대한 분석 등도 공부해야만 했다. 주식은 단순한 기술적 지표뿐만 아니라 심리분석, 병법까지도 공부를 해야 하는 종합예술이라는 것을 알게 되었다. 이렇듯 주식 공부는 하면 할수록 어려웠다. 더욱이 한국 주식시장은 쉽게 루머에 휩싸이고 매수 기반이 취약하고 대주주의 횡포와 외국인의 주식투자에 대한 의존도가 높아 일반투자자들에게는 힘들었다. 나는 잃어버린 손실을 주식투자로 만회한다는 것이 사실상 어렵다는 것을 마침내 깨달았다. 나는 눈을 다른 데로 돌리기 시작했다. 그 당시 선물 옵션이 한국 주식시장의 파생상품으로 들어오기 시작했던 것이다. 일반투자자가 선물 옵션이라는 용어 자체도 잘 몰랐던 때였다.

나는 선물 옵션 전문가를 찾아 나섰다가 운이 좋게도 국내 수익률 1위인 외국인펀드 매니저를 만나게 되었다. 박민호 씨였다. 그는 외국에서 선물 옵션을 배운 한국인 2세로 선물 옵션이 한국주식시장에 도입되면서 국내에서 일하게 된 사람이었다. 한국의 주식시장이 폭락을 해 개인투자자들이 모두 깡통이 되었을 때도 선물 옵션으로 많은 수익을 올리고 있었던 사람이었다. 심지어 개인투자자에게 3천만 원으로 7억 인의 수익을 안겨준 사람이었다. 그 당시의 매매일지를 내게 보여주었다. 나는 그것을 눈으로 확인했지만 참으로 믿기지 않는 현실이었다.

선물 옵션은 주식의 상승기조뿐만 아니라 하락기조에서도 돈을 벌 수 있다는 것이 매력이었다. 또한 무엇보다도 선물 옵션은 주식투자처럼 복잡하지 않은 것이 좋았다. 코스피 200지수의 변화만 체크하면 되었다. 나는 그에게서 참으로 많은 것을 배웠다. 물론 그렇게 되기까지는 엄청난 시간과 노력을 투자해야만 했다. 결국 나는 그를 만나 내 인생이 바뀌게 되었다. 이렇듯 우리 인생에 있어 가장 중요한 것은 사람과의 만남이다. 내가 어떤 사람을 만나느냐에 따라 나의 운명이 결정된다고 볼 수 있다. 안병욱 박사도 인생은 만남이다' 라고 했다. 그것이 바로 불교에서 말하는 인연이다. 성장기에는 좋은 친구를 만나야 하고, 학생은 좋은 스승을 만나야 하고 결혼적령기에 있는 청춘남녀는 배우자를 잘 만나야 한다. 더욱이 주식투자를 하는 개인투자자들은 좋은 전문가를 만나야 한다. 이와 같이 좋은 만남이야말로 인생의 행복과 불행을 결정하는 중요한 요소가 되는 것이다.

주식투자나 선물 옵션거래에서 많은 수익을 내는 게 목표이지만 보다 중요한 것은 위험 관리이다. 더욱이 선물 옵션거래에서 주의해야 할 점은 주식투자로 잃은 돈을 빨리 만회하기 위해 성급하게 접근하는 것이 문제이다. 만일 심리적 안정을 찾지 못하고 레버리지가 큰 상품으로 투자하다 보면 자칫 이성을 잃고 무리한 투자를 하기 때문에 큰 손실을 보게 된다. 그러므로 무엇보다도 심리적 안정이 우선 되어야 한다.

일반적으로 주식투자로 큰 손실을 본 사람은 실패의 두려움에 대한 잠재의식이 있어 아무리 전문가가 조언을 해도 이를 따르지 않는 경향이 많다. 이것은 잠재적 공포가 있기 때문인데 이것은 오히려 더 깊은 수렁에 빠지는 원인이 될 수 있다. 그래서 전문가의 교육이 필수적이다. 말하자면 주식이나 선물 옵션거래는 미래에 대한 예측을 하는 일종의 확률 게임이라 할 수 있다. 그러므로 원칙적으로 투자의 개념이지만 확률적 통계와 자신의 감각적인 예감도 기술적 지표 못지않게 중요하다.

우리는 지금 전문가 홍수 시대에 살고 있다. 누가 정말 전문가인지 모를 시대에 살고 있는 것이다. 더욱이 이런 주식시장에서 좋은 전문가를 만나는 것은 지옥으로 가느냐 천국으로 가느냐의 갈림길이라 할 수 있다. 더욱이 불황이 없는 사업인 선물 옵션시장에서의 투자는 더욱 그렇다. 그러나 실력 있는 전문가를 만나기 위해서는 스스로 실력을 갖추어야만 한다.

나는 2001년에 선물 옵션 체험수기를 쓰고 난 뒤 그 인연으로 인해 뜻밖에 나와 같은 아픔을 겪고 있는 많은 사람들을 만나게 되었다. 그

때 내 책을 읽은 많은 독자들이 차라리 당신이 그러한 전문가의 길을 가는 것이 어떻겠는가 라는 제의를 수없이 해왔다. 그리하여 나는 독자들 몇몇과 함께 모여 자원봉사자들을 구성해 일을 하면서 뜻하지 않게 사이트를 만들게 되었다. 그 후 몇몇 금융기관에서 초청강의를 의뢰받게 되었다. 그러다 이름이 나자 한국공업표준협회 실직자재취업반에서 강의를 하고, 국내 유명 경제지에 고정적으로 칼럼을 쓰게 되고, 국내 금융회사 및 투자자문사 등의 실전매매 강사로 초청되었다. 나도 모르게 전문가가 되었던 것이다. 돌이켜 보면 희망과 슬픔이 교차하는 시절이었다. 이를 계기로 남성전문가도 흔치 않을 때 한경 와우 및 관련 사이트에서 선물 옵션 베스트전문가 활동과 많은 사이트에서 러브콜을 하는 전문가의 위치에 서게 되었다.

나는 선물 옵션시장에서 유일한 여성 전문가이다. 남자만이 전문가로서 활동하는 이 선물 옵션시장에서 참으로 많은 고통과 시련을 겪었다. 하지만 이젠 여성 전문가로서 장점도 상당히 많다는 것을 느낀다. 남성들이 미처 헤아리지 못한 섬세한 부분까지 이야기해주기도 하고 때로는 손실을 입고 큰 상처로 고통을 받고 있는 개인투자자들의 마음을 치유해주기도 한다. 때로는 엄마같이 때로는 누이같이 때로는 친구처럼 회원들을 대한다.

하지만 그들이 투자를 잘못할 때는 질책을 아끼지 않는다. 그래서 그런 나를 두고 회원들은 언제나 '홍임 엄니' 라고 부른다. 아마 회원들이 그렇게 부르는 것은 따뜻한 '어머니와 언니' 라는 뜻일 게다.

나는 한마디로 말해 남성 전문가 못지않게 정글 속에서 살아남은 독한 사람이다. 내가 이렇게 된 이유는 바로 나에게 큰 고통과 시련이 있었기 때문이다. 하지만 나는 주식투자의 실패로 인해 수십억 원을 잃고 자살의 유혹을 받은 사람이다. 그런 내가 어찌 개인투자자들의 아픔을 그냥 보고 있을 수 있겠는가. 그래서 회원들에게 희망을 잃지 말라고 날마다 격려를 해준다. 살아남아서 끝까지 성공을 해야 하는 이유를 들려주는 것을 잊지 않는다.

FUTURE OPTION

신바람 나는 **선물 옵션 투자**교실

어떻게 해야 우리의 인생을 낭비하지 않고 행복지수를 올리면서 신나게 수익도 올리고 삶도 즐거울 수 있을까?

필자는 선물 옵션 강의를 하고 회원을 관리하면서 많은 것을 경험했다. 이제야 깨닫게 된 것은 스트레스를 받지 않고 매매를 즐기면서 해야 한다는 것이다. 재산을 증식시키려고 참여했는데 손실만 보고 있다면 당연히 마음의 여유가 사라지게 될 것이다. 이렇게 되면 당연히 매매를 즐기기도 힘들어진다.

어떻게 하면 매매를 즐기면서 할 수 있을까. 지금까지 많은 교육생들의 이야기를 들어보았다. 대체로 반복학습으로 충분히 훈련이 된 교육생들은 시장을 리드할 정도의 자신감을 가지고 라이브에서 방장의 한마디 멘트에서도 다음 멘트가 어떻게 진행될 거라는 것까지 알고 준비하고 시장을 읽어 나간다. 그렇기 때문에 훈련하지 않는 투자자들보다 수익이 월등히 많다는 것이 공개방송을 통해 실제로 검증되고 있다. 하지만 마음만 바쁘고 교육 내용을 숙지하지 않은 교육생들은 일진일퇴를 거듭하다가 차츰 자신감을 잃는 경우가 많다.

한 번뿐인 귀중한 인생을 값지게 살아야 하기 때문에 입문할 때부터 제대로 알고 덤벼야 한다. 그래야 매매를 즐기면서 스트레스 없이 수익을 낼 수 있다.

지금부터 희망을 안고 나와 함께 날마다 신나는 투자여행을 떠나는 회원들이 있는 투자교실의 풍경을 소개할까 한다. 회원들의 생생한 사례들은 처음 선물 옵션을 시작하거나 실패의 쓴잔을 마시고 절망에 빠져 있는 사람 혹은 다시 한 번 시작해보려는 사람들에게 유용한 정보와 희망을 얻는 계기가 될 수 있을 거라고 생각한다.

신바람 나는 투자교실의 투자일지

누구나 승자가 될 수 있다

| 2008년 3월 13일 |

3월 옵션만기일, 저와 함께 약 1년간 거래했던 회원의 전화를 받고 설레임을 감출 수가 없답니다. 약 3억으로 시작해서 작년까지 100억 정도라고 들었는데, 금일 다시 한 번 73억의 순익이 생기고, 전일도 120% 수익, 매월 대략 300%가 넘는 수익이 꾸준히 나오다보니, 이젠 배팅 비율도 초보자는 경련이 일어날 정도입니다. 물론 시작은 작은 금액이지만

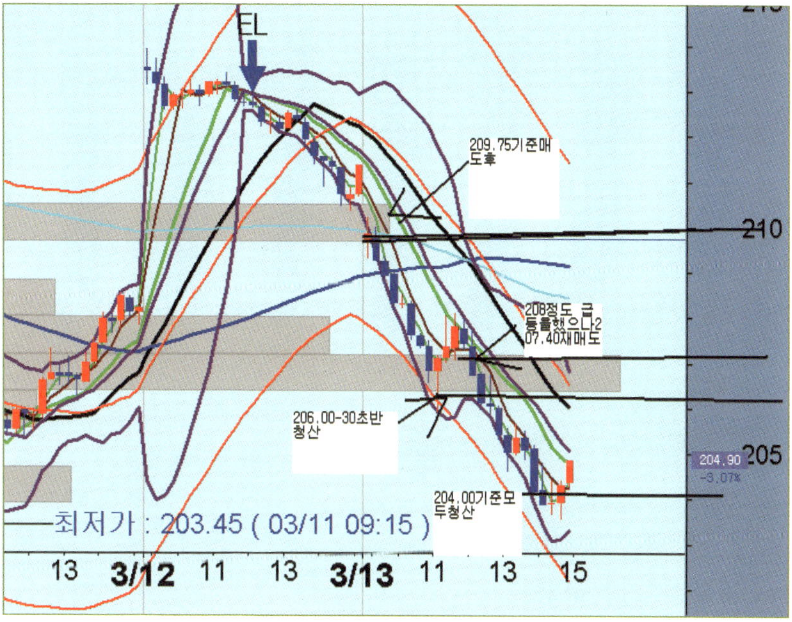

잃지 않고 수익이 쌓이다보니 그렇게 되었습니다. 여러분들도 모두 다 그렇게 될 수 있습니다. 하다보면 그렇게 되는 것이지 처음부터 대박을 노리면 실패합니다. 중요한 것은 리스크 관리를 하고 철저히 확인매매로 해야만 대단한 수익이 나오는 것입니다.

과거 많은 회원들이 엄청난 수익이 나왔습니다. 이제부터 시작입니다. 1년 만에 그런 수익은 아무나 못 하겠지만, 그 회원도 처음 3개월까지는 일진일퇴를 거듭하다가 수익을 냈는데 시장변동성도 좋았기 때문에 탄력을 받고 있는 것입니다. 아무튼 희망입니다. 열심히 공부해서 반드시 성공하시기 바랍니다.

8회 차까지 배운 것을 늘 익히면서 실전에서 조금씩 실천하는 것이 중요합니다. 교육회원 여러분! 반드시 우리는 이 시장에서 승자가 될 수 있습니다.

긴 시간 함께하신 회원님들께 다시 한 번 당부합니다. 첫째도 둘째도 확인매매, 파생의 3대 원칙을 잊지 마시기 바랍니다. 그리고 그동안 공부한 내용만 잘 익혀도 수익을 내는 데 핵심적인 내용이므로 충분합니다. 그러나 계속 교육생들이 들어오고 있기 때문에 새로운 내용을 다시 업그레이드해서 자료는 꾸준히 채울 것입니다. 이곳에서 공부를 했어도 실전 훈련을 꾸준히 받고 노력을 해야 합니다. 지금까지 수고하셨습니다. 감사합니다.

신바람 나는 투자여행

| 2008년 10월 29일 |

공개무방에 참여한 모든 회원들의 수익을 들여다보세요. 기본 10포인트 그리고 교육회원들 대충했어도 25포인트가 넘고 우리 방 고수는 40포인트는 먹어야 직성이 풀렸으리라 봅니다.

아무튼 금일 최고점 최저점 퍼팩트한 리딩으로 신나는 선물과 옵션거래의 참맛을 보여주었습니다.

감사합니다. 사랑합니다. 다행히 공개방송을 열었는데 변동성이 커서 최대한 실력발휘를 할 수 있게 되어 너무나 기분이 좋습니다.

아직도 주식시장에서 고생하고 계신가요? 저희들 수익을 보면 이게 사실일까? 눈을 의심하리라 봅니다.

미국시장이 오를 줄 알고 전일 매수를 120선부터 해서 금일 140 이상 청산하고 다시 매도해서 매도 일부 오버나잇까지 하면서 시세의 흐름을

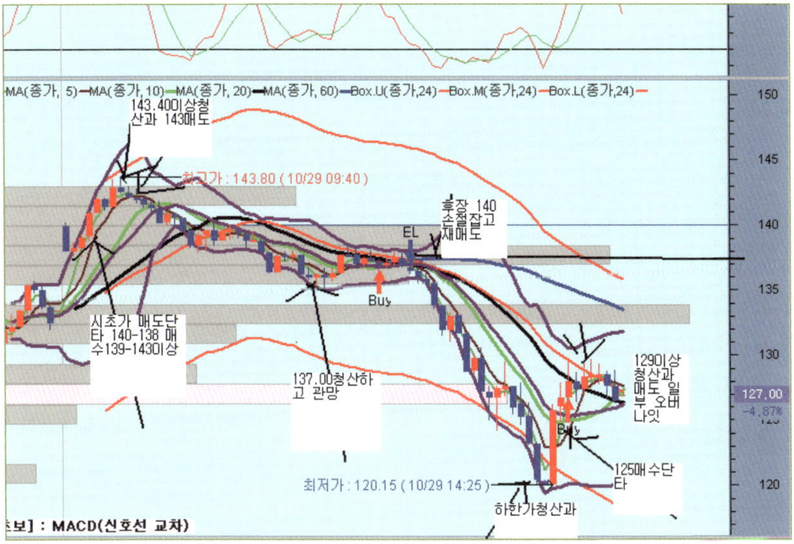

유연하게 타면서 즐기고 있습니다.

현재 지금까지 교육생이 정석으로 거래하는 모습을 볼 때 놀랍습니다.

이젠 대여계좌는 조심해야 합니다. 100만 원뿐인 회원은 옵션으로 수익을 내는 것이 낫습니다. 이젠 방향을 잘못 잡으면 하루에도 깡통이 속출할 것이고, 대박이 속출할 것입니다.

최근 경제방송에 참여한 사람들의 말도 무작정 신뢰하면 안 됩니다. 오직 우리가 보는 차트에서 답을 찾을 수 있습니다. 세력들의 그림자를 볼 수 있습니다.

날마다 수익 내는 비결이 무엇인지 공부하시기 바랍니다. 그리고 신바람 라이브에서 함께하시면 지금과 같은 변동성 장세에서 손실보다는 수익 쌓기가 꾸준하실 것입니다.

[08 : 59] 문홍임소장 : 집중
[09 : 00] 문홍임소장 : 전일 오버한 매수 청산
[09 : 03] 문홍임소장 : 시가매도자는 138 초반까지 매도청산해두고
[09 : 04] 문홍임소장 : 오르면 139 손절 정하고 매도 기회를 봄
[09 : 14] 문홍임소장 : 139 안착은 매도손절하고 매수단타
[09 : 17] 문홍임소장 : 단타 140 안착을 봄
[09 : 17] 문홍임소장 : 50 잡고 합니다
[09 : 17] 문홍임소장 : 추가매수
[09 : 18] 문홍임소장 : 143 정도 가봄

비타민 'S'를 복용하라

| 2008년 12월 18일 |

"자! 오늘은 돈보따리 한 트럭 드립니다."

세계에서 가장 오래 산 프랑스 사람 잔 칼망은 120세가 되는 해 생일을 축하하기 위해 모인 친지들에게 "나는 아무래도 신으로부터 버림받은 것 같다. 하나님이 나를 데려가는 걸 깜박 잊어버린 것 같다."고 위트가 넘치는 이야기를 했다고 한다.

웃음은 건강에 좋은 영양제다. 많은 사람들이 건강을 위해 비타민B, C, E를 복용하기도 하지만, 그러나 비타민S(Smile), 웃음만큼 좋은 영양제가 없다고 한다. 웃음은 우리 '체내의 조깅' 이라고 한다. 웃는 것은 산보나 수영 같은 운동 효과를 가져오기 때문이라는 것이다.

웃을 때 심장의 운동 효과가 증가하고 약간의 혈압 상승이 있으며, 그 결과 조직에 더 많은 산소를 전달해준다는 것이다. 또한 호흡의 주기도

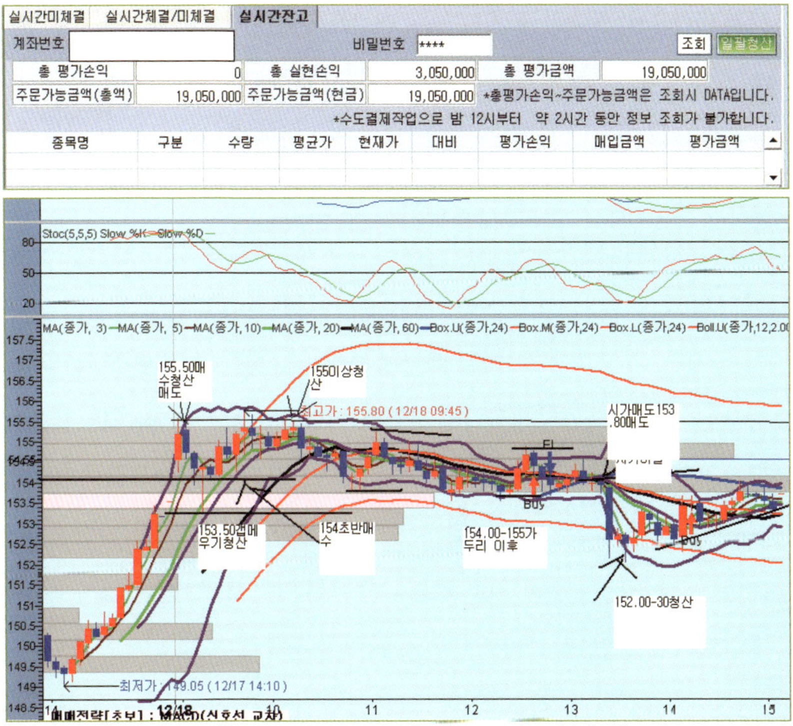

변화를 주면서 들이마시는 산소의 양과 배출되는 이산화탄소의 양이 증가되기 때문이다.

웃고 있으면 짜증나는 일, 근심, 분노가 사라지기도 한다.

반대로 분노는 건강에 아주 나쁘다고 한다. 화를 내고 있으면 교감신경이 지나치게 흥분하여 심장은 긴장하게 된다. 또 고동이 격렬해지며 동공은 팽창하고 혈관이 수축하기 때문에 당연히 혈압이 상승하는데 고혈압 환자에게는 치명적이다.

따라서 스트레스를 이기기 위해서는 의식적으로 웃는 연습을 하는 것이 좋다.

세계적으로 장수하는 사람들은 대부분 낙천적인 성격의 소유자였다는 것도 웃음이 좋다는 것을 증명해 주는 것이다.

2008년도 마지막 공개 무료라이브방송을 마쳤다.

전일 방송에 이어 다음 주 할 것을 미리 앞당겨서 하게 되었다.

최근 시장의 변동폭이 적고, 장중 지그재그패턴이 많이 나와서 교육받지 않고 시장대응하기가 매우 어려운 시장흐름이었다. 일봉추세는 살아 있지만, 분봉을 보고 하루 데이트레이딩을 하는 투자자들에겐 하루 중 시장흐름이 불규칙해서인지 모두가 어렵다고들 한다. 하지만 전일도 교육회원들은 5포인트가 넘는 수익을 냈고, 금일 좁은 변동폭이었으나 1포인트씩 끊어치는 전략으로 5~8포인트까지 내는 회원이 많았고, 금일 무료 방송에 처음 참가한 회원도 발 빠른 대응으로 선물 1계약으로 6포인트의 수익을 내서 라이브 무료특전 1주일을 주게 되었다.

아무튼 대단한 실력들이었다. 물론 시장대응을 하기 전 사전 전략을 설명했고, 지금의 장세 성격을 알리면서 철저히 욕심 없이 짧게 적은 수량으로 대응할 것을 강조했다. 시장은 날마다 열리지만 늘 변화무쌍하게 움직인다. 무엇보다도 중요한 것은 철저한 기계적 대응이다. 강력한 추세구간에서는 모든 투자자들이 수익내기가 쉽다. 그러나 지금과 같이 혼조구간은 그야말로 실력이 있어야 수익을 낼 수 있는 장이다.

많은 회원들이 소감을 얘기했듯이 교육은 필수라는 것이다. 시장 흐름을 정확히 파악할 줄 알고, 리딩자의 말을 쉽게 이해하고 실전에서 대응하기 때문에 수익은 저절로 나고 있다는 것이다. 하루 1포인트만 수익을 내도 월 100%에 가까운 수익 쌓기를 한다. 그러나 우리 교육회원들은 하루 평균 3~5포인트가 나오고 있으니, 1500만 원 기본계좌로 매월 변동성이 있을 때에는 3천~5천만 원을 번다는 것이다. 무섭게 발전하고 있다. 나의 자리가 위태로워지고 있다. 그러나 날이 갈수록 돈 버는 회원들이 늘고 있어서 보람이다. 사람은 이 세상에 태어나서 무엇인가 보람 있는 일을 하고 산다는 것이 중요하기 때문이다. 마음 뿌듯함을 느끼면서 2008년도 종일 무료방송을 마치게 되었다.

회원들의 신나는 투자여행기

승자의 여유

저는 32개월쯤 전에 문 소장님 교육을 받은 교육생이었습니다. 선물의 매수와 매도가 무엇인지 주문창 사용은 어떻게 하는지조차 몰랐던 초보가 이제는 선물 계약수 250개를 운영하는 부자가 되었으니 제 스스로도 믿기지 않고 행복한 나날입니다.

문 소장님을 만나기 전 선물 옵션 전문가라는 사람들을 7~8명 유료회원이 되어 경험하면서 어설프게 배운 기술적 분석이니 옵션 가격이니 알던 제가 문 소장님을 알게 된 것은 이미 많은 수업료를 시장에 지불하고 겨우 선물 1계약 증거금이 남아 있을 때였습니다.

봉차트의 기초개념부터 이평선, 보조지표, 수급까지 체계적으로 교육을 받으면서 그동안 기초와 체계가 없는 분산된 지식들로 작은 이익 후 큰 손실을 반복하던 제 자신을 돌아보게 되었습니다. 교육을 여러 번 이수하고 나니 시장은 이토록 정교한 논리와 구조의 약속으로 굴러가는데 주먹구구식 지식과 나만의 짧은 경험으로 시장에 대응하던 자신이 한없이 부끄럽고, 그 무모했던 무대뽀 정신이 참 안타까웠습니다. 과거의 저처럼 파생시장의 원리와 구조를 명쾌하게 알지 못하면서 무대뽀 정신으로 시장에 맞서고 있는 대부분의 개인투자자들에게 제 경험을 조금 말씀드리고자 합니다.

저는 문 소장님을 만나면서 2000만 원 선물 1계약으로 시작해서 32개월쯤 지난 지금은 계약수 250여 개를 운영하고 있습니다. 계좌나 증거자료는 개인의 프라이버시이기에 공개해드릴 수 없지만, 새로운 예비회원분들에게 교육을 통해 매매로 성공하는 노하우를 조금 나누어 드리고자 합니다.

처음 교육을 받으면서 저는 교육 내용을 한 달간 5회씩 반복해서 학습했습니다. 첫 실전매매는 1계약이었기에 무조건 컷을 4틱에 잡고 대응하는 원칙으로 시작했습니다. 배운 대로 했지만 실전에 접해서는 심리적으로 어렵더군요. 그렇게 한 달간 매일 매매하다보니, 어느덧 10포인트 정도의 수익으로 마감이 되었습니다. 2개월 차에도 1계약으로 연습했습니다. 2개월이 지나니 선물 2계약을 할 수 있게 되었지만 3개월 차에도 역시 1계약으로만 했습니다. 3개월이 지나니까 슬슬 자신감도 붙었지만 시장의 여러 패턴을 경험하기 전까지는 절대 계약수를 늘리지 않기로 자신과 한 약속을 지키며 5개월간 매매를 1계약으로만 지속했습니다. 그러고 나서 6개월 차부터 2계약으로 늘려서 매매를 했습니다. 처음 복수 계약을 하니 마음에 부담이 되더군요. 그래서 진입 후 절반의 물량은 3틱 익절에 청산해버리고, 나머지 물량을 본절 잡고 홀딩하는 전략으로 매매했습니다. 절반 물량을 2~3틱에 익절해버리고 나면 남은 절반 물량을 본절하더라도 약간의 이익이 남기에 마음이 편했기 때문에 나름의 안전장치로써 궁리 끝에 제가 애용하고 있는 자금 운영방법이 되었습니다. 2계약으로 매매하며 복수 계약 매매법의 최적화 방법을 궁리하며 3개월간 2개로만 매매했던 것 같습니다. 저는 소심해서 최대한 소심하게 자금을 운영했습니다.

이렇게 교육 후 9개월간 매매를 하니 계약수가 10개로 늘어나더군요. 옵션은 전혀 안 하고 선물 데이트레이딩으로만 최대한 보수적으로 운영하며 매매한 결과가 9개월 만에 선물 10계약… 너무 감격스러웠습니다. 10계약이 된 뒤부터는 데이트레이딩은 4계약으로 매매했습니다. 역시나 진입하면 물량의 절반은 2~3틱에 청산해서 손절 담보금을 만들어두고, 나머지 물량만 목표가까지 홀딩하는 전략으로 매매했습니다. 나머지 물량 6개는 스페어로 항상 대기해두었다가 90% 이상 확신이 드는 구간이나 진입한 추세가 목표가 이상 강화될 때 한 번씩 강하게 배팅해서 재빠르게 수익을 챙기고 빠지는 전략으로 발 빠르게 운영했습니다.

물량이 20개가 된 뒤에는 데이트레이딩은 최대 8개를 넘기지 않았고, 지금까지도 평균 데이트레이딩은 물량 10개를 넘기지 않고 있습니다. 저는 지금도 4개~10개로만 매매합니다. 폭락이나 대세상승의 그림이 일봉차트에서 보일 때는 과감히 오버나잇도 하고 싶지만, 올해 5월의 폭락장에서만 딱 한 번 물량 10개로 매도 오버나잇한 것 말고는 항상 데이트레이딩입니다. 옵션으로 헤지하고 추세방향으로 오버나잇하면서 추세매매하는 방법도 있겠지만, 저에게는 밤에 편히 잘 수 있는 무포지션이 가장 마음에 드는 포지션이라서 항상 당일 청산 전략으로 운영합니다. 2010년 1월에 100개 달성했었는데, 벌써 250개에 육박하네요. ^^

저는 시장이 횡보하면 그냥 쉽니다. 요즘은 한 달에 10일 미만으로 거래하고, 추세가 보이지 않는 장세에서는 2개로만 초단타 틱띠기를 하며 조금씩 수익을 쌓아가거나 그냥 쉽니다. 올 봄 3월 말부터 4월까지는 시장의 지루한 횡보구간을 피하려고 전국을 여행하며 매매를 쉬었고요. 덕분에 어머님 모시고 효도하며 즐거운 휴식을 취했습니다. 그러고 나서 5~6월의 급변동 장세에서 큰 수익을 내고, 다시 여유롭게 지내다가 최근 매수 장세에서 눌리면 무조건 매수해서 홀딩하는 전략으로 여유롭게 매매를 즐기고 있습니다.

처음 매매를 배우고 실전을 익힐 때 대부분의 사람들은 예전의 실패했던 경험으로 인해 심리적으로 어려워집니다. 저도 그랬었는데 그럴 때마다 교육을 수없이 반복해서 들었고, 다음날 아침이 되면 배운 내용을 떠올리면서 모의매매로 수없이 매매 연습을 하고 각오를 다졌던 기억이 납니다.

돈이라는 것이 참 무섭더군요. 돈을 번다는 소문을 내지 않아도 어떻게 알았는지 이런저런 연락이 옵니다. 저는 아직도 14년 된 구형 아반떼를 탑니다. 돈을 벌었다고 허세를 부리거나 허영심을 채우기 시작하면 내게 온 복은 금세 다른 주인을 찾아간다는 것을 어머님께 배웠습니다. 저는 한 달 용돈 40만 원을 넉넉하게 사용할 만큼 검소하게 살지만, 제게는 든든한 고급 매매기술이 있고 30대 초반의 청년에게는 많이 넉넉한 자산이 생겼습니다. 저는 검소하게 생활하지만 부모님께는 넉넉히 용돈도 드리고 어려운 후배들을 위해 소정의 장학금도 지원하며 보람되게 살고 있습니다.

이제부터는 어떤 삶을 또 다시 설계해갈지 요즘 저에게는 행복한 고민이 생겼습니다. 어떤 배우자를 만나야 검소하지만 지혜롭게 넉넉히 나누는 삶을 함께할 수 있는지 고민도 하게 되고, 가치 있게 살아가기 위해서 어떤 일을 준비해야 할지도 제게는 큰 고민이 됩니다.

시장에서 돈을 조금 벌었다고 해서 한없이 욕심을 내면 그 삶이 피폐해질 것 같아서 저는 가급적이면 매매하는 날을 한 달에 5일 정도로 제한하려고 노력합니다. 오래오래 지금의 행복을 이어가고 싶기 때문입니다. 매매 말고도 세상에는 참 즐겁고 하고 싶은 일이 많기 때문입니다.

하지만 이 모든 고민이 체계적인 교육프로그램을 만났고, 죽도록 배우고 연습하고 복습하며 내 조급한 마음과 욕심을 누르면서 노력한 시간이 있었기에 가능한 행복이라고 믿습니다.

제 글을 읽으시는 개인투자자분들, 과거의 어려움은 잊으세요. 최첨단 금융공학의 결정체인 파생매매는 꼭 정석으로 체계적으로 배우신 뒤에 하셔야만 여러분의 피 같은 돈을 잃지 않고 꾸준한 수익을 누적해갈 수 있습니다. 교육을 통해서 여러분도 신흥부자의 대열로 들어오시기를 기원 드립니다. 감사합니다.

2010년 10월 9일

누적수익 드림

투잡으로 성공

반갑습니다. 제 필명은 약국장입니다.

현재 부산에서 약국을 운영하고 있습니다. 소장님과의 인연은 작년 9월부터 시작되었습니다. 약국을 운영하면서 왜 굳이 위험부담이 큰 선물거래를 하는지 의아해하시는 분들도 많았습니다. 저도 이전엔 주식거래도 꾸준히 해온 터라 큰 손실 없이 적당히 수익을 올리곤 했습니다. 그러다 우연한 기회에 선물 옵션거래를 알게 되었다가 정말 크게 손실을 보았습니다. 그래도 본업이 있어서 대여계좌를 겁도 없이 10계좌씩 운영하기도 했습니다.

운 좋게 어떤 날은 1포인트 수익으로 끝날 때도 있었지만 여전히 어디서 익절해야 하며 손절해야 할지 오리무중의 거래는 오히려 매일매일 거래에서 불안감만 가중되어 결국 누적 손실폭이 걷잡을 수 없이 불어났습니다.

그러다 우연한 기회에 엠포트의 무료방송을 접할 기회가 생겼습니다. 정말이지 저에겐 새로운 전환점이 된 계기가 된 거 같습니다.

제가 안고 있는 불안한 매매습관을 확신으로 바꾸어주는 큰 시발점이 되었습니다. 정말 당시 흥분되어서 녹화방송도 반복해서 들어봤고 바로 교육을 신청하고 20번 정도 반복해서 들어 거의 외우다시피 하며 한 달 정도를 보낸 거 같습니다.

이후 계좌 2개로 시작해서 지금은 10계좌를 운영 중입니다. 지금은 약국 수입보다 선물거래를 통한 수익이 더 큰 수익으로 바뀌게 되었습니다. 처음 시작한 3500만 원의 계좌가 지금은 2억이 훨씬 넘는 수익으로 바뀌었습니다.

전 본업 때문에 주로 오전 거래로만 하루장을 마감하는 편입니다. 오히려 그런 매매가 저에게 더 큰 욕심을 내지 않고 수익을 잘 지킬 수 있게 한 게 아닌가 생각됩니다.

파생에서의 리스크 관리는 정말 중요합니다. 많은 사람들은 내일을 생각하지 않고 오늘 하루에 너무 힘을 다하는 거 같아 안타까울 때도 있습니다. 저 역시 그런 시행착오를 겪어 잘 알고 있습니다. 작은 수익이라도 만족하는 게 정말 중요하다고 생각합니다.

거래를 하다 확신이 들지 않으면 아예 진입을 하지 말고 관망하는 것 역시 중요한 습관이라고 생각됩니다. 저도 확신이 없다면 관망하다 소장님의 확신에 찬 목소리에 주저 없이 믿고 진입합니다. 그러면 거의 지는 90% 이상은 수익으로 마감된 거 같습니다. 그거 하나만 믿어도 수익은 늘 여러분의 것이라 믿습니다. 항상 다른 분들의 수익 및 계좌수는 인식하지 마시고 1계좌라도 꾸준히 수익을 쌓는 습관과 작은 수익이라도 만족감을 가지신다면 언젠가 여러분들의 계좌도 저와 같이 더 이상 두려움 없이 이 시장에서 성공하실 거라고 믿습니다. 그리고 대단하신 소장님을 믿으세요. 스스로 이 시장에서 매매습관 때문에 고민하신다면….

2010년 10월

마감일에 흐뭇한 기분으로

교육 후기 · 1

아문 라

옵션매수전용계좌를 만들고 매매한지도 1년이 훨씬 넘지만 수익은커녕 계속 마이너스다. 시간가치의 소멸과 장의 흐름을 놓쳐 역추세에 물려 손실만 키우는 꼴이다. 그래서 나름 공부를 해보려고 시중에 있는 선물 옵션에 관한 책들을 보기 시작했다. 그러나 많은 책을 접해 보았지만 교과서적인 이론에 불과하고 실전에서 내게 꼭 필요한 경험에서 나온 기법은 없었다. 책을 더 이상 볼 필요가 없어 챠트를 펼쳐놓고 나름대로 연구를 해보고 거래를 하면 수익을 내는 듯하다가 어느 한순간에 날리고는 무엇이 문제인지 또 연구해보지만 옵션이란 것이 그렇게 만만하지가 않았다.

그러던 중 문 소장님께 전화를 걸어 자세한 상담을 받고 교육의 중요성을 강조하여 일단 교육을 들어야겠다고 생각했다. 하지만 적은 돈으로 옵션매수계좌만 하는 내게 교육비를 마련하는 게 문제였는데 "평생 정년이 없고 불황이 없는 선물 옵션 금융사업에 그만한 돈은 빌려서라도 듣고 시작하는 게 좋다." 는 말에 결단을 내렸다. 올 3월 초에 교육방송에 등록하고 내게 필요한 부분은 두 번을 들었다.

지금은 무료 라이브방송을 들으며 수익보다는 실전 감각을 익히는데 치중하며 횡보 추세에서는 관망하는 인내를 배우고 추세가 생기면 어떻게 올라타야 하는지 몸으로 익히고 있으며 무엇보다도 문 소장님의 신바람 나는 리딩과 몸에 밴 긍정적인 마인드와 도전적인 경험담을 들으면 나도 은연 중 긍적적이고 도전적인 마인드가 되어 신바람 난다.

그리고 오늘 3월 17일 옵션으로 50% 가까운 수익을 냈다. 단 한 번의 손절도 없이 말이다. 참으로 신기한 일이다. 물론 많은 금액으로 선물을 하는 분들에게는 푼돈이겠지만 내게는 소중한 수익이다. 무엇보다도 장을 객관적으로 바라보며 매매할 때와 쉴 때를 아는 여유로운 마음을 갖게 된 것도 교육의 힘이 아닌가 한다. 이제 조만간 나도 선물 1계약을 할 수 있을 것 같다. 그땐 지금보다도 더 신바람 나게 할 수 있을 거라 믿는다.

나의 바람이 있다면 문소장님과 함께하면서 큰 수익을 내서 힘든 사람들에게 도움을 주며 살고 싶다.

교육 후기 · 2

어린 부자

안녕하세요. 어린 부자입니다.

상승장에 주식에 입문하여 5월~9월까지 정말 재미를 보다가 조정장에 들어서니 정말 암담하더라구요. 외인, 기관들은 공매도를 함으로써 조정장에서도 열심히 돈 버는데 정말 화가 났습니다. 대주 거래를 해볼까 참 고민도 많이 하던 중에 어느 고기집에서 옆에 앉아 계신 어떤 아저씨가 그러시더라구요. 옵션으로 이번에 2천만 원 넣어서 3억 만들었다고. 그 말 듣고 집에 와서 바로 몇몇 사이트를 알아봤습니다. 하xxx란 곳도 유심히 보고 엠포트란 곳도 유심히 봤습니다. 엠포트, 항상 꾸준한 수익을 내더라구요. 처음에 솔직히 안 믿었습니다. 워낙 사이트들이 무책임하고 거짓말이 심한 곳도 많아서 고민하다가 소장님한테 전화 한 통 걸었죠. 소장님께서 무조건 열심히 하면 성공한다고 교육부터 들으라고……. 교육비, 22살인 저에겐 큰돈이었죠. 옷가게에서 일하면서 한 달에 100만 원 받는 저에겐. 모아둔 돈하고 조금 빌리고 해서 진짜 남자로 태어나서 한 번 해보자 라는 마음으로 입금하고 교육 들어갔습니다. 소장님 목소리와 자신감에 홀딱 반했죠. 그래서 가게 그만두고 올인했습니다. 교육 1주 차, 돈 안 아까웠습니다. 정말 진심으로 한 푼도 안 아까웠습니다.

20년 넘는 자신의 경험을 다 알려주는데 한편으로는 싸다고도 생각했습니다. 이런 식으로 투자하면 돈을 잃고 싶어도 잃을 수가 있을까 라는 생각이 정말 들었습니다. 1주 동안 하루에 2~3개씩 매일 듣고 모의투자 이틀 하고 그냥 바로 실전에 들어갔습니다. 공부한대로만 하자. 원칙을 지키자. 이 마음가짐으로 임했죠.

첫날부터 바로 수익, 한 주 동안 손절 한 번하고 모든 거래에서 수익이 나니까 자신감이 너무 생기더라구요. 그 자신감이 거만함으로 바뀌었죠. 소장님이 헤지하고 오버나잇하라고 했는데 그냥 오버나잇했더니 미국시장 급등, 3포인트가 하루아침에 날아가더라구요. 원칙을 어긴 저 자신이 미웠습니다. 제 자신에게 뺨 한 대 때렸죠. 바로 그날 저녁부터 교육 다시 들었습니다. 처음 들을 때랑 틀리더라구요. 다르게 들리더라구요. 7, 8, 9강 3번씩 듣고 이번 월요일부터 다시 덤볐습니다. 한 주 동안 교육 내용만 생각하면서 소장님 리딩 듣고 했죠.

지난 주 손해 본 거 다 갚고 일주일 수익 8포인트 나오더라구요. 정말로 손절 단 한 번도 할 필요도 없었고 하지도 않았습니다. 가장 중요하게 말씀하시는 추세, 물려도 추세에 물려라. 추세에 물리면 손절할 필요 없다. 정말 하루에 10번씩 생각합니다. 아직도 교육 듣고 있습니다. 들을 때마다 새로우니까요.

어머니 용돈 드리고, 빌린 돈 다 갚고, 친구들이랑 술 한잔 거하게 마셨습니다!! 소주나 마시던 녀석이 소장님 덕에 업그레이드 됐죠.

다음 주 수익, 정말 가슴이 두근두근합니다. 교육 들으면서 제일 중요하게 느낀 건 여태까지의 습관들을 과감하게 다 버리고 교육 내용대로만 해보니까 돈이 보이고 계좌가 불어난다는 겁니다.

가늘고 길게! 복리의 마법! 제가 항상 생각하는 제 원칙 중에 하나입니다.

교육 후기 · 3

청용열차

저는 이제 주식시장에 발을 디딘지 만 3년을 넘겼습니다. 그동안 거의 데이트레이딩 위주로 했기 때문에 하루에도 수십 번 매매를 했습니다. 그런데 주식(현물)은 매도 시마다 국세청으로 들어가는 세금 0.3% 때문에 데이트레이더에겐 최악의 상품이라는 생각이 들어서 세금 없이 증권사 수수료만으로 거래가 가능한 선물시장에 들어서게 되었습니다.

10년 전인 대학교 1학년 때부터 게임을 매우 좋아했고 대회에 나가서 우승까지 할 정도로 컴퓨터 컨트롤을 빨리 할 수 있기 때문에 매매 속도는 최고 중 한 사람이 아닐까란 생각이 듭니다. 때문에 머릿속으로 언제 매수, 매도, 청산할지만 생각해놓으면 상황이 오는 순간 감각적으로 기계적인 매매를 할 수 있습니다. 그런데 시장을 이끄는 세력들은 항상 속임수 패턴을 만들어 나가기 때문에 기본적으로 장세 판단이 되지 않는다면 탁월한 기계적 매매 능력이 오히려 해가 된다는 사실을 알게 되었죠. 잦은 매매로 인한 수수료, 잘못된 판단으로 인한 잦은 손절매 등으로 오히려 손실폭만 키우는 결과를 가져왔습니다.

문홍임 소장님께서는 바로 그 '장세판단(추세흐름분석)' 을 방송으로 리딩해주십니다. 저희는 문 소장님의 판단을 잘 듣고 실행하면 되는 것이지요. 그러나 문 소장님의 리딩을 처음 받으셨을 때 대부분 느끼셨겠지만 소장님 말씀에는 각종 전문용어와 생소한 신호가 무수히 많습니다. 아니 거의 대부분의 표현이 생소하다고 할 수 있습니다. 그러한 모든 용어와 표현들, 그리고 판단이 교육에 담겨져 있습니다. 교육은 문 소장님을 이해하는 것이요 장세판단을 이해할 수 있는 필수 과정인 것입니다. 지금 혹시 소장님의 리딩을 원하시는 분들이 계시다면 먼저 소장님을 이해할 수 있는 교육과정을 꼭 받으시길 권해드립니다. 모두들 불황이 없는 선물 옵션시장에서 금융 신흥갑부가 되는 그날까지 화이팅!!

교육 후기 · 4

최고달인

저는 코스피 200지수 주도 기업에 속하는 회사에 제법 오래 근무한 회사원이고요. 스킨스쿠버의 달인(?), 살아 있는 전설로 통할 정도로 총각 때부터 했으니까 제법 오래 했네요. 우리나라 전 지역 물속을 훤히 꿰뚫고 있을 정도로 오랫동안 물속 비경에 미쳐서 아직도 깨어 나오지 못하고 있고, 또 한동안 풀에 미쳐 산과 들로 섬으로 엄청 다니기도 했지만 지금은 선물 옵션에 흠뻑 빠져 있습니다. 미치려면 아직

갈 길이 먼 사람입니다.

요즘 제 생활은 엄청 바쁘지만 무척이나 즐겁습니다. 트레이딩해서 수익을 올리면 더 좋고 못 올리는 날도 수익이 난 날보다 덜하지만 나쁘지만은 않습니다. 왜냐고요? 공부를 했잖아요! 저 또한 직장생활하며 정직하게 수년간 아끼고 줄여서 번 돈 수천만 원이 불과 두 달도 안 되어 주식으로 날아가 버리는 고통과 아픔이 있어 '파생에서 밥 먹고 사는 사람도 있는데 오기로 한 일 년 머리 깎고 공부하면 고수 반열 근처까지 가지 않을까?' 하는 생각으로 이곳 문을 두드리게 되었고, 아직도 배 많이 고프고 갈 길이 멀지만 희망을 묻어놓고 물 주고 영양제 주며 싹이 날 때를 기다리고 있어 얼마나 행복하고 감사한지 모르겠습니다.

이곳 교육을 받기 전만 해도 코스피 200이 무엇이고 어떻게 형성되는지 몰랐고 더 이상 올라가면 안 되는 것으로 알았습니다. 또한 교육내용이 생소해서 선물 옵션 전문용어집을 사다가 볼 정도의 완전한 초짜가 지금은 수익을 내고 있습니다. 그것도 이제는 고수도 깨지는 횡보장에서 한 달간 안 깨지는 것에 감히 도전장을 낸 상태입니다. 그리고 가슴을 뛰게 하고 피를 용솟음치게 하는 것은 이 지구라는 별에 태어나 뭔가 사회를 위해서 환원시킬 만한 거리를 발견했기 때문이지요. 전혀 가망이 없어 보였던 바늘구멍만한 구멍을 통해 한줄기 빛을 보았고, 그 빛을 따라가다 보니 그 과정이 결코 쉽지는 않겠지만 희망의 끝자락의 무지개를 보았습니다.

사람이 살면서 굴곡 없이 사는 사람은 단 한 사람도 없을 것입니다. 다만 그것을 극복하느냐 포기하느냐에 달려 있겠지요. 지구라는 별에 태어난 이상 어느 틀 안에 있든지 근심걱정과 힘든 과정을 거치지 않는 사람은 단 한 사람도 없습니다. 세상에 쉬운 것은 단 하나도 없습니다. 또 쉽다면 아무 의미가 없겠지요. 어렵기 때문에 할 만한 가치가 있는 것 아닐까요?

"당신은 끝까지 두드려 보았는가?" "죽을 각오로 매달려 보았는가?"

저는 이 말을 좋아합니다. 그리고 제 책상 앞에 이 글을 크게 써놓고 책상에 앉아 있을 때마다, 정말로 촌음을 아껴 쓰고 있는가? 시간을 낭비하고 있지는 않은가? 하고 생각합니다.

끝까지 포기하지 않는 삶, 어느 곳에 떨궈놓든 그곳에서 최선을 다하는 사람이 진정한 프로이고 자기를 죽여서 싹을 움트게 하는 밀알인 것입니다.

문 소장님은 사면초가 막장에 나나튼 사람들에게 희망의 끈을 다시 쥐어주는 희망의 전도사 입니다. 이곳에 오신 여러분은 이 끈을 절대로 놓치면 안 됩니다.

저는 이곳에 오기 전에 다른 곳을 기웃거려본 적도 없고 아는 데도 없지만 사람 보는 눈은 있습니다. 문 소장님을 직접 본 적은 없지만 한 번에 알아차렸습니다. 대한민국 아니 이 게임이 국제 게임이라고 볼 때 세계적인 게이머인 동시에 장세와 추세 보는 데 최고의 실력자라는 것을 지금도 부정하지 않습니다.

자장면 배달도 10년이면 달인의 경지에 오르는 법인데 우리나라에 선물 옵션이 들어오는 시점부터 시작해 순간에 죽고 사는 험난한 파생에서 지금까지 살아왔다는 것과 몸으로 부딪쳐 터득한 커리어는 아무리 전공을 했고 공부를 했어도 절대로 하루아침에 따라갈 수 없기 때문입니다.

6.25때 백마고지 전투에서 모 상사는 낮에는 국군이 밤에는 북한군이 점령하는, 총알이 빗발치는 치열한 전투에서 부대원이 전멸하는 속에서 혼자서 살아 내려오기를 무려 8번이나 반복해서 유명한 사람이었는데 총알이 빗발쳐도 끊기는 순간을 이용해서 살아나왔다는 이야기를 들은 적이 있습니다. 한두 번은 운이 좋아서 일수는 있지만 계속 이어지는 것은 실력이지 결코 우연일수 없습니다. 그리고 그 오랜 세월 속에서 터득한 노하우를 공개 공유한다고 하는 것은 공인 아니면 아무나 할 수 없는 일이지요.

멀리 오래 가려면 천천히 느리게 가라고 한 말이 있습니다. 지금 현재가 너무 답답하고 바쁘니까 욕심도 생기고 해서 소장님이 귀에 못이 박히도록 수만 번 반복하는, 리스크 관리 투자방법인 1.모의투자 1개월 2.잃지 않는 법 3.수익 쌓기 4.리스크 관리 5.투자비율 조정 등이 이미 욕심이 귀를 막아 들리지를 않았습니다. 그런데 일정기간과 수업료를 헌납하고 난 뒤에야 도를 닦는 마음으로 자기통제를 할 줄 알아야 한다는 것을 알게 되었습니다.

하루에 2~3회 변곡구간만 한다고 생각하시고 관망은 필수, 지켜보는 것도 큰 공부이지요. 그날이 횡보장이면 오전에 잠깐 수익을 내고 다음날을 기약하는 것도 필요합니다. 파생은 결국은 자기와의 싸움에서 이기는 것입니다. 그리고 가장 중요한 것은 수익이 나면 들이대려고 하는 마음이 일어납니다. 이것을 가장 조심해야 됩니다. 벌었으면 최소한 30분~1시간 이상 관망하며 자기 자신을 다스리며 지키는 습관을 연습해야 됩니다. 그리고 리딩을 하면서 깨달은 것은 수익일 때 팔아야 합니다. 그런데 대부분 손실일 때 판다는 사실입니다.

모든 일에는 순서가 있는 법입니다. 이곳 파생에 입문해보니 반드시 통과해야 하는 관문이 있었습니다. 옛말에 바쁠수록 돌아가라 했고 바늘을 허리에 매서 쓸 수 없다고 했듯이 교육을 받아야 하는 이유는 그것이 기회비용을 줄이는 지름길이기 때문입니다. 그리고 최소한 리딩자와 의사소통은 되어야 하겠지요? 대화가 되지 않는데 어떻게 리딩을 따라 할 수 있습니까? 그리고 소장님이 교육을 강조하는 것 중 하나는 선물 옵션만기가 가까울수록 그 속도는 말을 능가하고 눈이 미처 따라갈 수 없을 정도로 빠를 때가 거의 대부분입니다. 4번째 만기를 맞으면서 두 번째까지는 수익이 엄청난 것을 멍하니 있다가 모두 놓친 것을 거울삼아 지난 12월 만기를 맞으며 그동안 엄청 준비의 칼을 간 덕분에 만족하지는 않지만 그런대로 10배에 가까운 수익을 올릴 수 있었습니다.

누구든지 최단 시일 내에 고수의 반열에까지 올려주는 고수 제조기 문 소장님과의 인연을 소중하게 생각하며 오랜 세월 동안 몸으로 체득한 노하우를 아낌없이 공개한 것에 다시 한 번 감사하고 한 번 스승은 영원한 스승이라고 생각하며 최고의 스승은 스승을 능가하는 제자를 두는 것이 최고 목표라고 합니다.

암튼 마중물만 있으면 언제든 기회를 만들 수 있도록 해주신 소장님께 감사의 말씀을 전하며 아직도 배울 것이 많은 미천한 실력이지만 이만큼이라도 여유를 갖고 할 수 있게 한 것에 감사합니다.

3

선물 옵션거래의 첫 걸음

FUTURE OPTION

선물 옵션거래 바로 알기

선물거래란 무엇인가

선물거래는 선물거래소에 의해 수량, 규격, 품질 등이 표준화되어 있는 대상자산을 현재 정해진 가격(선물가격)으로 미래의 일정 시점에 정해진 가격으로 인수나 인도하기로 약속한 계약을 사고파는 행위를 말한다. 선물거래는 농산물의 거래에서 시작되었다. 화폐를 단순한 상품으로 취급하는 금융선물시장은 1972년에야 개발되었다. 현재 시점에서 현금을 주고 실제 물건(현물)을 받는 것을 현물거래라고 하는 것에 대응되는 개념이다.

선물시장에는 헤저(hedger)와 투기가라는 2종류의 거래자가 있다. 두 거래자는 서로의 영업에 필요한 만큼의 충분한 양의 상품을 확보하기 위해서 모두 필요하다. 헤저는 자신이 담당하고 있는 상업 활동과 관련된 재정적 위험을 피하거나 최소화하기를 원하는 사람이다. 따라서 불리한 가격이나 이자율의 변동에 대비하여 선물계약을 보험과 같은 안전장치로 활용한다. 반면 투기가는 이윤을 얻겠다는 기대로 미래의 가격 또는 이자율에 대한 자신의 전망에 따라 자금을 투자하는 위험을 선호하는 사람이다. 실제의 계약은 선물시장의 중앙정산소를 통해 이루어지지만 선물시장에 필요한 유동성을 공급하고 구매자를 판매자와 짝지어주는 데 도움을 주는 것은 투기가이다.

우리가 거래하는 선물은 코스피 200지수를 기초자산으로 하는 코스피 200지수 선물이다.

선물계약에 필요한 자금

우리가 거래하는 기초자산인 코스피 200지수에서는 선물 1계약을 매매하는 데에는 증거금 13.5%만으로 가능하다. 선물매매는 현재시점에서 미래에 발생될 거래에 대해서 계약을 하는 것이므로, 해당시점에서 현재 선물지수가 100포인트라면 이 선물의 총가격은 5천만 원이 된다. 왜냐하면 선물은 1포인트 당 50만 원이라는 가격이 규정되어 있기 때문이다.

그러나 이 상품을 거래할 때 그 가격을 전부 주고 매매하는 것이 아니라 그 일부인 13.5%의 증거금만 있으면 1계약을 매매할 수 있는 것이다.

선물증거금 계산

선물현재가격 × 50 × 13.5% = 현재선물증거금

실전에서 증거금 계산은 전부 HTS에서 자동으로 해주기 때문에 투자자가 계산할 필요는 없다. 선물지수가 250.00포인트라면 그 13.5%인 1,700만 원만 있으면 선물을 1계약 매매할 수 있다. 즉 자기 자금은 13.5%만 있어도 거래가 가능하다는 것이다.

따라서 선물거래는 이러한 레버리지(지렛대) 효과 때문에 보유 포지션을 잘못 선택하면 손실이 무한하다. 이러한 위험 때문에 선물거래에 있어서는 증거금과 일일정산이라는 안전장치를 마련해두고 있다. 선물매매는 현재시점에서 미래에 발생될 거래에 대해서 계약을 하는 것이므로 해당 시점에서 가격의 변동에 따라 계약불이행의 가능성이 있다. 이러한 허점을 방지하기 위해 일정 수준이 현금을 고객의 선물계좌에 항상 예치시켜야 하는데 이것을 증거금이라고 한다. 곧 실생활에서 선월세 임대차 계약 등을 할 때 먼저 지불하는 계약금이나 보증금의 성격으로 이해하면 된다.

또한 증거금도 여러 가지 종류가 있으나 투자자가 알아야 할 것은 내 투자원금의 일정 수준 이하로 가격이 하락하게 되면 그 모자라는 돈만큼을 채워 넣어야 한다는 것이다. 이러한 증거금은 현금 이외에 유가증권으로도 예치가 가능하다.

일일정산이란 투자자의 손실이 클 경우 채워 넣지 않고 도망가는 것을 막기 위한 장치이다. 즉 일일정산을 통해서 매일 손익을 계산하여 고객들의 계좌로 입출금시켜주게 된다. 다시 말해 손실이 발생한 계좌에서 돈이 빠져나가서 이익이 발생한 계좌로 입금이 되는 것이다. 일일 정산에 의해서 계좌에 현금이 모자라게 되면 추가로 증거금을 납부해야만 한다. 보통 선물거래에서 잠정적인 손실이 발생하게 되면 증권회사에서 고객에게 돈을 입금하라고 요구하는데 이것을 마진콜이라고 한다. 이러한 전화를 받았다면 모자라는 돈은 다음 날 12시 이전까지 입금해야 한다. 그렇지 않으면 선물중개회사에서 강제로 청산을 하게 된다. 이와 같이 손실액은 메워야 하지만 반대로 이익분에 대해서는 현금인출이 가능하다.

옵션계약(option contract)이란 무엇인가

옵션계약은 계약의 성립조건을 충족하고 청약자가 청약취소권리를 제한하는 것을 말한다. 옵션계약은 승낙자를 청약자 임의로 계약을 취소하는 것으로부터 보호하는 계약이다. 콜옵션은 수혜자가 승인자에게 합의된 가격에 재산권을 매입해줄 것을 요구할 수 있는 것이고, 풋옵션은 수혜자가 승인자에게 합의된 가격에 재산권을 매도하겠다고 요구할 수 있는 것이다.

선물거래의 경우 최대 손실은 '마진콜(margin call)'까지인 반면 옵션 매수거래의 경우 최대 손실은 내가 지불한 프리미엄만 해당된다. 즉 현재 지수대에서 선물거래를 하기 위해서는 대략 1,700여 만 원이 필요하다. 손실을 보더라도 10%는 유지해야 마진콜을 당하지 않을 것이다. 그 이상 손실이 나면 유지증거금 부족이 되므로 증권사에서 강제로 포지션을 청산하게 되는 것이다. 물론 이익이 나는 경우는 강제청산 없이 만기까지라도 들고 갈 수 있다.

옵션은 매수했을 때와 매도했을 때가 좀 다르다. 매수는 유한 책임, 무한 이익 그리고 매도는 무한 책임, 유한 이익 정도로 말할 수 있다. 예를 들어 콜옵션 행사가 150을 5.0(50만 원)에 샀다고 할 경우 이 콜옵션이 이익이 나면 그 이익은 이론상으로는 무한히 커지는 반면 손실이 나면 내 최대 손실은 5.0(최초 투자금액)까지만 감당하게 된다.

선물거래의 종류

선물거래는 일반적으로 단순거래와 헤지거래, 스프레드거래, 차익거래로 나누어 볼 수 있다.

단순거래(Speculation)

통상적으로 투기적 거래라고도 한다. 레버리지 효과를 이용하여 가격변동으로 이익을 얻기 위한 거래를 말한다. 레버리지 효과로 인해 고도의 투자 기회를 제공한다. 그러나 일반적으로 고수익은 고위험을 동반하므로 큰 손실을 입을 수도 있기 때문에 헤지를 반드시 하는 습관이 중요하다.

필자가 선물 옵션 라이브방송에서 트레이딩 하는 회원에게 선물 매도시점과 매수시점을 알려주는 것은 대부분이 투기적 거래에 해당된다. 현물 포지션과 상관없이 선물 자체만의 기술적 차트를 보고 향후

가격변화를 이용해서 시세차익을 얻는 거래가 일반적이다. 이러한 거래에서는 반드시 투자 원칙을 세워야 한다.

1.리스크 관리 2.추세적 대응 3.기계적 대응, 이것이 파생의 3대 기본 투자 원칙이다.

선물 옵션시장은 단순거래가 가장 일반화되어 있고 시장의 변동성과 방향만 확인되면 수익도 가장 크다. 그러나 우리가 자동차를 이용해서 여행할 때도 길을 안내하는 이정표가 있으면 편리하듯이 단순거래에서도 이정표를 볼 줄 아는 것이 필수이며 또한 거래방법을 숙지한 다음 거래를 시작해야 한다.

1)리스크 관리

대개 초보자는 선물 1계약으로 거래하지만 시장은 점진적 하락기조라도 항상 장중 등락을 보이며 기술적 지표를 이용한 데이트레이딩을 많이 한다. 그래서 반드시 어떤 성격의 자금으로 어떤 거래를 할 것인지 먼저 계획을 세우고 거래에 임해야 하는 것이다.

철저하게 공부하고난 후에 실전 훈련을 받고 다시 가상투자를 해보고 실전에서 자금을 투입하는 지혜가 필요하다. 이것이야말로 진정한 리스크 관리일 것이다.

최근 들어서 일부 투자자들은 대여계좌를 이용하고 있다. 대여계좌란 선물 1계약 거래자금이 없는 상태에서 약 100만 원을 가지고도 거래를 할 수 있도록 계좌를 빌려주는 것을 말한다. 계좌는 자금을 빌려주는 컨설팅업체에서 대여해준다. 이때 주의할 것은 선물 매도포지션은 선물 220에서 했는데 반대로 222까지 상승해도 손절을 못했다면,

선물 1포인트 당 50만 원이므로 2포인트만 손실이면 100만 원의 계약금이 자동청산되는 로스컷 제도가 있어 바로 아웃되어버린다는 점이다. 그렇게 되면 다음 거래를 할 수 없는 상황이 된다.

시장이 선물지수 222를 갔다가 다시 210으로 내려가는 추세라면 자금 사정에 여유가 있는 계좌일 경우는 조금 손실이 발생해도 계속 보유하고 있으면 저점이 낮아지게 되므로 수익이 발생한다. 하락기조에서도 반등 시마다 매도를 하면 큰 수익을 얻을 수 있는 포지션매매를 해야 하는데 대여계좌는 그렇게 할 수 없는 것이다.

장중 데이트레이딩도 확인매매에서는 손절을 자주 하지 않고 방향이 확인되는 것을 보고 대응하므로 안전하다. 그러나 공격적으로 예측매매를 한다면 손절매로 손실을 볼 확률이 높기 때문에 반드시 확인매매와 파생의 3대 투자 원칙을 지키는 거래가 바람직하다.

실전매매에서는 철저한 확인매매로 대응해야 한다. 기술적 지표를 공부하면 어떤 신호가 오는지 알 수 있다. 가령 매도기준에 있는데 내가 매수를 보유했다면 기준이 이탈될 때 즉각 손절을 하는 전략이 필요하다. 즉 반대포지션으로 방향전환을 할 줄 아는 것이 바로 리스크 관리를 하는 것이다.

그리고 시장 대응에서는 유연성이 매우 중요하다. 방향이 바뀌는데도 계속 매수만 고집할 수 없고, 매도에서 매수로 다시 방향이 바뀌었다면 곧바로 반대 방향으로 전환하는 기술적 지표의 동의가 있어야 하고, 확인되면 바로 기계처럼 즉각 추세적 대응으로 방향을 전환하는 유연성이 있어야 하는 것이다.

단순거래의 거래방법은 말 그대로 단순하다. 시장의 방향만 확인되면, 하락 패턴이면 매도하고 상승 패턴에서는 매수하면 수익이 나는 단순한 거래다.

2)추세적 대응

기술적 지표를 보면 당일 분봉의 추세가 있고 일봉의 추세가 있다. 분봉의 추세도 5분과 10분, 30분, 60분을 참고로 할 수 있다. 빠른 대응이 필요하다면 2분부터 변화를 빨리 감지할 수 있고, 좀 느긋하게 변화를 보려면 30분 단위로 변하는 지표를 보고 대응할 수 있다. 수익을 얻으려면 기술적 지표에서 보내는 추세가 어떤 추세인지 변화에 즉각 대응해야만 한다.

어느 날 초보 회원이 "난 직장 생활로 바쁘니까 추세적 대응으로 계속 매도만 홀딩하고 싶습니다. 장중 트레이딩은 못 따라 합니다."라고 말한 적이 있다. 여기서 이 회원의 추세매매란 일봉에서 조정기에는 한 달이고 두 달이고 그냥 보유만 하겠다는 것이다. 나는 회원들에게 추세가 결정되면 당연히 그렇게 매매하라고 강조한다. 하지만 반드시 자기자금의 비율을 정해두어야 하고 무리한 거래는 해서는 안 되며 반드시 헤지자금이 일부 있어야 한다.

하락기조라고 해도 추세선 하단에 오면 기술적 되돌림이 나오는 구간이 있고, 파동이 완성되기 전에 하락폭의 30% 정도 되돌림이 나오는 경우가 많다. 그러므로 만약 종지수 1,900선에서 1,500선을 보고 매도를 했다면 그냥 고점매도이기 때문에 목표치까지 보유해도 좋다는 것이다.

그러나 추세 하단에 내려온 상태에서 반등이 나올 수도 있는 지역에서 추세매매를 하여 마냥 보유하게 되면 되돌림구간에서 손실이 발생하는 경우가 있기 때문에 소액계좌일 경우는 철저히 매도시점 포착과 매도청산지역을 알고 대응하는 것이 중요하다. 반등 시점에서는 포지션을 청산해주고, 다시 반등 추세 상단에서 추세적으로 재매도 기회를 엿보는 것이 좀 더 안전하다는 의미다.

3)기계적 대응

기술적 지표는 길을 안내하는 이정표나 방향을 제시해주는 나침판 역할을 한다. 물론 분석을 잘못하여 반대 방향으로 가서 낭패를 당할 수도 있지만, 어느 정도 공부를 한 뒤에는 잘 볼 수 있다. 모를 때는 쉬운 것이 없고 모든 것이 어렵게 비춰지기 마련이다. 하지만 열심히 배우고 공부하면 모든 것이 쉽고 재미있다. 세상 이치가 그렇지 않은가. 공부하지 않은 분야는 늘 생소하나 배우고 잘 훈련을 받은 분야에서는 누구나 전문가가 될 수 있는 것이다. 기계적으로 대응하라는 말은 결국 자신의 생각을 수입시하기보다는 시스템에서 보여주는 대로 유연성을 갖고 대응하라는 말이다.

헤지거래(Hedge)

주식을 보유하고 있거나 공매도를 해놓은 상태에서 위험을 회피하기 위해 선물을 이용할 수 있다. 주식을 사둔 투자자는 주식시장이 하락기조일 때는 대부분의 주식이 하락하므로 자산가치의 하락으로 수익이 줄거나 마이너스 수익까지 발생한다. 이때 장기투자자로서 보유주식을 팔 기회를 놓쳤다면 그 주식을 담보로 한 일정액의 현금으로 손실을 커버하는 헤지거래를 할 수 있다. 단순거래에서 선물만 거래할 때는 증거금이 많이 들어가지만 보유주식이 있는 상태라면 적은 금액으로도 선물매도계약금이 가능하다. 주식을 담보로 할 때는 대용금액이 통상적으로 약 70% 정도 잡히기 때문에 좋은 투자방법이 될 수 있다.

매도 헤지거래

현재 자산을 보유한 사람은 자산가격이 하락하면 손해를 본다. 이것을 선물매도로 보전할 수 있다. 가격이 하락하여 보유자산 가치가 하락한다 해도 선물매도포지션을 가지고 있으면 선물매도포지션을 이용하여 이익을 볼 수 있기 때문이다.

매수 헤지거래

미래에 자산을 구매해야 할 경우 보유한 자산가격이 상승하면 손해를 본다. 이를 보전하기 위해서 선물을 매수하면 된다. 이후 가격이 상승하여 구매대금이 상승할 때 선물매수포지션을 팔아서 손해를 보전할 수 있기 때문이다. 이것을 매수 헤지거래라 한다.

스프레드거래(Spread)

선물을 사고 동시에 다른 선물을 파는 전략으로 스프레드거래는 위험 감소, 낮은 증거금 및 수수료가 특징이다. 단순거래는 한 포지션만을 취하므로 일단 손실이 생기면 그 부담이 커지는데 스프레드거래를 하면 손해가 생겨도 이익포지션에서 상쇄되므로 이익이 다소 감소하긴 하지만 보다 안전한 투자방법이라 할 수 있다.

흔히 프로그램매매와 관련되어 자주 사용되는 용어로, 결제월이 다른 주가지수 선물과의 가격 차이가 발생했을 때 그 차익을 노리는 매매 방법이다. 예를 들어 2010년 3월의 선물가격이 220이고 6월의 선물가격이 222가 된다면 2포인트의 괴리율이 발생한다. 두 선물의 가격 차이의 변화가 곧 스프레드다. 스프레드거래는 이 괴리율을 이용해 이익을 추구하는 전략으로 상품 내 스프레드, 상품 간 스프레드, 시장 간 스프레드의 3가지로 구성되어 있다. 일반적으로 기관투자가들의 큰 자금이 동원되며 개인들은 관심이 적은 거래방식이다.

인터 월간 스프레드(Inter-delivery Spread)

근월물(近月物) 가격에서 원월물(遠月物) 가격을 차감한 값인 스프레드를 이용하여 결제월이 연속된 혹은 3개월 이상의 차이를 갖는 선물을 동시에 하나는 매수, 다른 하나는 매도하는 거래를 말한다.

매수스프레드(Bull Spread)

근월물의 선물을 매수하고 동시에 원월물의 선물을 매도하는 거래로 일반적으로 강세 시장에서 이익이 발생한다.

매도스프레드(Bear Spread)

근월물의 선물을 매도하고 동시에 원월물의 선물을 매수하는 거래로 일반적으로 약세 시장에서 이익이 발생한다.

차익거래(Arbitrage)

무위험 상태로 차익이 발생되는 것이 특징이다. 이론적으로 선물가격은 현물가격에 보유비용을 합한 가격과 같아야 한다. 이를 이론적 선물가격이라고 한다. 차익거래란 이론가격과 현재 선물가격 사이에서 차이가 발생할 때, 선물과 현물 중 상대적으로 비싼 것을 팔고 싼 것을 사서 차익을 남기는 거래이다.

선물가격 이론

이론적 선물가격은 현물가격에 최종결제일(만기)까지의 이자, 보관료(창고료), 보험료, 운송료 등을 합한 것과 같다. 따라서 일반적인 경우 선물가격이 현물가격보다 높다. 그리고 최종결제일(만기)이 멀수록 보유비용(Cost of Carry)이 늘어날 것이므로 근월물보다 원월물의 가격이 높다. 그러나 현물의 가격이 비정상적으로 선물의 가격보다 높은 경우도 발생할 수 있다. 보유비용이란 이자, 창고료, 보험료, 운송료 등 현물의 보유에 소요되는 비용을 말한다.

이론적 선물가격 = 현물가격 + 보유비용

추세매매

추세선을 따라가는 매매

모든 물리적인 움직임에는 관성의 법칙이 있다. 주식시장의 움직임도 큰 추세든 작은 추세든 간에 한 번 추세의 방향이 결정되면 파동이론에서 보는 상승 5파까지 오른 뒤 또 다음 추세의 방향을 결정하게 된다. 즉 단기 지표에서 매도의 기준으로 보는 단기 분봉에서만 해도 5이동평균선이 이탈되는 경우 추세이탈로 볼 때도 있고, 20일 이동평균선의 이탈 시 추세대응을 할 때가 있다. 반대로 하락하던 지수가 다시 5일 이동평균선 위로 올라설 때 방향전환의 신호로 볼 때도 있고, 20일 이동평균선 위로 올라섰을 때 시장추세가 바뀐다는 것을 신호로 본다. 하지만 당시 시장상황이 강한 하락장이냐 강한 상승장이냐에 따라 그러한 신호의 기간도 짧게 또는 길게 나타난다. 이럴 때 좀 더 방향을 천천히 확인하고 진입과 청산을 하려면 매수는 투턴(W), 즉 더블유자형의 두개의 저점을 확인 후 매수의 기준으로 삼는 지표들의 변화를 확인하고 편승해도 늦지 않다. 이것을 편승효과라고 한다. 추세매매의 기준은 일봉매매와 분봉매매가 있으며, 추세구간과 비추세구간에서 지표를 참고하는 것이 차이가 있다.

첫째 일봉매매를 할 때는 장중 분봉의 단기적 흐름을 무시하고 일봉의 5일 이동평균선이 이탈되지 않고 추세선을 잘 따라간다면 목표가격대까지 일정 부분 홀딩하면서 꾸준히 보유하는 매매를 할 수 있다. 이러한 매매는 반드시 자금의 일부분만 가능하며 일부 헤지 전략이 필수라고 본다. 그리고 현재 패턴이 추세구간인가를 확인 후 가능하며, 여유자금으로 추세의 흐름을 타는 매매가 가능하다는 것이다.

둘째 분봉의 추세를 보고 데이트레이딩을 하는 입장에서는 당일 추세에 충실해야 한다. 이때 분봉에서는 5분봉에서 30분봉까지 단기적 시장 변동성을 파악한 후 장중 고점매도와 저점매수를 하면서 수익 쌓기 전략을 한다.

일봉추세가 살아있고 상승기조라면 가급적 반락 시 매수의 관점에서 저점매수와 청산을 반복해야 하고, 하락기조하에서 추세선이 이탈되는 흐름이라면 반등 시마다 매도의 관점에서 추세적 흐름을 타는 것이 위험을 줄이고 초보자가 쉽게 대응하는 매매전략이 될 것이다.

셋째, 비추세구간의 매매는 일봉추세나 분봉추세가 없이 일정한 박스구간 내에서 당일 박스상단과 하단을 오르내리면서 일정한 변동폭 내에서 등락을 거듭하는 장세를 말한다. 즉 추세가 없이 급등락만 보이는 장세에서도 길은 있기 때문에 이럴 때 선물고수들은 변동성을 즐기면서 고수익 퍼레이드를 펼치기도 한다. 상대적으로 지수는 멈춰 있는데 선물의 베이시스로 선물시장만 수익을 낼 수 있다는 것이다. 이런 비추세장에서는 옵션 네이키드 매수보다는 스트랭글(외가격옵션) 매도 전략만 가능할 것이다.

옵션 네이키드 매수

옵션 네이키드 상황이란 옵션을 매매시에 매수만 하는 것을 말한다. 옵션은 매도나 선물을 이용해서 전략적으로 헤지를 가능하게 하여 위험도를 줄이고 안정된 수익을 얻게 매매를 하는 방법이 있는데 주로 외국인 투자가, 기관 그리고 돈 많은 개인들이 이용한다. 여타 보통 개인들은 자금력이 약하고 일확천금을 노리기 위해 옵션 매수를 하기도 한다. 하지만 매수금액은 모두 위험에 노출되어 있다. 그래서 매수만 하는 상황을 네이키드라고 하는데, 위험에 노출되어 있다는 뜻이다.

스트랭글(strangle 외가격옵션)

통화와 만기는 동일하나 권리행사가격이 다른 콜옵션과 풋옵션을 모두 매입하거나 모두 매도하는 것을 가리키며, 전자를 쇼트 스트랭글이라 하고, 후자를 롱 스트랭글이라고 한다. 옵션거래에서 동일만기의 풋옵션과 콜옵션을 동시에 매입 또는 발행하되 풋옵션과 콜옵션의 행사가격이 상이한 결합을 말한다.

FUTURE OPTION

선물 옵션**거래 계좌 개설**하기

선물 옵션 투자를 하기 위해 증권사에 가면 거래위험사례를 공지한 내용이 있는데 이를 반드시 숙지해야 한다. 선물 옵션거래는 일반적으로 주식거래와 약간의 차이가 있는데 대개 주식거래 경험이 있는 투자자들은 거래 원칙만 알면 쉽게 적응할 수 있다. 그러나 주식거래와는 달리 변동성이 큰 선물 옵션 투자는 상당한 리스크가 따르기 때문에 다양한 기술적 지표를 분석하여 자신만의 투자 원칙을 세우고 현물거래보다는 가상투자를 먼저 해보는 것이 좋다. 그다음 자신의 자금에 맞는 자기 투자 성향을 체크, 자신만의 투자 전략을 세워야 한다.

증권회사 선택이 매우 중요하다

먼저 시스템이 안정적인 증권회사를 선택해서 계좌를 개설해야 한다. 대형 증권사는 시스템이 좋은 반면, 수수료가 비싼 것이 부담일 수 있다. 소형 증권사는 수수료는 저렴하지만, 만약의 사고에 대비하기 위해선 자체 시스템을 이용하는 회사가 안정적이다. 소형증권사들은 얼마 전까지만 해도 자체 개발된 시스템이 없어서 증권 전산 프로그램을 사용했던 적이 있었다. 종종 발생하는 증권 전산 프로그램의 문제로 고객들이 큰 피해를 입어도 실질적으로 보상을 받기가 어렵다. 그러나 자체 시스템을 가지고 있는 대형 증권사들은 선물 옵션을 거래하다가 전산다운 사고가 발생하게 되면, 고객들의 주문 상황을 체크한 후 보상해주는 안정적 시스템이 되어 있다.

소형 증권사라 할지라도 투자자들에게 피해보상을 할 수 있는 회사를 선택한다면 문제 없다고 본다.

초보 투자자들은 계좌를 개설한 후, 주문을 내는 것부터 사전에 철저히 연습을 해야 한다. 주문실수로 인해 상당한 리스크가 발생하기 때문이다. 고수라 할지라도 사이버 거래를 하다가 풋매도를 풋매수로 한다든지 하는 실수가 가끔 발생할 수도 있다. 이에 대한 손실은 말로 표현하기 힘들다. 그러므로 가상거래를 통해 철저하게 이론과 실전매매 연습을 해야 한다.

선물 옵션 사이버거래에는 많은 장점이 있다

예전에 컴퓨터가 흔하지 않을 때는 증권사에 나가서 담당자를 통해 매도, 매수 주문을 냈지만 요즘에는 그럴 필요가 없다.

요즘은 대다수의 투자자들이 사이버 거래를 한다. 물론 사이버 거래는 모든 투자 결정을 오직 자기만의 판단으로 해야 하는 어려움이 있다. 하지만 최근에는 전문가들이 실시간 시황을 분석, 생중계를 하는 사이트가 많기 때문에 거래하는 데 별 어려움이 없을 것이다. 하지만 자신의 실력이 없는 상황에서는 반드시 실력 있는 전문가를 만나야 한다. 그렇지 않을 경우에는 큰 화를 입을 수 있다.

우선 사이버 거래는 수수료가 객장보다 50% 이상 저렴하다는 것이 장점이다. 또한 거래를 많이 하는 우량고객에게는 실적에 따라 수수료에 차등을 두는 경우도 있는데 무엇보다도 사이버 거래는 증권사 객장에 나갈 필요가 없기 때문에 편리하다. 특히 요즘 가정주부들은 살림을 하면서 재테크로 수익을 올리기도 한다. 우리 회원 중에 어떤 이는 매일 수익을 올리다가 이젠 본업이 되어 야간 선물거래까지 하면서 나스닥 선물거래로 수익을 올리기도 한다. 또한 선물거래는 매매기술만 익히면 언제든 수익 낼 기회가 많아진 것이 현실이다. 이것이 바로 사이버 거래의 장점인 것이다.

채팅방에 올라온 글을 보면 참 재미있다. 한두 시간 횡보구간이 있을 때는 방송을 끄고 음악만 들려줄 때가 있다. 이때 회원 중 주부 및 남성 회원도 "저 설거지하고 오겠습니다" 또는 "저 청소하고 오겠습니다." 라고 해서 시테크를 제대로 하고 있는 모습이 멋져 보였다.

하지만 사이버 거래 시에 주의할 점이 몇 가지가 있다. 특히 옵션만기구간에는 변동성이 매우 크기 때문에 인터넷이 끊겼다거나 속도가 느릴 때를 대비하여 늘 자금은 자기역량에 맞춰 부담 없는 금액으로 해야 한다. 또한 반드시 당일 추세나 일봉의 추세를 참고해야 한다. 그래야만 큰 수익을 내거나 손실을 줄일 수가 있다. 아무리 뛰어난 전문가의 도움을 받더라도 사이버 거래에 있어 모든 투자의 의사결정은 투자자 자신이기 때문에 사전에 철저한 준비와 매매 훈련을 해야 한다. 그래야만 꾸준한 수익을 창출할 수 있다.

퓨전재테크의 묘미

대세 상승장일 때는 레버리지 효과를 극대화하기 위해 일정 현금으로 상승장의 주도주를 사두고 주식이 3일 수도결제가 끝나고 나면, 현금이 없어도 주식을 대용으로 풋옵션 매도를 할 수 있다. 이것은 상승장에서만 취하는 전략이므로 반드시 대세 판단과 기술적 지표 공부를 사전에 철저히 한 투자자만이 가능하다.

현재 코스피 200지수가 지속 상승하고 있는 강세장이면 주식은 반드시 지수를 선도하는 종목에 투자를 해야 한다.이때 대용계좌를 이용한 풋옵션 매도전략이 효과적인 매매방법이다. 신용투자는 외상주식이면서 빌린 자금에 대한 이자가 발생하기 때문에 자금 없이도 이자와 기간에 크게 구애받지 않고 편하게 거래할 수 있는 방법이다.

만약 대세장이 아닌데도 이렇게 포지션을 취했다면 순식간에 원금

훼손이 되므로 반드시 강력한 상승장에서만 가능하다는 것을 잊지 말아야 한다. 이럴 때 필요한 것이 전문가의 도움이다. 물론 이러한 투자는 잘못되었을 때는 수익보다 손실의 규모가 클 수도 있으니 고수가 된 다음 취할 수 있는 전략이다. 이와 반대로 주식이 단기적으로 조정을 받는 시장상황일 때는 주식을 담보로 다시 콜옵션 매도를 하여, 하락 시에도 수익을 낼 수 있는 전략이 될 것이다. 이러한 거래방법은 반드시 대세를 정확하게 판독할 줄 아는 투자자만 해야 한다.

철저한 사전 공부는 성공의 지름길

선물 옵션거래를 잘하기 위해서는 먼저 주식시장의 흐름을 잘 알아야 한다. 기초자산이 바로 주가를 움직이는 코스피 200지수에 있기 때문이다. 그러므로 선물 옵션은 주식과는 달리 만료일이 있는 금융상품이므로 반드시 철저한 공부가 선행되어야 한다. 일반적으로 선물은 추세적 대응으로 꾸준히 포지션을 홀딩하는 전략을 세워야 하고, 옵션은 비싼 프리미엄이 있는 상황에서의 추세의 변화가 있는지 잘 살펴야 한다.

선물은 3개월이 만기기간인데, 견딜 만큼의 자금으로 추세적 포지션을 보유하는 전략이 있지만, 이것은 기관이나 자금이 여유가 있는 투자자들이 하는 전략이다. 하지만 소액계좌를 가진 개인투자자들은 추세적 관점에서 수익 쌓기를 하되, 당일 데이트레이딩 전략도 리스크 없이 꾸준한 수익 쌓기를 할 수 있는 기본적인 매매전략이다.

옵션은 1개월마다 만료일에 정산되는 금융상품으로, 행사가격을 먼저 산정한 뒤 프리미엄이 싼 종목으로 선택하여야 하며 시장의 변곡구간에서 수익내기가 쉬우므로 시장방향과 변동성을 정확히 모르면 차라리 단순하게 '오를 것인가, 내릴 것인가' 두 가지 방향만 분석한 뒤 대응하는 것이 가장 쉬운 방법이다.

그러므로 선물거래를 하기 전에는 반드시 기본적인 이론과 가상투자라도 먼저 공부 한 뒤에 거래를 하는 것이 좋다. 이때 반드시 헤지(Hedge)라도 할 수 있는 옵션을 알고 접근하는 것이 리스크 관리와 함께 안정적인 투자수익을 올릴 수 있다는 것을 알아야 한다.

Tip 1 헤지(hedge)

가격변동의 위험을 선물의 가격변동에 의하여 상쇄하는 현물거래. 가격변동이나 위험을 피하기 위해 행하는 거래로 위험회피 또는 위험분산이라고도 한다.

수출내금늘 후지급 결제방식으로 계약한 경우, 수출대금의 가치는 환율의 변동에 따라 크게 달라질 수 있는 환율변동의 위험에 처하는데, 이러한 위험을 없애기 위하여 환율을 미리 고정시키는 거래를 말한다. 선물환거래가 대표적이다. 선물거래에서의 포지션이 매입인가 매도인가에 따라 롱헤지과 숏헤지로 나뉘고, 위험이 완전히 제거되느냐의 여부에 따라 완전헤지와 불완전헤지로 나뉜다.

주식시장에서도 활용된다. 주가지수 선물거래에서, 주식시장의 전체적인 가격변동에 따른 투자 위험을 효과적으로 회피하기 위해 주식시장과 반대되는 포지션을 취하는 것을 헤지거래라고 한다

FUTURE OPTION

철저한 원칙 세우기

선물 옵션투자 십계명

1. 최초 투자 시 전체 투자금액을 10등분 하라

투자금이 2천만 원이 있다면 최초 옵션투자 시 전체 변동성 구간에서는 먼저 약 200만 원만으로 투자하는 것이 좋다. 다만 선물거래는 10등분하기가 어려우니, 당일 수익 쌓기에 1차 거래 변곡구간에서 매수든 매도든 짧게 수익을 먼저 쌓는 연습이 필요하다.

2. 스탑로스(stop ross) 주문을 이용하라

증권사마다 그 기능이 갖춰져 있지만, 사용해보지 않은 투자자들은 서툴다. 만약 장중 자리를 이동할 때는 매수가격을 이탈할 경우 자동청산이 되도록 선주문을 내놓는 기능을 말한다. 이것은 이익실현이 되는 구간에다 선매도를 걸어놓는 편리한 기능인데 이를 활용하면 리스크를 줄일 수가 있다.

3. 결코 능력 이상의 과도한 거래를 하지 말라

물론 주식거래도 마찬가지겠지만 더구나 레버리지가 큰 선물과 옵션거래를 하면서 아마추어가 프로 투자자들처럼 거래를 할 수 없다. 더구나 자금의 성격은 본인이 잘 알고 있기 때문에 자기 자본에 맞게 거래를 해야 한다.

최초 거래를 할 때는 가상투자를 해보는 것도 좋다. 그 다음에 실력이 쌓이면 1계약으로 해보고, 성과가 있으면 다시 2, 3계약을 하는 것이 좋다. 자금과 실력이 늘어가는 매매가 바람직하다.

4. 추세를 거스르지 말라

추세는 당일 추세와 일봉을 보고 거래하는 일봉추세가 있다. 하락기에서는 당일 과도하게 하락을 한 뒤, 반드시 반등 추세가 따른다. 이때 추세를 거스르지 말라는 것이다. 이동평균선과 모든 추세가 우 상방 전환되는 시그널이 만들어질 때는 과감하게 추세에 편승하는 거래를 해야만 리스크가 없는 수익을 얻을 수가 있다. 다만 이런 매매가 어렵다면 하락기조의 반등 파동은 쉬면서 다시 반등의 고점을 기다렸다가 매도하는 일봉추세의 추세적 대응을 한다면 어렵지 않을 것이다.

5. 시장에 의구심이 생길 때는 참여하지 말라

기술적 지표에서 아직 방향이 나오지 않거나, 세력들의 포지션 또는 주변상황이 좋지 않을 때는 일단 관망하면서 다음 변화를 기다리는 인내가 필요하다. 많은 손실을 입은 초보 회원들의 심리 상태를 보면, 이미 잃은 것을 만회하기 위해 매우 조급하다는 것이다. 빨리 복구하고 싶은 욕구 때문일 것이나 그럴수록 기다려야 한다. 시장방향이 명확하지 않을 때는 관망하다보면 반드시 변동성이 있는 변곡구간이 온다. 즉 아마추어들은 기다릴 줄 모른다는 것이다. 이것이 프로와 아마추어의 차이다.

이는 마치 독수리가 고공비행을 하면서 먹잇감을 관찰하고 있다가 먹잇감이 보이면 신속하게 낚아 채듯이 선물 옵션거래에도 적용해볼 필요가 있다. 관망구간에서 인내하고 있다가 변곡흐름이 보일 땐 과감하게 배팅할 수 있는 실력을 길러야 진짜 프로 투자자가 될 수 있다.

6. 기술적 동의 없이 매매하지 말라

모든 기술적 지표는 시장의 방향을 가르쳐주는 이정표와 같으며 실전거래를 도와주는 네비게이션이다.

필자는 파생의 3대 원칙을 리스크 관리, 추세적 대응, 기계적 대응으로 세웠는데 많은 투자자들이 '기계적 대응'에 대해 질문을 던진다. 어떤 매매가 기계적 대응이냐는 것이다. 그것은 바로 기술적 지표에 나타나는 신호를 그대로 순응하는 매매이다. 아무 생각 없이 기계적으로 대응하는 것을 의미한다.

말하자면 기술적 지표의 동의 없이, 방향이 확인이 안 된 상황에서는 매도포지션이나 매수포지션을 취하지 말라는 것이다. 즉 시장은 깊은 하락을 한 뒤에도 반드시 일정한 박스권 내에서 등락이 교차하면서 모든 역배열의 이동평균선을 수렴하는 시간이 이어지게 된다. 그 후 다음 방향이 확인이 되면 가장 큰 변동성과 방향이 나타나게 되는데 이때 확인하고 배팅을 하게 되면 파생거래로 인한 스트레스도 줄게 되고 변곡 구간에서 큰 수익을 얻을 수 있다. 이때는 주저하지 말고 과감하게 배팅하는 승부사 기질이 있어야 한다.

7. 극미한 이윤을 보려고 잦은 매매를 하지 말라

우리가 장중 트레이딩을 할 때 흔히 나타나는 구간이 있다. 바로 가두리 구간이다. 가두리 양식장을 일컫는 말이지만, 장중 리딩을 하면서 이 말을 자주 쓰게 되어 무료 라이브에 자주 참여했던 초보투자자들까지도 이젠 가두리가 무엇인지 안다. 대개 시장은 상승과 하락 그리고 횡보 세 가지의 패턴으로 나눌 수 있다. 하루 시장도 바로 이러한 흐름으로 움직일 때가 많다. 이때 트레이딩을 잘하는 회원들에게는 1포인트 구간에서는 진입가격과 청산가격을 알려주면서 밴드 폭을 잡아준다. 그러나 이러한 매매도 한두 번으로 만족하고 쉬어야 한다는 것이다.

물론 큰 변동성이 나타났을 때는 즉각 진입해야 하지만 이러한 매매가 종일 이어지는 경우도 있기 때문에 이럴 때는 반드시 '지금 구간은 상승과 하락의 폭이 좁기 때문에 물량도 가볍게, 또는 짧게 대응을 잘할 수 있는 사람만 해야 한다' 는 단서가 붙는다.

하지만 초보자는 이러한 구간에서는 반드시 쉬어야 한다. 즉 '잦은 거래는 사고가 날 공산이 크다'는 증시 격언처럼 반드시 수익만 낼 수 없기 때문에 변동성이 큰 구간에서만 확인하고 진입하는 것이 리스크를 줄이는 매매라고 할 수 있다.

8. 인내하라 인내하라

주식은 대세 상승기에만 수익이 가능하지만 선물 옵션은 하락기나 횡보구간에서도 수익을 올릴 수 있기 때문에 불황이 없는 사업이라고 한다. 따라서 진입구간과 청산구간에 잘 대응할 수 있는 실력을 기르고 철저히 원칙을 지키고 인내하는 습관을 가져야만 한다.

수익을 내기 위해선 큰 변동성을 기다리는 인내가 필요하다는 말이다. 작은 반등을 보고 거래를 하다보면 자신도 모르게 큰 손실을 볼 수 있기 때문이다. 이럴 때는 투자 지식을 쌓는 일에 전념하거나 가상투자를 하는 것도 좋다. 더욱이 옵션거래에서는 선물거래보다 철저한 인내가 필요하다. 즉 양매도자는 많은 시간을 인내하면서 횡보장에서 수익을 내는 전략이고, 옵션 네이키드 매수자도 프리미엄이 다운되는 만기 임박 시까지 인내하는 시간이 필요하다. 그래서 이러한 원칙을 세워두고 시장에 임한다면 선물 옵션거래가 결코 어렵지 않다는 것을 스스로 터득할 수 있다.

9. 손실을 볼 때 그동안 배운 지식을 최대한 사용하라

추세적 흐름을 따라 거래를 잘하다가도 시장이 과매도 구간이나 과매수 구간에 진입하여 짧게라도 조정을 받고서 움직이는 것을 보면 마음이 흔들릴 때가 있다. 이럴 때는 인내가 필요한데 배운 지식을 가지고 시장에서 활용하는 순발력이 필요하다. 즉 헤지 전략과 함께 대응을 하는 것도 좋다. 또한 추세가 이탈되지 않는 상황에서는 물량 조절만 해야지 합당한 이유 없이 매도신호가 없는 상황에서 매수포지션에서 조금 이익이 났다고 청산해서는 안 된다. 또한 매도로 수익을 내는 하락기조에 아직 매수로 전환하는 신호가 없는 상태에서 기존 포지션을 청산하지 말라는 것이다. 그러므로 철저히 확인매매를 하면서 진입과 청산을 반복하는 지혜가 있어야 한다.

10. 항상 적고 빠른 손실의 실현은 최선의 것이다

방향이 아닐 때는 약간의 손실이 있다고 포기하고 가만히 있어서는 안 된다. 즉각 대응하는 유연성이 필요하다. 선물거래는 약간의 손실이 있어도 방향이 확인되면 포지션을 즉각 뒤집기만 해도 더 큰 수익을 얻을 수가 있기 때문이다. 예를 하나 들겠다.

2008년 1월장에서 계속 박스권에서 등락을 보일 때 일이다. 당시 나는 약간의 반등을 보고 232.00기준 매수를 했으나 당일 233.00 위로 오르지 못해서 70정도에 고점을 만나서 50기준으로 청산을 강조했다. 그러고는 고점매도로 대응해서 하루 수익이 고점 233에서 저점 224까지의 하락이 나와 우리 회원들은 10포인트 넘게 수익을 냈었다. 만약 이때 청산기회를 놓쳤다고 그냥 홀딩을 했다면 엄청난 손실을 입었을 것이다.

회원들에게는 선물232.00의 기준을 이탈하게 되면 기본 230까지 간다고 말해주었다. 그리고 230을 이탈하면 227.45까지 갈 것이고, 그리고 다시 반등 시 228.50 이상 나올 때 228.50에서 재매도를 하라고 했다. 그리고 다시 225 초반까지 내려가다가 다시 반등이 나와 226.50까지 되었을 때 매도청산을 하라고 했다. 결국 하루 동안 시장은 고점매도를 반복하여 당일 고점에서 저점까지의 수익보다 훨씬 큰 수익이 나왔던 하루였다.

위 내용은 필자가 생각하는 10대 파생원칙이다. 선물 옵션시장은 큰 수익을 낼 수도 있고 큰 손실을 볼 수도 있는 곳이다. 초보와 고수의 차이는 초보는 손실은 크고 수익이 적다. 그러나 고수들은 손실은 작고 수익은 크게 하는 매매로 즐긴다. 때문에 반드시 공부를 하고 트레이딩 교육을 받는 것이 중요하다.

비싼 수업료를 내고 자신감마저 상실한 뒤 전전긍긍하는 것보다 21세기 불황이 없는 사업을 하기 위해 세계 금융전문가들이 어떤 전략으로 거래를 하는지 알아야 한다. 전 세계 많은 전문가들은 대체로 추세적 대응으로 큰 수익을 낸다고 한다. 선물 옵션거래는 이 시대의 최고의 재테크이며 21세기의 비전 있는 사업이다. 그러므로 반드시 이기는 게임을 배우는 것이 중요하다.

4

신나는 투자여행을 위한 실전 고수의 성공투자 법칙

FUTURE OPTION

선물 옵션거래는 **야구게임**과 같다

선물 옵션에 입문할 때의 마음가짐

야구 경기를 보면 선수가 공을 칠 때 1루라도 안전하게 가기 위해서 많은 연습을 한 뒤 선수로 뛴다. 이때 어설프게 공을 치면 한방에 아웃이 되는 것을 보았을 것이다. 즉 이승엽과 같은 프로선수도 평소에는 승률을 높이면서 안타를 치다가 자기가 좋아하는 공이 들어올 때 힘껏 치면서 홈런을 때리는 것을 보았을 것이다. 바로 선물 옵션거래도 비슷한 투자 경기라고 할 수 있다.

초보자가 처음 선물 옵션에 투자할 때는 첫술에 배 부르려고 해서는 안 된다. 이 세상에서 단숨에 되는 일은 아무 것도 없다. 취업에 필요한 자격증을 취득하는 데도 수개월, 또는 수년이 걸린다. 조리사자격증을 취득하는 데도 최소한 6개월 정도 학원을 다녀야 취득할 수 있고, 운전면허증을 취득하려고 해도 최소한 한 달 동안 시험대비 실전운전연습이 필요하다. 하물며 피 같은 자신의 돈을 직접 투입해서 꾸준히 수익을 내는 전문 트레이더(Trader)가 되려면 처음부터 좋은 매매습관을 배우려는 자세가 매우 중요하다.

왜냐하면 지나치게 욕심을 부리거나 프로 거래자들의 흉내를 내다가는 자신의 재산을 모두 잃을 수 있기 때문이다. 그러므로 입문자는 반드시 자신만의 투자 계획을 세우고 거기에 따라 투자를 해야 한다. 즉 단계별 목표를 세워야 한다.

1 첫 달은 잃지 않는 것을 배우는 공부

2 두 번째 달은 실전과 가상(시뮬레이션)을 병행하는 공부

3 실시간 라이브에서 1포인트 수익 쌓기 실천 등 경험을 쌓는 것이 필요하다. 한국 속담에 '구슬이 서말이라도 꿰어야 보배'라고 하듯 배운 것을 실전에 조금씩 적용해보면서 검증을 해야 한다.

예를 들어 2천만 원이 있다면, 하루 선물 1포인트의 수익 쌓기를 해도 한 달 거래일수를 20일로 볼 때 1천만 원의 수익이 발생한다. 변동성이 큰 시장에서는 기본 2포인트 정도의 수익이 가능하기 때문에 한 달 2천만 원의 수익이 생긴다. 거기다 만기구간에서 옵션을 낮은 가격으로 복권처럼 구입해서 당첨이 된다면 더 큰 수익을 올릴 수 있는 것이 바로 선물 옵션이다. 말하자면 주식과는 비교도 안 되는 엄청난 수익을 올릴 수 있다. 그런데 많은 개인투자자들은 최소한의 매매훈련을

받거나 아예 매매방법도 모르는 채 접근하다가 큰 손실을 보게 되는 것을 종종 본다.

좀 더 구체적인 접근방법은 우선 실전교육과 훈련을 1개월 정도 받은 뒤 첫 달은 0.50포인트만 해도 월수익 500만 원이 된다. 이런 거래를 약 2개월 정도 하면 자신감도 생기게 된다. 이후 세 번째 달은 선물 1포인트를 약 2개월 정도 목표를 세워서 접근해본다. 그렇다면 월수익 1천만 원씩 2개월이 쌓인다. 네 번째 달은 1.5포인트씩 해본다. 그러면 월수익 1천오백만 원이 된다. 이런 식으로 12개월 동안 단계별 목표를 세워서 거래하다보면 1계약에서 2계약으로 거래할 수 있고 누적 수익은 차곡차곡 쌓인다. 물론 잘 안 되는 날도 있으나 평균적으로 해보면 2001년부터 회원관리를 통해 볼 때 이정도는 충분하다는 것이다. 하루 1포인트만 해도 연봉 1억 2천이다. 점진적으로 목표수익을 높여서 실력이 발전하는 만큼 수익을 올릴 수 있기 때문에 가능하다는 것이다.

과거 주식시장에서는 '주식을 하면 6개월 만에 망하고, 선물을 하면 3개월 만에 망하고 옵션을 하면 1개월 만에 망한다.' 는 말이 떠돌았다. 공부하지 않고 했을 때는 맞는 말이다. 그리고 IMF 이전에는 이 말이 맞을 수도 있었다. 당시만 해도 대주주까지 작전에 가담하여 물량처분을 하고 부도를 내는 일이 비일비재했으며, 기업들이 투명성 없이 몰래 분식회계 처리를 하는 등 도무지 투자를 할 수 없는 환경이었다. 그래서 우리나라 증권시장은 늘 500~1,000포인트의 박스권만 오르락내리락했다. 때문에 개인투자자들이 1,000포인트 매수에서 물리면 500포인트까지 내려가서 깡통을 차는 일이 많이 발생했던 것이다.

그러나 IMF 이후 외국인들에게 주식시장을 개방하면서 그들이 한국의 대표기업들에게 투명성을 강조, 마침내 가치투자가 자리를 잡게 되었던 것이다. 그와 맞물려 선물시장도 안정되어갔다. 기초자산인 코스피 200지수의 상승으로 인해 자연히 코스피 200 선물지수도 상승할 수밖에 없었으며 이로 인해 업종 대표주들이 부실주에 비해 상대적으로 엄청난 수익을 가져오게 만들었다.

결국 이것은 무엇을 말하는 것일까? 제대로 선물 옵션에 투자하려면 기초자산의 가격 형성과 그러한 종목들의 움직임을 잘 살펴보고 분석하는 것이 중요하다는 말이다. 이는 곧 자신의 수익과 직결되기 때문이다. 좋은 기업의 주식은 추세상승기에는 반드시 상승할 수밖에 없다. 이때 시세가 빠지는 것은 주식의 과열 신호 때문인데 지수가 빠지게 되면 선물에서는 다양한 선택의 기회가 생긴다. 즉 매도에 가담하게 되면 수익이 발생하게 되는데 이것이 파생상품의 매력이다. 주식이 내리거나 올라도 선물 매도와 매수에 의해 수익이 가능하다는 말이다.

그렇다면 옵션은 어떠한가? 옵션은 매수자와 매도자가 있다. 선물은 단순하게 지수가 상승할 때는 매수로 대응하고, 하락할 때는 오직 매도 기회만 보는 것인데 반해 옵션에서는 고평가되어 하락할 때는 콜옵션 매도가 유리하고, 상승할 때는 풋옵션 매도가 유리한 매매전략이다. 단 변동성이 클 때는 가끔 외가격(OTM-Out The Money), 쉽게 말해서 가격이 싼 옵션을 복권처럼 매수해서 변동성을 즐기는 것도 좋은 방법이다.

초창기 옵션을 했던 개인투자자들은 주식을 하듯이 하락기조인지 상승기조인지도 모르고, 사서 보유했다가 매월 만기일까지 놔두고 꽝이 되는 사례가 너무 많았다. 2000년도만 해도 주식시장은 하락의 긴 여정을 걷고 있었으나, 개인들의 누적 콜옵션 매수는 날마다 수백억 원대에 이르러 증권사와 외국인들은 옵션 매도로 재미를 보고 있었다. 나는 당시 개인투자자들을 보고 '저렇게 투자를 하면 안 되는데' 하고 많은 안타까움이 일었다. 하지만 고객의 돈을 관리해주는 증권사에서도 이를 알려주지 않고 그것을 그대로 방치하고 있었다.

선물 옵션을 처음 거래하는 초보자는 반드시 다음과 같은 상황을 숙지하고 따라야 한다.

첫째 우선 시장추세가 상승기조인지 하락기조인지 장세를 판단하고 있어야 한다.

둘째 선물 옵션의 접근 방법과 기본 개념을 익혀야 한다.

셋째 파생 상품의 파생 3대 원칙인 리스크 관리, 추세적 대응, 기계적 대응을 반드시 배우고 익혀야 한다.

넷째 이론을 익힌 다음 실전 트레이딩을 할 때는 전문가와 상의해야 한다. 그래야만 '손실은 작고 수익은 크게' 할 수 있다.

다섯째 초보자는 반드시 매매 훈련을 받아야 한다.(가상매매)

여섯째 스스로의 능력을 알아 투자금액을 정하고 그에 맞게 조절해야 한다.

돈을 관리할 줄 모르는 아이에게 수백만 원을 안겨주면 어떻게 되겠는가? 그러므로 자기역량에 맞게 투자금액을 조절하여 수익보다는 리스크를 관리하는 법을 먼저 배우는 것이 정석이다. 그 다음에 작은 수익을 내는 기쁨을 맛보아야 한다. 처음부터 고수가 되기는 힘들다.

나는 실전 라이브방송을 하면서 장이 끝나면 항상 회원들의 수익을 물어본다. 그러면 방송을 따라 했던 회원들은 자신 있게 수익을 말해주지만 겨우 1포인트 정도 수익을 냈다고 부끄러워하는 초보 회원들도 있다. 하지만 이는 누구나 다 겪는 과정이다.

때로는 방송을 통해 전문가가 시장분석을 잘해 하루 3포인트 정도의 수익을 낼 수 있도록 매수와 청산 지역을 잘 말했다고 해도, 그 순간 자리를 비울 수도 있고, 또 집중이 잘 되지 않아 매매를 못 할 수도 있다. 때문에 개인마다 수익이 다르게 나타날 수 있다. 말하자면 1포인트 수익도 결코 작은 것이 아니라는 것이다.

결국 매매도 하나의 습관이고 훈련이다. 훈련이 잘된 사람일지라도 때로는 실수를 할 수 있다. 더욱이 선물 옵션시장은 변수가 매우 많기 때문에 전문가의 지시에 따라 즉각 처리할 수 있는 매매훈련이 필요하다.

장중 매매가 어렵거나 엉켰을 때가 바로 추세에 줄을 설 기회이다. 장중 데이트레이딩을 하다가 단기 대처가 늦어서 매매가 엉킬 수가 있는데, 이럴 때는 오히려 추세적 대응으로 추세에 물려 있어야 한다. 즉 하루 이틀 정도 조정을 받고는 상승추세에서는 다시 상승하는 경우가 많으며, 또는 하락추세라 할지라도 매도에 물려 있으면 약간의 반등이 있다고 하더라도 보유하고 있게 되면 대개 하락하는 흐름이므로 결국 수익을 낼 수 있다는 말이다. 바로 이것이 추세적 대응이다.

초보자는 훈련받지 않은 병사와 같다. 평소에 매매기술이 다듬어져 있지 않기 때문에 고수와 같이 될 수도 없으며 장중 위기대처능력도 떨어진다. 때문에 실전매매훈련을 통해서만 실력이 향상된다는 사실을 명심해야 한다. 대략 전문가에 의해 열심히 3개월 정도 훈련을 받게 되면 자신도 모르게 어느새 고수가 될 수 있다. 이때가 되면 월 1천만 원의 수익이 어렵지 않을 것이다.

원칙과 기본에 충실하자

선물 옵션만기일까지 이제 열흘 남았다고 하자. 늘 만기일이 가까이 오면 투자자들의 마음을 설레게 하는 것이 있다. 그것은 선물과 옵션에서 합성포지션을 구축하고서 권리행사가격의 결징을 기나리는 사람도 있지만, 네이키드 거래자에게도 이번만큼은 꼭 복권에 당첨되는 행운이 없을까 하며 기다려지는 것이 파생 마니아들의 마음이다.

옵션은 종목에 따라서 알곡과 쭉정이로 나누어진나. 행사가격에 들어가는 종목은 알곡이 되어 주인을 기쁘게 해주고 창고에 들어오게 되겠지만, 만약 행사가격에 들지 못한 외가격의 옵션은 쭉정이가 되어 바람에 날려버리거나 쓰레기로 처리되는 비참한 최후를 맞게 될 것이다.

이러한 비유는 네이키드 매수자들에게 해당되는 얘기이기도 하지만 자금 사정이 넉넉한 외국인을 비롯한 기관 그리고 큰손들에게는 좋은 먹잇감이 되어 그들만의 잔치를 하게 하기도 한다.

필자는 97년 9월부터 옵션거래를 하게 되었지만 매월 만기 때 누적 포지션을 보면서 개인투자자들의 피해가 크다는 것을 알 수가 있다.

지난 2,000년에는 6개월 동안 연속적으로 하락하던 때도 있었다. 당시 나는 자료를 모으기 위해 꾸준히 개인들의 피해사례를 체크하고 있었다. 놀라운 것은 증권단을 비롯한 선도세력들이 콜매도 중심으로 시장에 나섰을 때 매월 매도 금액이 백억대가 넘었는데 반대로 개인들의 콜매수 금액이 백억대가 넘었다는 사실이었다. 특히 외국인들은 완벽하게 하락포지션을 구축해놓고 장중에도 지속적인 하락포지션을 구축하고 있었으나, 이럴 때도 개인들은 무모하게도 상승할 권리에 승부를 걸고 있었던 것이다.

이럴 때는 복잡하게 생각할 필요가 없다. 장중에 청산하는 일만 없다면 종가 결제가격이 최저가가 될 것이 뻔하기 때문에 청산할 필요 없이 지속포지션을 추세에 구축하고 견딜 만큼의 자금으로 승부를 걸어본다.

대개 초창기에는 매매 경험이 없기 때문에 엉터리 매매를 해서 큰 손실을 입게 되었다고 하지만 이젠 모든 것이 투명해졌다. 실시간으로 선도세력들의 포지션을 공개하도록 제도가 개선되었기 때문이다. 중요한 것은 꼭 외국인과 기관들이 매번 성공하는 것은 아니라는 것이다. 하지만 그들은 과학적으로 시장을 분석하고 기술적 분석과 정보 분석이 우리 일반인보다는 탁월하다. 따라서 개인투자자들은 기본에 충실한 매매습관이 필요하다.

만기주간의 점검 포인트

1 기초자산인 코스피 200지수로 결제가 되기 때문에 먼저 종목분석과 프로그램 매매의 성격부터 점검해야 한다.

2 선도세력들의 포지션 방향이 어느 쪽인지 실시간 체크해야 한다.

3 단기지표 분석을 게을리 말아야 한다.

4 만기일 구간은 단기지표의 흐름도 민감하다. 5분부터 30분 단위로 흐름을 체크하라

5 수익금으로 확률이 높은 방향에 배팅하라

6 결제 가능한 종목에 접근하라.

7 확인매매는 손절이 없는 매매라는 것을 믿어야 한다.

8 1차 수익이 발생하면 수익금으로 재투자하라.

9 유연성으로 접근해야 한다. 이익이 난 자리에 오래 머물지 말아야 한다.

10 부담 없는 금액으로 레버리지를 극대화하는 전략이므로 소액으로 즐겨야 한다.

■ 2006년도 12월 실전사례(옵션의 홈런전략)

2006년도 한경 와우 선물 옵션전문가 활동 시절이다. 트리플 위칭데이때 회원들에게 연말 보너스까지 10배의 수익이 가능할 수 있음을 강조하며 추천한 종목에서 10배의 수익이 가능했고, 종가 행사가격으로는 17배 그리고 외가 옵션을 나중에 추천한 종목에서는 107배까지 나왔다.

이때는 결제시간이 몇 시간 남지 않은 상황이었는데 옵션의 시간가치 하락으로 이미 프리미엄이 전혀 없는 상태였다. 이때 대개 세력들은 코스피지수 상승과 하락을 부추겨서 큰 변동성 구간에서 이러한 상품으로 레버리지 효과를 극대화시키면서 큰 수익을 남기는데 미리 이를 간파하여 투자를 했기 때문이었다.

당시 시장흐름은 대체로 기술적 지표에서 안내하는 대로 기계적인 시장대응이 1순위 원칙이었다. 필자는 장중 리딩을 통해 회원들에게 자세한 설명과 함께 수익금의 일부를 가지고 오늘은 변동성을 즐겨보자고

했다. 당시 콜옵션 행사가격 180이 오전 가격이 1만 9천 원(0.19)에 있을 때 2만 원 전후의 가격이면 부담이 없으니 최소한 10배에 도전해보자고 설명하면서 매수를 강조했다. 그 후 시장은 흔들거리면서 오를 듯 말 듯 애간장을 태우기도 했지만 2만 원에서 4만 원 사이를 오르내리고 있었다.

이미 우리 회원들은 2만 원대 초반에서 매수를 하고서 오르기를 기다리고 있었다. 곧 4만 원 대로 올라 마음이 불안하면 바로 팔자고 했다. 이후 청산하여 원금을 회수하고 다시 그 수익금으로 종가까지 보유하자고 제안했다. 부담이 없고 마음이 편해야만 장중 급등락이 와도 정신이 혼미하지 않을 것이기 때문에 복권을 구입하듯 기다릴 것을 강조했던 것이다.

그 후 선물가격이 급등하면서 예상대로 장중 20만 원에 육박해서 10배가 나왔다. 일부를 청산하고 다시 10% 정도로 다음 단계 콜옵션 182로 바꿔 타면서 182.50 콜옵션을 일부 회원들이 재구입해서 종가 결제를 받고 보니 이론상 107배였고, 아침에 매수했던 180의 콜옵션은 17배가 나왔던 것이다. 이처럼 적은 금액으로도 변동성을 즐기는 매매야말로 희열의 극치를 맛볼 수 있는 것이다. 마치 야구에서 홈런왕이 안타를 치다가 결정적으로 자기가 좋아하는 볼이 들어올 때 홈런을 친 것과 같은 희열이다. 이것이 진정한 고수들의 전략이며, 파생 마니아들의 변동성을 즐기는 투자인 것이다.

아직까지도 많은 선물 옵션 거래자들은 날마다 변동성 구간인줄 알고 자나깨나 투자금액 전부를 올인해두고서 만기구간에서는 고평가된 옵션이 하락해서 자금이 고갈되는 상황을 많이 겪고 있다. 이러한 나쁜 매매습관을 고치지 못하고서는 결코 행복한 투자를 할 수 없다.

FUTURE OPTION

급소 공략을 하자

선물거래는 당일 데이트레이딩이 있고, 단기거래가 아닌 추세를 따라 하는 포지션트레이딩이 있다. 그러므로 상승추세 시에는 반락 시마다 매수를 하여 수익을 내고, 하락추세 시에는 반등 시마다 매도로만 대응하면 청산 기회는 늘 있다.

이와 달리 옵션은 그렇지 않다. 상승추세에서도 강한 상승장이 일어나 변동성이 클 때는 외가격 옵션에서 큰 수익이 날 수 있다. 하지만 지수는 상승하되, 옵션거래의 중심이 되는 코스피 200지수의 무게중심이 실리지 않을 때는 상승률이 작다는 것을 항상 염두에 두어야 한다. 때문에 옵션에서의 세타값, 즉 시간가치 소멸로 인한 가격 상승보다는 외가격(OTM – Out The Money) 중심으로 가격이 하락하는 경우가 있기 때문에 매수자는 불리하다. 이럴 때는 옵션에서 외가격 중심으로 스트랭글(Strangle) 매도를 하는 것이 좋다. 또한 상승장이면 외가격 중심으로 풋옵션 매도가 콜옵션 매수보다 수익이 낫다는 것을 알아야 한다. 물론 소액계좌인 투자자는 매도를 하려면 증거금이 많이 필요하기 때문에 해당사항이 없지만, 자금이 5천만 원 이상인 투자자는 매도 전략도 함께 생각해볼 수 있다. 일반적으로 소액계좌는 복권을 구입하듯이 변동성이 있는 구간에서 접근해야 하므로 때를 기다리는 여유가 필요하다.

더욱이 파생상품에서는 강한 상승장일 때는 어떻게 하든 수익 내기가 쉽다. 그러나 약한 상승장, 즉 주식으로 보면 대형주에 무게중심이 없고 개별 중소형주의 종목강세가 올 때는 대체로 옵션에서 네이키드로 매수만 하게 되면 손실을 볼 확률이 높다는 것을 알아야 한다. 이때는 외가격 중심의 매도가 좀 더 효과적이기 때문에 첫째는 장세 판단을 잘 해야 하고, 둘째는 자금 조절을 잘해서 수익을 내기 쉬운 방법으로 시장에 접근해야 한다. 이러한 것을 잘 판단하려면 실전 경험에서의 매매 훈련이 필요한 것이다.

그러므로 급소구간을 공략하려면 기술적 지표에서 이동평균선의 수렴 과정을 지켜본 뒤 거래량 증가와 함께 확산 과정에서 변화가 온다는 것을 확인하고 진입해도 늦지 않다. 선물 옵션은 방향성과 변동성이 꽃이라는 것을 잊지 말자.

당일 데이트레이딩으로 수익 쌓기 전략

선물로 데이트레이딩을 하여 초기 원금의 손실 없이 꾸준히 수익을 올리려면 먼저 지표 분석과 매수 매도 주문을 내는 방법까지 기초적인 매매 훈련이 필요하다. 이는 군대에 간 남자가 먼저 훈련소에서 총기 다루는 법, 화생방 훈련, 유격훈련 등 다양한 기초 훈련을 받는 것과 같다.

선물 데이트레이딩에서도 수익을 쌓기 위해 제일 먼저 배워야 할 것이 있다. 즉 최소한의 기술적 지표의 흐름 정도는 익혀두는 것이 매우 중요하다는 것이다. 지표분석은 파동이론을 분석하는 방법과 볼린저 밴드의 흐름, 갭 이론 등 여러 가지가 있다. 이러한 최소한의 이론적 내용을 알고 있는 것이 유익하다. 그래야만 실전에서 응용할 수 있다.

만약 아침 시초가에서 미국시장이 상승추세에서 출발했다고 하자. 이에 따라 국내시장에서도 투자심리가 호전되어 많은 투자자들이 시초가부터 시장가 매수 주문을 많이 넣을 때는 주식가격이 상승하고 선물도 자연스럽게 상승 출발할 것이다.

시장 참가자들에게 강력한 호재가 있든지 또는 지표가 바닥 수준에 있을 때는 매도세력이 실종되고 매수세력은 월등히 많게 되는데 이때 갭 상승이 발생하게 된다. 이 갭은 데이트레이딩에서 매우 중요하다. 수익을 내려면 하루 변동폭이 있어야 하는데 이 갭으로 인해 하루 변동폭이 달라지기 때문이다.

갭 상승이 클 때는 일반적으로 상승추세지만 고점매도부터 해서 수익을 내는 역추세 매매를 해야 할 때도 있지만, 캔들의 아랫꼬리 공략을 할 때도 있다. 이러한 기술적 매매는 당일 시장 패턴에 따라 전략이 달라지므로 여기서 구체적으로 설명을 해도 별의미가 없다.

이때 초보자일 경우 시초가부터 흥분하여 주식은 물론 선물도 사려고 할 것이다. 하지만 하루 주식 최대 상승폭이 15%인데 이미 15% 오른 주식을 추격 매수했다가 자칫 조금만 밀려 버리면 손실부터 보게 되는 것이다. 그러므로 가급적 데이트레이딩으로 수익을 내려면 매수는 당일 최저점에서 하고 매도는 최고점에서 하는 것이 필요하다.

초보자가 당일 최고점과 최저점을 알기는 쉽지 않다. 이럴 때는 많은 분석이 필요하다. 즉 종합지수의 하루 변동폭이 어느 정도인지를 알아야 하는데, 이때 필요한 것이 바로 기술적 지표이다. 지표의 저항이 있는 곳과 지지라인이 되는 지역을 체크해야만 한다.

그 다음 알아야 할 것이 지수이다. 종합지수가 1,000포인트에서 2% 등락폭이 생기면 20포인트가 되겠지만 2,000포인트에서는 40포인트가 된다는 점을 염두에 두어야 한다. 그만큼 수익과 손실의 폭이 크다는 것이다.

그리고 호재의 민감도와 악재의 민감도를 면밀히 분석해야 한다. 또한 당일 추세를 본봉에서 단기 하락추세를 이탈한 것인지 아니면 상승추세를 이어가는지를 확인하고 매도와 매수를 병행하는 것이 당일 데이트레이딩으로 수익 쌓기를 하는 기본 매매전략이다.

FUTURE OPTION

타이밍의 승부사가 되어라

자본주의에서 부(富)는 우리 생활에 필요악이다. 돈이 너무 많아도 죄를 저지르게 되고, 너무 없어도 죄를 저지르게 된다고 한다. 오늘날의 사회는 가진 자들의 무절제가 어려운 이들에 많은 적개심을 갖게 한다. 하지만 돈을 버는 데는 형님 아우가 없다는 것을 알아야 한다.

필자는 2001년 체험수기를 낸 뒤부터 삶이 바뀌었다. 날마다 수백 통의 격려 편지와 이메일을 받았다. 당시 나는 일일이 그들에게 답장을 해주었고 그들과 힘을 합함으로써 오늘의 내가 있게 되었다. 그래서 나는 아직도 그들의 사연들을 잊지 못한다

이런 투자자도 있었다. 남편의 퇴직금으로 H사 주식을 3만 원대에서 사고 그 후 집까지 팔아서 2만 원대에서 물타기를 했는데, 지금은 6천 원이 되었다며 어떡하면 좋으냐고 필자에게 전화를 했었다. 그때 나는

늦기 전에 팔 수 있는 용기만 있다면 지금이라도 파는 것이 좋다고 말했다. 그 후 200원까지 내려갈 줄을 누가 알았겠는가?

실로 가슴이 아팠다. 왜 대한민국의 개인투자자들은 이런 아픔을 계속 겪어야 하나 싶어 혼자 울기도 했다. 이것이 바로 자본주의의 병폐이기도 하다. 선진국도 전체 인구의 10% 미만만 황제로 군림하고 나머지는 보통생활 내지는 천민들처럼 사는 것이 자본주의이다. 최근에는 미국의 중산층이 몰락하여 40달러로 연명한다는 기사를 접한 적이 있다. 이러한 문제는 비단 미국만 해당되지 않는다. 현재 한국의 중산층도 무너지는 상황에서 어떤 일이든 최선을 다하지 않으면 안된다. 그러므로 외국인도, 기관도, 개인도 돈 버는 게임에서만큼은 때로 규칙을 위반하면서라도 반드시 이겨야 한다는 사고가 팽배하다. 특히 선물 옵션만기일에는 단일가에 시세를 어느 누구도 볼 수 없는 시간에 기습적인 매도와 매수로 세력들의 포지션에 맞게 급등과 급락을 관리하는 것을 종종 볼 수 있다. 2010년 11월 11일 옵션만기일 도이치뱅크에서 1조원이 넘는 주식을 단일가에 매물 폭탄을 내놓고 코스피 200지수를 의도적으로 폭락시킨 뒤 외가격 풋옵션에서 단가에서만 250배의 수익을 낸 반면 매도자는 큰 손실을 입었다.

자금력을 가진 자들의 횡포는 어제오늘 일이 아니다. 정보와 자금이 부족한 개인투자자가 그들과 게임을 해서 이기는 경우는 소수에 불과하다. 때문에 부단한 노력이 필요한 것이다. 물론 상황이 많이 호전된 것은 사실이다. 적지 않은 시간과 자금을 투자해서 실전 경험을 쌓은 개인투자자들이 많이 생겼다. 그러나 일각에서는 아직도 경험이 없는 투자자들이 엄청난 수업료를 지불하며 고생을 하고 있다. 이 세상에는 어떤 일에도 공짜가 없다. 노력하는 자만이 그 대가를 받는다. 이것은 내가 인생에서 몸소 체득한 진리이기도 하다.

시장은 늘 상승과 하락, 또는 횡보하면서 움직이는 생명체처럼 변화무쌍하게 우리에게 다가온다. 때문에 투자수익을 내기 위해서는 급하게 서두를 필요가 없다. 반드시 기회가 오기 마련이므로 누구든 그 기회를 잡기 위해 부단히 노력하고 준비하는 것이 필요하다.

우리가 기술적 지표를 공부해보면 참으로 신비스러운 점을 발견할 수 있다. 모두가 관망하는 구간은 지표의 흐름이 명확하지 않고 시장변동성도 적게 나타난다. 그러나 횡보하는 시간이 길면 길수록 시장은 조만간 큰 변동성을 주기 위해 준비를 한다는 점이다. 그러므로 급등이든 급락이든 이러한 변곡구간을 잡아 공략한다면 '신나는 투자여행' 이 될 것이다.

FUTURE OPTION

철저한 **확인매매**를 하라

파생의 3대 원칙은 앞에서도 말한 것과 같이 리스크 관리, 추세적 대응, 기계적 대응이다. 이 원칙 외에 추가할 것이 바로 철저한 확인매매이다. 특히 선물 1계약의 소액계좌일 경우 하루 두세 번의 손절매를 하다 보면 거래도 할 수 없는 상태가 되고 만다. 그러므로 기술적 지표에 의한 방향 설정이 이루어진 뒤에 철저하게 확인매매를 해야 한다.

예를 들면 5분봉에서 5일 이동평균선을 타고 잘 올라가던 지수가 갑자기 5일선을 이탈하면서 20일 이동평균선까지 이탈하는 경우가 있다. 이때 짧은 파동일지라도 파동으로 접근해 보면, 5파동을 완성시키고 나서 잠시 조정을 알리는 신호가 발생하고 있는 것을 알 수 있다. 단기로는 5일선을 이탈하고 20일 선까지 또는 60일 선까지 반락한 이후 다시 새로운 파동을 시작하는 경우가 많다. 이때는 데이트레이딩으로 당일 수익 쌓기를 할 것인가 또는 포지션트레이딩으로 일봉매매를 할 것인가를 반드시 결정해야 한다.

만약 단기 5분의 과열이 나타나도 30분봉의 5파동이 마무리되지 않는다면 시장은 짧은 조정 이후 다시 급상승하는 패턴을 유지할 것이기 때문이다. 그러나 30분봉에서 5파동의 상승이 마무리가 된 이후라면 하나의 고점인 외봉이라도 즉시 청산이 필수이다.

하지만 시장지표를 보다보면, 늘 세력들에게 다시 한 번 청산할 수 있는 시간을 주는 것이 나타난다. 20일 이동평균선을 기준으로 다시 반등을 할 때 직전 고점을 대체로 넘지 못할 때는 단기 매도신호로 보고 매도기준으로 삼아야 한다. 일봉의 패턴이 양호한 상승 흐름이라면 다시 60일 이동평균선 정도까지의 조정 이후, 상승 흐름을 만들기 위한 박스권의 등락으로 비추세구간이 형성된다. 이때는 물량 조절을 하면서 단기 스캘핑으로 수익 쌓기에 주력하는 단기 대응 또는 관망 후 다음 신호를 기다리는 것이 좋다.

만약 일봉매매로 100~300선까지 가는 시장흐름으로 접근한다면 단기 고점에서 물려 있다고 해도 일봉의 추세가 정배열에서 상승추세라면 반드시 물량 조절을 하면서 일정 부분은 스윙으로 홀딩하거나 목표지수까지 가져가보는 것과 당일 데이트레이딩으로 수익을 챙기는 매매로 구분하여 자금 관리에 중점을 둬야 한다.

이처럼 주가 또는 지수의 흐름이 한 방향으로 잘 가다가 이동평균선을 이탈하여 쌍봉 패턴으로 20일 이동평균선을 이탈할 경우 방향전환의 신호로 볼 수 있다. 하락하던 주가나 지수는 방향전환을 하기 전에는 반드시 등락을 거듭하면서 역배열된 이동평균선을 정배열로 만드는 과정을 거친다. 이때는 짧은 박스 대응으로 트레이딩을 하거나 관망하면서 다음 변곡을 기다리는 것이 확인매매의 기본이다.

이와 같이 확인매매는 손절매를 줄여주는 매매이다. 물론 장중에 가끔 속임수 패턴이 나타나는 혼성 구간이 있다. 이때는 매도세와 매수세의 힘겨루기가 마무리되지 않은 상황임으로 잠시 관망하면서 기다리는 것이 좋다. 어느 쪽이든 힘의 균형이 확인될 때 진입하는 것이야말로 확인매매라고 할 수 있다.

어느 쪽이든 방향이 나타나기 전에 투탑의 M형 패턴과 투턴의 W형 이동평균선의 모양을 확인한다면 손절이 필요 없는 확인매매를 할 수 있을 것이다.

FUTURE OPTION

최대 수익의 **지름길**을 알아라

주식시장의 천장과 바닥 또는 선물 옵션거래에서는 친정과 바닥을 잘 알아야 최대 수익을 올릴 수 있다. 모든 분야의 투자자들이 그것을 알아내기 위해 무단히 노력하고 찾아낸 신호에 따라 투자한다. 선물 옵션 거래에서도 고점 상황과 저점 상황을 알아야 투자를 잘할 수 있고, 한순간 방향을 잘못 잡으면 큰 손실을 보게 된다. 그러므로 예리하게 분석하지 않으면 시장에서 살아남기 어렵다.

2007년 11월에 예리한 분석 덕분에 라이브 회원들에게 최고점 선물지수 265를 중심으로 매수포지션 전량 청산과 매도까지 하여 큰 수익을 올렸는데, 이는 확인매매를 실천하고 전반적인 장세 판단을 할줄 아는 자만이 누릴 수 있는 희열이었다.

주식이나 선물 옵션거래에서는 경험이 많다고 모두 고수가 되는 것은 아니다. 진정한 고수는 부단한 공부의 결과로 나타난다. 초보 투자자들은 항상 책을 읽고 실전매매 훈련을 지속적으로 받아야 수익과 직결되는 최고점 최저점을 찾을 수 있다는 점을 명심해야 한다.

상투와 바닥의 징후들 발견

선물 옵션이나 주식시장은 어차피 확률게임이다. 방향에 따라 상승할 확률이 높은가 하락할 확률이 높은가를 판단하고 배팅 규모를 정해 포지션트레이딩을 하는 머니게임인 것이다.

주식시장에서는 "바닥이 지나면 없던 호재도 나오고, 천장이 지나면 없던 악재도 나온다."라는 말이 있다. 다시 말하면 천장과 바닥은 계기가 만든다는 것이다. 요즘 우리 금융시장에 적합한 말이 아닌가 싶다.

초보 투자자가 주식시장의 바닥과 상투를 정확히 알 수는 없지만, "오동일엽(梧桐一葉, 오동 한 잎을 보고 가을이 온 것을 알 수 있다)"처럼 어떤 상황 한 가지를 보고 전망을 생각하는 것이 매우 중요하다. 주식시장에서 가장 중요한 지표는 바닥과 상투의 징후를 발견하는 것이며, 이것이 투자의 승패를 가늠하는 지름길이다.

기술적 지표로 알 수 있는 매도 · 매수시점

파동이론에서 상승파동이 마무리되는 기술적 지표의 상황을 보면,

대체로 상승 1파동 구간은 세력들이 매수하는 구간으로 이때의 상승 각도는 45도의 완만한 흐름을 형성한다. 그리고 조정파동인 2파동에 들어설 때는 이전 저점을 하회하지 않고 완만한 지그재그형 조정을 보이다. 다시 상승 3파동이 진행이 되면 60도 각도로 상승하며 기간은 대체로 1파동보다 0.618% 정도 긴 상승추세가 이어진다.

마지막 5파동의 상승은 90도 각도를 유지하거나 궤도 이탈현상이 자주 발생한다. 이동평균선의 이격이 과다하게 이어지는 국면으로, 모든 투자자들이 흥분하여 매수 몰빵하거나 신용투자가 늘어나는 등 과열현상이 나타난다. 이것은 기술적 지표에서도 확연히 확인된다. 이때는 대개 정부에서 규제를 하게 되는데, 2007년 고점에서 펀드투자 열풍이 일고 이로 인해 은행권의 자금이 고갈되어 금리와 부동산 가격이 급등할 때 정부에서 과열 해소를 위해 엄포성 발언을 한 것도 이 때문이다. 이처럼 기술적 지표를 모르더라도 주변에서 모두가 흥분하고 쏠림 현상이 지나치다면 자연스럽게 고점에서 진정국면으로 들어가게 된다는 것을 알 수 있다. 이것이 바로 고점 징후이다.

선도 세력들은 바로 이때가 주식을 처분할 좋은 기회로 보고 최고점에서 이익실현을 위해 매도한다. 이때는 거래량도 급격히 늘어나 최고치를 경신하는데, 이 같은 현상도 기술적 지표를 통해 파악할 수 있다. 하지만 선도 세력들은 주식을 한 번에 다 팔지 못하므로 조금씩 하락하기 시작하면 다시 끌어올리고 고점에서 다시 파는 형식의 투자형태를 취한다. 이 같은 현상이 고점에서 나타날 때 기술적 지표는 대칭삼각형의 패턴을 나타낸다.

선도 세력들은 개인투자자들에게 암암리에 "봐라, 시장이 매우 강하다!"라는 인식을 심어주고 자신들은 빠져나가기 위해 최대한의 시간을 번다. 따라서 주식시장은 아무리 최고점이라고 해도 바로 수직 하락하지 않는다. 그래서 고점이 낮아지고 저점이 높아지는 삼각형의 패턴이 나타나는 것이다. 개인투자자들은 이 흐름을 아는 것이 아주 중요하다.

과거 증권시장에서는 상투의 징후들을 두고 우스갯소리로 "아이 우는 소리가 들리면 상투"라고 했다. 또한 "앞치마 부대"가 오면 상투가 온다고도 했다. 그러나 이제는 사이버 매매가 주류를 이루고 있기 때문에 그런 풍경은 옛말이 되었다. 투자심리선의 과열 현상과 기술적 지표에서 과열 현상을 찾아보는 것은 개인투자자들에게 매우 중요하다. 단적으로 말해 기술적 매매에서 세력들의 그림자를 볼 줄 알아야 하는 것이다.

다음으로 주가지수가 과도하게 하락한 이후 나타나는 바닥의 징후들은 어떠한 것이 있을까 생각해보자. 악재의 연속으로 개인투자자들이 견디다 못해 투매에 가담하면 정책당국에서 부양책을 쓴다는 등 '립서비스'라도 하기 때문에 시장은 진정 국면을 보이게 된다. 그러나 이것이 하락 파동의 끝자락일까? 아니면 1단계 하락 후 다음 단계의 하락으로 가는 정거장일까? 이것을 판단하는 게 중요한데, 이런 현상도 기술적 지표에서 나타난다.

감독을 잘 만난 선수가 되자

종합주가지수가 2,000포인트를 육박했을 때 대다수 전문가들은 기업의 가치 운운하며 1,800선이 중장기 바닥이라고 예상했었다. 이때 많은 개인투자자들이 이 말을 믿고 투자를 감행하는 바람에 엄청난 손실을 입었고, 전문가라는 사람들은 단지 '죄송하다'는 말로 면죄부를 받았다. 오늘날과 같은 전문가 홍수 시대에서는 진짜 전문가를 식별하는 능력도 투자수익과 직결된다는 것을 알아야 한다.

2007년 이야기다. 회원 중에 모든 매매를 잠시 쉬어야겠다는 사람이 있었다. 그 이유를 물었더니, 본인은 실력이 없고 너무 혼란스럽다는 것이다. 엠포트의 문 소장은 오직 매도라고 하고 다른 사이트나 증권방송 채널에서는 매수라고 하니 혼란스러울 수밖에 없었을 것이다. 그렇다. 이 회원의 선택처럼 투자의 책임은 본인이 지는 것이고 본인 스스로 실력이 없다고 느끼면 차라리 쉬는 게 정답이다. 선물과 옵션은 방향성 매매이므로 상승과 하락의 방향조차도 알 수 없을 때는 차라리 가만히 원금이라도 지키는 것이 좋은 투자방법이다.

당시 필자는 이미 2085 종합지수 포인트가 최대상투라는 것을 예상하고 매도로 일관했다. 그렇게 할 수 있었던 것은 바로 철저한 확인매매로 시장에 유연하게 대처했기 때문이다.

상투와 바닥의 징후들은 필자가 언급한 몇 가지만 공부해도 쉽게 알 수 있다. 공부하고 그대로 실천하는 것이 중요하다. 기법을 알고도 실천하지 않으면 무슨 의미가 있겠는가?

지난 2008년 연초 장세는 많은 주식투자자들이 물에 빠진 형국이었다. 장세 판단을 잘못해 선물거래에서 매수에 물렸던 투자자들은 지금도 그 상태에 빠져 있다. 하지만 벗어날 수 있는 길은 있다. 물에 빠졌다고 해서 아직 익사한 것은 아니기 때문이다.

나는 지금 물에 빠져 있는 투자자들을 구해야겠다는 심정으로 온라인 방송을 하고 있다. 2001년부터 오프라인에서 강의했던 것을 국내는 물론 해외 어디서도 온라인으로 교육을 받고 실시간 라이브방송에 함께 참여할 수 있도록 시스템을 구축하고 프로그램을 개발했다. 여기에는 매매에 필요한 다양한 이론과 실전을 비교 분석하고 투자자들이 쉽게 받아들일 수 있도록 핵심들을 정리해 두었다. 실시간 라이브방송에서는 장중 리딩뿐만 아니라 매수 가격과 청산 가격을 설명함으로써 시장 대응력을 기르고 위기대처능력까지 키울 수 있는 데 주안점을 두었다.

물에 빠졌다고 해서 모든 것을 포기해서는 안 된다. 그대로 있으면 결국 익사하고 만다. 주식시장도 이와 같다. 비록 실패를 경험했다고 해도 살기 위해 발버둥쳐야 하는 것이다. 죽을 각오로 온힘을 다해 노력한다면 반드시 성공할 수가 있다.

오늘날 선물 옵션시장은 전 세계가 하나의 그라운드에서 뛰는 선수와 같다. 스포츠 경기를 할 때도 규칙이 있듯이 이 속에도 일정한 규칙이 있다. 이 시장에 뛰어든 사람이라면 경기에 임하는 선수처럼 철저하게 규칙을 익히고 거기에 맞게 따라야 한다.

경기에서 승리하기 위해 가장 중요한 것은 코치나 감독의 훈련 방식과 승리의 전략이다. 선물 옵션거래에서도 좋은 코치나 감독이 필요하다. 무엇보다 제대로 된 전문가를 만나는 것이 경기에서 승리하는 지름길이 될 것이다.

FUTURE OPTION

성공한 **트레이더**가 되려면

분석적 대응과 직관적 대응

만약 미국 시장이 급락하여 국내 시장이 시초가부터 급락으로 출발했다면 투자심리는 극도로 냉각될 것이다. 주가는 더 하락할 자리에 있게 되는데, 하방 경직이 매우 강하여 하락의 각도는 완만해진다. 이때는 기술적 지표를 보면서도 원화와 달러의 동향과 엔화와 달러의 동향, 나스닥 선물지수와 기관의 프로그램 매매 상황 등을 반드시 체크해야 한다. 또한 최근과 같은 글로벌 시장 동조화 상황에서는 중국 상해지수와 일본 니케이지수 동향에도 관심을 가질 필요가 있다. 지수의 변화가 있을 때는 즉각적으로 포지션을 청산하고 기술적 지표의 흐름을 면밀히 관찰한 후 다음 방향에 따라 확인매매로 대응해야 한다.

■ **사례**

얼마 전의 일이다. 기관들의 프로그램 매도와 외국인들의 선물 매도 및 현물 매도가 꾸준히 나오는 중에 갑자기 나스닥 선물지수의 플러스 반전 상황이 눈에 띄었다. 나는 기술적 지표의 하방 경직성과 다시 기준선을 확보하는 매수세의 보이지 않는 힘을 믿고 회원들에게 매수 싸인을 보냈다.

그 후 미국의 씨티그룹에 중동의 오일머니가 긴급 투입되었다는 속보가 나갔다. 그 순간 시장은 급반등에 성공하면서 60포인트 넘게 하락했던 증시가 플러스까지 반전되었다. 미리 매수한 회원들은 큰 수익을 얻었다. 철저한 확인매매로 큰 수익을 얻은 우리는 모두 기뻐했다. 이처럼 파생의 꽃은 최저 바닥세에서 매입하여 큰 수익을 올리는 것이다. 골프에서 홀인원을 했을 때와 같은 느낌이다. 필자는 그날 당일 최고 승부사가 되었던 기억을 잊을 수 없다. 이것이 바로 순발력의 힘이다.

그날 주변 상황과 기술적 지표에는 큰 변화가 없었고 시장 상황 또한 방향을 알 수 없었다. 하지만 시장이 더 이상 밀리지 않고 있다는 것을 알고 즉시 회원들에게 콜옵션 매수와 선물 매수를 외치면서 상방 포지션으로 변경했던 것이다.

당일 저점 227.15에서 고점 238.10까지의 수익이면, 대략 227포인트 초반부터 매수 싸인 후 238전후까지 홀딩을 강조했으므로, 선물 1계약당 10포인트의 수익이다. 1,100만 원으로 1계약을 매수한 회원은 하루 동안 5백만 원을 벌었고, 2계약을 거래한 투자자는 1천만 원의 수익을 올린 것이다. 좀 더 큰 거래를 하는 회원은 10계약을 매수하여 5,000만 원을 단숨에 벌어들였다. 당시 옵션거래는 매수가격에 따라 다르지만 고평가된 상태라서 약 200% 정도의 수익이 났던 것으로 기억한다.

이처럼 선물시장에서 살아남으려면 분석적 대응도 중요하지만 직관적 대응도 중요하다. 발 빠른 순발력이 성공과 실패를 좌우하는 것이다.

주문 사고를 조심하라

정보를 동시다발로 공유하는 초고속 인터넷시대에서 파생시장은 순간의 실수로 신 빈민층으로 전락하기도 하고 한순간에 신흥 갑부가 되기도 하는 곳이다. 얼마 전 어느 기관 매물이 여직원의 주문 실수로 인해 매수가 매도로 들어가는 사고가 일어났었다. 이처럼 일순간의 실수로 매수가 매도로, 그것도 시장가주문으로 들어가는 사고가 종종 일어난다. 특히 옵션거래에서는 월물 초, 거래가 한산한 상황에서도 주문 실수가 비일비재하다.

■ 사례

필자도 과거에 그런 경험을 했다. 근월물 만기가 얼마 남지 않았고 행사가격에 해당이 안 될 것으로 본 필자는 콜옵션 매도를 100계약 냈었다. 그런데 당시 주가는 큰 폭으로 상승하는 장세였다. 즉 만기시 결제했을 때 권리 행사가 안 될 것으로 보고 주문을 냈던 것인데, 근월물이 아닌 차월물로 주문 실수가 되었고 거래가 한산한 차월물에 콜옵션 매도가 들어갔으니 현재 시세보다 낮은 단가에 매도 체결이 되어 톡톡히

곤욕을 치렀던 것이다.

다행이 여유자금이 있어 차월물 중에서 가격을 불문하고 즉각 더 많은 종목으로 매수 수량을 늘려놓은 다음 상황을 지켜보기로 했다. 이미 낮은 단가에 매도 체결된 것을 청산하면 큰 손실이 불가피했기 때문에 기왕 오른 김에 더 오르기를 기대했던 것이다. 그 후 지수가 상승하여 매수해둔 콜옵션에서 매도분의 손실을 만회할 정도가 되어 포지션을 청산함으로써 다행히 큰 손실을 막을 수 있었다.

이런 경우는 즉각 대응하여 손실을 커버할 수 있었지만 옵션만기일 같은 경우 당일 모든 권리가 끝나는 종목을 자칫 주문 실수라도 한다면 손실을 만회하기란 상당히 어렵다. 옵션 매도는 종목이 다양하기 때문에 반드시 근월물과 차월물을 잘 보고 주문 사고를 방지해야 한다. 선물거래는 자기 자금의 13.5%를 증거금으로 거래하는 것이므로 자금을 풀로 배팅하지 않는다면 설령 주문 실수가 나와도 장중에 적당히 손절매를 하고 나오면 대형사고로까지 이어지지 않는다.

어쨌든 레버리지가 큰 옵션은 늘 확인하고 주문을 내고 절대 서둘지 말아야 한다. 그것만이 주문 사고를 막는 방법이다.

확률이 높을 때 투자하라

수익을 내면 되는데 손실을 작게 하라는 게 무슨 의미가 있냐고 반문하는 투자자도 있다. 하지만 모든 투자나 거래에는 늘 리스크가 있기 마련이다. 은행 금리보다 높은 수익을 원하는 모든 투자에는 리스크가 있다. 그래서 손실을 최소화하는 것을 기본 원칙으로 세우고 접근해야 한다. 리스크 없이 큰 수익을 올리는 방법을 안다면 그보다 더 좋은 투자는 없을 것이다.

손실을 작게 하라는 것은 확률이 낮을 때는 멈추고, 확률이 높을 때만 거래하면 된다는 원리다. 선물거래는 날마다 수익을 쌓는 것이 가능하다. 하지만 옵션거래는 절대적으로 매도를 해야 하는 구간과 매수를 해야 하는 구간이 있다. 만약 정확한 시점에 매매를 실현할 수 있다면 그보다 더 큰 성공은 없다. 이것이 바로 '손실은 작고 수익은 크게' 하는 매매 방법이다.

우리가 거래하고 있는 상품은 기초자산이 코스피 200지수다. 그러나 여기서 배운 내용 가지고 외환, 선물 및 주식투자 모든 상품에 적용이 가능하다. 그러므로 장이 시작되면 자신이 보는 관심종목에서 시가총액 비중이 높은 종목들의 무게중심이 어디에 있는가를 살펴야 한다. 이를 면밀히 분석하면 매수 주체세력이 누군지도 즉각 알 수 있다.

장이 시작되기 전 대략 하루 변동구간 즉 저항구간과 지지구간을 계산해둔다. 밴드 상한선과 하한선을 설정해둔 다음 시장 탄력도를 보고 움직임을 살펴야 한다. 만약 적은 밴드 구간에 있으면, 그날은 대체로 박스권의 혼조세를 보이므로 옵션 네이키드 매수는 손실뿐이다. 이럴 때 옵션 매수자는 거래를 잠시 멈추든지 스트래들 매도(양쪽으로 콜옵션과 풋옵션 고평가 종목을 매도)를 해두는 것이 좋다. 선물거래도 가급적이면 잦은 매매보다는 한두 번의 대응으로 1~2포인트 수익을 내고 쉬어야 한다.

이러한 상황은 시장이 전날 큰 상승과 큰 하락을 한 뒤 과다 이격으로 인해 이격을 좁히는 구간에 접어들 때 나오는 패턴임을 알아야 한다. 고수들은 이런 흐름을 미리 알고 어떤 매매를 해야 하는지 판단하고 대처하지만, 초보자들은 거래 경험이 적기 때문에 실전에서 큰 수업료를 내고 깨닫는 경우가 많다. 시간이 경과하면 패턴이 완성되고, 강한 변동성 구간에 접어들면 삼각수렴 이후 변동성이 하방과 상방으로 크게 나올 때가 있다. 이때는 움직이는 방향대로 수량을 늘리면서 끝까지 수익을 키워나가는 것도 '손실은 작고 수익은 크게' 하는 매매 방법이다.

컴퓨터는 투자금보다 중요하다

하루는 사무실에서 직원들이 거래를 하고 있었고 필자는 시황을 분석하며 방송을 하고 있었다. 갑자기 증권거래소까지 전달되는 속도가 교통체증이 나타나는 병목구간에서처럼 제때 전송되지 못하고 다운되어버렸다.

요즘은 사이버 공간에서 홈트레이딩을 하고 오피스텔이나 증권사에서도 소그룹으로 방송을 들으며 매매하는 사이버매매시대라고 할 수 있다. 초창기에 이를 예측 못한 정부는 거래 폭주로 인한 투자자들의 볼멘소리를 들었고, 상당 시간이 지난 다음에야 정상화되었다. 이처럼 갑자기 일어난 상황에도 내 컴퓨터는 이상이 없는지 늘 점검해야 한다. 많은 거래량을 소화해야 하는 증권거래소의 슈퍼컴퓨터도 제대로 점검하는 것이 투자자들을 위한 길이다.

파생거래는 늘 보이지 않는 위험에 노출되어 있다. 그러므로 내일의 상황도 모르는 채 포지션을 무리하게 오버나잇하지 않고 어느 정도 수익이 모아질 때까지는 당일 수익 쌓기로 데이트레이딩을 하면서 리스크 관리에 주력하는 것이 현명하다. 혹자는 오버나잇을 하지 않고 어떻게 큰 수익을 바라느냐고 하지만, 오버나잇은 당일 수익이 있을 때나 추세적 대응으로 포지션을 가져가는 식으로 해야 한다. 기회는 많으므로 서둘지 않고 때를 기다리는 것이 중요하다. 등락이 급변하는 비추세 구간에서는 동전 앞뒤 맞추기와 같이 불명확하므로 오버나잇은 가급적 하지 않는 것이 좋다.

아무튼 컴퓨터는 가게를 내어 소규모 사업을 하는 우리의 사업장이나 마찬가지이므로 잘 관리하고 바이러스나 악성코드에 감염되지 않도록 늘 점검해둘 필요가 있다.

수익금은 날마다 은행계좌로 옮겨라

당일 수익 쌓기가 재미있는 것은, 오늘 선물 2포인트 수익이 났다면 1계약을 했을 경우 100만 원의 수익이 나는 것이다. 최근 장에서는 한 시간이면 가능하다. 종합지수가 1,000포인트인 시대와 지금처럼 2,000포인트를 오르내리는 시대는 시장 변동폭이 매우 다르기 때문에 큰 수익의 선물 옵션거래를 할 수 있다. 반면에 장을 안일하게 보고 대처하다가는 손실 폭도 크다는 것을 반드시 명심해야 한다. 철저한 확인매매만이 살아남는 거래방법이다.

사람은 망각의 동물이다. 처음 입문할 때는 하루 1포인트의 수익을 목표로 세운다. 그러다가 수익을 많이 내면 초심을 잊어버리고 더 많은 욕심을 갖게 된다. 사람의 욕심은 끝이 없다. 시세에 도취되어 원금과 수익금을 구분하지 못하고 무리하게 거래하다보면 결국 큰 손실을 입게 된다. 그러므로 수익금이 나오면 즉시 은행계좌로 이체하라는 것이다.

한 회원은 2개월 만에 원금의 300% 수익을 내었다가 어느 날 풀로 배팅을 했는데 반나절 만에 그동안 쌓아두었던 수익금을 모조리 잃고 말았다. 하필이면 그날 옵션 매수를 해두고 외출하여 몇 시간 후 돌아와보니 시장이 반대방향으로 움직여 원금이 이미 반 토막이 나 있었다. 그제야 한순간 자만에 빠졌던 것을 후회했지만 그 후 자신감을 잃고 영원히 시장을 떠나고 말았다. 이 말은 옵션에 해당되는 말이지만 자리를 이동할 때는 반드시 위험에 대비한 헤지를 할 필요가 있다.

자신의 수익을 관리하는 것도 하나의 투자기법이다. 옵션거래만큼은 수익이 나면 반드시 다음날 은행계좌로 이체시키고 꾸준히 관리해야 한다. 옵션 거래자들은 옵션의 정상가격이 1계약당 25,000원짜리가 당일 순간 300만 원이 되었다가 내려가는 것을 종종 경험한다. 이런 것도 시장가로 큰 수량을 잘못 주문냈다가 빚어지는 사례들이다. 이런 일은 거래가 한산한 종목에서 자주 발생한다.

손절이 없는 확인매매를 반드시 하라

확인매매에 대해 많이들 질문한다. 확인매매는 자신의 매매기준을 정하고 투자하는 것을 이르는데 자신만의 원칙을 정하고 실천하는 것이다. 즉 투자자에 따라 단기 2분 신호를 보고 거래를 하거나, 5분이나 10분에서 매수신호가 발생하는 것을 보고 하거나, 쌍바닥과 쌍봉 패턴을 확인하고 30분에서 신호가 나올 때만 하거나, 일봉에서 단기 추세선인 5일 이동평균선 위로 상승할 때만 매수를 하고 이탈 시는 매도를 하거나 하는 식으로 여러 가지 지표를 보고 방향이 확인될 때만 거래하는 것을 확인매매라고 하는 것이다.

이때 너무 짧은 신호만 보고 대응을 하면 실시간으로 등락이 교차하며 움직이기 때문에 매매를 자주하는 경우가 발생하는데, 이것이 단점이다. 이 단점을 극복하기 위해서는 자금을 잘 안배해서 대응해야 하며, 짧은 신호에서 빨리 시장 상황을 알 수 있도록 분봉으로도 지금의 파동이 몇 파동으로 진행되는 중인지 응용할 수 있는 능력을 갖춰야 한다.

필자가 회원을 관리하며 알게 된 사실은 실시간 전략을 구사할 경우 확인매매의 기준을 한 가지만 고집해서는 안 된다는 점이다. 시장 상황에 따라 매매기준이 달라지기 때문에 그야말로 변신의 마술사가 되어야 한다. 우리나라 증권시장의 구조는 강한 상승장과 약한 상승장, 강한 하락장과 약한 하락장, 방향 없이 지수가 오르내리는 기간 조정의 횡보장까지 여러 가지 패턴을 보이며 움직인다. 여기서 방향성이 없는 구간을 비추세장이라고 한다.

이러한 구간에서의 데이트레이딩은 추세장에서의 확인매매와는 다르게 거래해야 한다. 적은 금액을 이용, 박스권의 대응으로 기술적 대응을 해야 하기 때문에 실전교육을 받지 않은 초보자는 대응하기 힘들다.

또 어떤 때는 강한 상승과 하락, 약한 상승과 하락이 이어지는 경우가 있다. 시장은 약한 박스권 장세와 강한 변동성이 기다리는 추세구간이 있다는 것을 항상 염두에 둬야 한다.

어느 날 아침 장이 시작하기 전, 필자는 일찍부터 변동성을 예상하고 대응할 수 있도록 준비를 하자고 회원들에게 설명하고 시초가부터 아침 매매기준을 정해두자고 조언했다. 시초가에 선물 235.80의 기준이 이탈되면서 시가 회복을 못하는 음의 방향으로 하락 신호가 왔다. 그리고 1차 하락 이후 2차에 약간의 반등이 되어도 선물가격 235.80을 돌파하지 못하고 다시 밀리자, 나는 회원들에게 매도를 강조했다. 그 후 지수가 지속 하락하면서 1차 1포인트 하락 후 약간의 반등을 해도 꺾이는 이동평균선을 돌파하지 못한 채 계속 반등은 짧고 하락은 긴 패턴이 진행되었다.

이때는 계속 매도 진행 신호로 보고 매도 단가를 벗어나는 반등이 있다면 즉각 스탑로스를 걸어두고 지속 매도 홀딩을 해야 한다. 결국 그 후 2~3포인트 이상 수익이 발생하면서 이제 매도 청산을 강조하거나 다음 지지라인을 설명하면서 일단 수익이 난 부분을 청산하자고 했다.

그러나 다시 저점대비 1포인트 정도 반격이 나온 뒤 하락했다. 그때 매도신호가 나가지만, 이제 매도를 짧게 청산하는 전략을 강조하며 새로운 신저가에서는 하나의 저점으로 상승전환이 어렵기 때문에 다시 짧은 매도를 해서 추가 수익을 내는 매매의 테크닉에 대해 설명했다.

때로는 낙폭이 클 때의 시장상황은 V자형으로 바닥에서도 급반등하는 경우가 있다. 이때는 반격이 강할 경우 2차 눌림목 구간을 매수 기회로 보고 대응해야 한다. 결국 당일 선물의 지수 흐름은 시초가 235.85에서 장중 저점 231.50을 찍고 급반등했고, 매도는 232.00 기준 혹은 231.50에서 지지라인이 있으니 즉각 청산을 하고 다음 되돌림 상황을 지켜보자고 했다.

그 후 시장은 232.50의 저항에서 한 번 반락했으나 강하게 50을 돌파하여 한 개의 저점이지만 1차 10% 매수신호가 나갔고, 다시 선물지수가 233.00을 돌파해도 추가 매수를 강조하게 되었다. 이것은 확인 매수였다. 예측매매는 기술적 매매로 최저점 부근에서 10% 정도 진입해보고, 확인매매는 233.00이라고 설명하면서 대응에 어려움이 없도록 하라고 강조했더니, 결국 당일 238포인트가 넘는 대박 수익이 나왔던 것이다.

물론 올라갈 때는 시장이 여러 차례 혼란을 준다. 이때 초보자들은 지레 겁을 먹고 약간의 수익을 내고는 자리에서 일어나는 경우가 많다. 그보다는 오직 매도 없이 반락 시 매수 관점으로 전환하려는 자세로 시장 대응에 유연성을 갖는 것이 좋다. 시장지표가 오직 매수를 하라고 신호를 보내주고 있기 때문이다. 당일 큰 수익을 낸 회원뿐만 아니라 겁을 먹고 작은 수익만 낸 회원이나 그냥 구경만 했던 회원도 신났다고 한다.

당일 추세에서 비추세구간은 아침 장에는 매도신호가 발생하기도 하고 오후 장에는 매수신호가 발생하기도 하는 급등락이 빈번한 장세가 나타나는데, 고수들은 이러한 등락 구간을 즐긴다. 파생거래의 꽃은 바로 변동성이기 때문이다. 시장 변동성이 없고 종일 1포인트 정도에서 멈춰 있다면 얼마나 답답하겠는가.

선물과 옵션은 하락할 때나 상승할 때나 수익이 나기 때문에 방향성과 변동성을 확인하는 것이 최고의 노하우다. 그러므로 그런 신호가 발생하면 신호가 보여주는 대로 투자금액을 조절하면서 마무리 신호가 나올 때까지 끝까지 시세를 즐길 줄 알아야 한다.

실전 경험이 적은 초보 투자자들은 무슨 신호가 나오는지 잘 알 수 없고 그러한 신호를 믿어야 하는지 조차도 막막해 한다. 그래서 고수가 되려면 충분한 공부와 실전 훈련이 필요한 것이다.

거래 입문 시에는 입문서를 한 번 정도는 읽고 나서 실전 방송을 들어가면서 남들이 거래하는 것을 보거나 확실한 전문가를 만나 지도를 받은 후에 가상거래를 하며 훈련하는 것이 좋다. 그 다음 코스로 1계약씩 거래하거나 옵션 1계약당 10만 원짜리로 매수 매도의 실전 훈련을 쌓으면 어느 날 자신감이 생길 것이고 그때 본격적으로 거래를 시작해도 늦지 않는다.

2004년 라이브 회원 가운데 한 사람은 주식투자만 하다가 1개월 동안 방송을 들으며 훈련을 한 후, 기본 증거금 정도의 계좌를 개설했다. 그는 필자가 리딩하는 대로 선물 증거금 10% 정도로 옵션만기구간에서 옵션을 시작했다. 첫 거래에서 이미 300%의 수익이 나왔는데, 그는 청산할 줄도 모르고 주식투자처럼 사서 두겠다고 했다. 당시 초기 자금 150만 원으로 장중 450만 원이 되었어도 청산하지 않고 욕심을 부렸던 것이다. 기간이 정해진 상품인 옵션거래는 만기일에 권리 행사를 하지 못하면 투자한 금액을 전부 날려버릴 수도 있다. 그는 상품의 성격을 알지 못했던 것이다. 나는 당장 청산을 강조했다.

그 후 변곡구간에서 어떤 종목의 가격을 정해주며 매수를 권했더니, 다시 재투자 금액이 100%가 넘어갔다. 그 회원은 2주 만에 원금 1,500만 원이 3천만 원을 넘어섰다. 당시는 상승장이기 때문에 오직 조정 시 매수로 내응함으로써 회원들의 수익이 커질 수 있었다. 이처럼 철저한 확인매매로 손절매를 자주하지 않고 꾸준히 수익 쌓기를 하는 것이 선물과 옵션의 최고 전략이다.

알고 있으면 실천하라

선물 옵션거래는 인생과 같다. 철저한 교육과 훈련을 통해 실력을 연마해서 사업을 하는 사람과 학력위조나 해서 간판만 화려하게 내건 사람은 무엇이 다르겠는가. 얼마동안은 그 화려한 외양에 속아 모여든 사람들로 처음에는 어느 정도의 이익을 얻을 수 있을지 모르나 결국은 실력이 없으면 외면당하게 된다. 이론만 많이 알고 있다고 실전거래에서 수익을 내는 것은 아니다. 알고 있는 것을 실천하지 않으면 아무 소용이 없다.

시장 대응을 할 때는 큰 숲을 먼저 읽어야 하므로 개인투자자들은 지금이 상승기조인지 하락기조인지 잘 알아보아야 한다. 그리고 당일 수익 쌓기로 분봉 매매를 할 것인지 일봉매매로 좀 더 큰 흐름으로 갈 것인지를 판단해야 한다.

예를 들면 2008년의 장세는 대체로 코스피 200지수에 영향을 주는 대형주들이 약세를 면치 못했다. 당시는 시초가가 급등하여 이후 매도만 지속하면 선물 수익이 평균 3~5포인트 정도 나오는 국면이었고, 오후 장에서는 수익이 6포인트 정도나 되는 급등락이 빈번한 변동성 장세였다.

초보자일수록 변동성이 큰 시장에 접근할 때 두려움이 생길 수 있다. 그러나 추세가 하락이라는 판단이 서면 반등 시마다 매도하고 상승장일 때는 반락 시마다 매수로 접근한다면 수익을 낼 기회가 된다.

대다수 투자자들은 당일 데이트레이딩보다 오버나잇을 더 좋아한다. 추세적 흐름에 편승한 오버나잇은 어렵지 않게 수익을 낼 기회가 많지만, 이때는 반드시 자기 계좌의 자금 성격을 먼저 파악해야 한다. 내일모레 빚 갚을 자금이라면 위험자산에 계속 홀딩하지 않아야 하므로 가급적 당일 데이트레이딩으로 수익을 정산하는 것이 좋다.

2008년에는 외국인이 24조 원의 주식을 처분했다는 뉴스도 있었다. 하루 3천억씩 현물 주식을 팔고 있을 때였는데도 개인들은 신용투자로 주식을 사 모으고 펀드로의 자금 이동의 쏠림 현상도 심했다.

이것은 무엇을 의미하는가? 외국인들은 우리 시장에서 충분히 수익을 내고 향후 경기상황이 나빠질 것을 예상하여 현금을 확보하는 과정이었다. 간단한 지표 하나만 봐도 당시 상황은 매도 일변도였다. 그러나 헤지가 뭔지도 몰랐던 개인투자자들은 선물에서도 매수포지션을 취하고 옵션은 상승할 권리만 매수하고 있었으니, 결국 이후의 피해를 고스란히 떠안아야 했다.

이처럼 추세를 모르는 투자는 주식이든 선물 옵션이든 손실만 가중

시킬 뿐이다. 추세를 바로 알고 대응할 때는 일시적인 손실이 있더라도 기다리면 결국 수익이 난다. 이런 간단한 진리를 모르고 어찌 재테크를 한다고 할 수 있겠는가.

1997년 환란 이후 바이코리아 열풍과 벤처 열풍으로 주가가 천장부지로 오르고 있을 때, 정부는 기업들이 유상증자를 통해 시중 여유자금을 끌어들여 자금난 해소와 함께 구조조정 비용과 기타 필요 자금을 증시에서 조달하도록 유도했다. 그 덕분에 정보가 빠른 사람들은 큰 자금을 모으게 되었는데, 문제는 이때도 개인투자자들이 다시 피해자로 등장했다는 것이다.

벤처 열풍으로 대주주들은 코스닥에서의 유무상 증자로 이미 자금을 확보한 뒤였고, 이 자금을 기업에 재투자하기보다는 부실로 키우면서 결국 상장폐지까지 가는 주식들이 부지기수로 나왔다. 지금까지도 이때 상장했던 기업들의 상장폐지가 연일 발표되고 있다. 이처럼 시장의 정보나 생리를 모르는 개인투자자들은 늘 피해자로 남을 수밖에 없는 곳이 바로 금융시장이다.

당시 상황을 생각하면 가슴 아픈 일이 많다. 코스닥에서 50배, 100배의 주식이 탄생한 다음 어떻게 되었는가? 2000년 당시 새롬기술 주식은 30만 원으로 삼성전자 주식과 비슷한 가격이었다. 10년이 지난 지금 삼성전자 주식은 90만 원을 향하고 있지만 새롬기술의 주식은 겨우 몇 천 원짜리로 전락하고 말았다.

주식투자는 기업의 성장가치를 보면서 튼튼한 기업에 투자해야 한다. 기본에 충실한 투자가 아니면 결국 제자리로 돌아가는 것이 시장의 순리다.

모든 투자에는 항상 리스크가 있다. 얼마 전 TV에서 유럽의 어느 가정이 악어를 애완동물로 기르는 모습이 방영되었다. 무서운 동물이 사람을 해치지 않고 함께 생활하고 있는 것을 보며 많은 교훈을 얻게 되었다. 무서운 동물도 다루는 사람이 얼마나 잘 다루느냐에 따라 해를 끼칠 수도 있고 행복을 가져다줄 수도 있다는 것이다. 악어의 성격을 잘 알고 훈련시키는 조련사처럼 시장에서도 우리가 다루는 상품의 성격을 잘 알고 이해하고 접근해야 한다. 필자가 강조하고 싶은 것은 선물거래의 상품을 먼저 이해하고 헤지 상품의 성격도 반드시 알고 비율을 잘 조절해야 한다는 점이다. 이처럼 우리의 인생사와 같은 선물 옵션거래를 이제는 안전하게 장수하는 법칙을 배워야 한다.

■ **사례**

그동안 회원관리를 하면서 상황 대처가 늦는 회원들이 있을 때는 반드시 다음 전략을 설명하곤 했다. 잘 가던 증시가 바로 단기 고점을 만나서 변화가 올 때쯤이었다. 시장은 짧은 조정을 받고 신호에서는 좀 더 갈 수 있는 흐름이나 단기 분봉에서는 과열 신호가 발생해서 원칙적으로는 쉬어야 하나 단기 위험관리를 하면서 시장변화에 즉각 대응할 것을 강조한 뒤였다.

한 회원은 짧은 조정이라고 하니까 우선 매수 청산하고 다시 매도하는 것 자체를 귀찮아하며 마냥 보유하고 싶다고 했다. 모든 매매는 필자가 직접 주문을 내주는 것이 아니라 본인 스스로 결정해서 하는 것이다. 투자자들은 모두 나름대로의 고집이라는 것이 있다. 때문에 잘못된 투자습관을 고치는 데는 많은 시간이 걸린다.

초보자는 차라리 잘 모르기 때문에 선생님이 시키는 대로 하여 처음부터 꾸준하게 수익 쌓기를 잘하는 경우가 많다. 즉 시세의 무서움을 알고 즉각 대응하는 회원일수록 리스크 관리가 잘되지만 자기 고집으로 밀고 나갈 때는 기회비용을 잃는 경우가 많다. 그러므로 갑자기 시장의 변화가 나타날 때는 반드시 매매기준을 정해두고 대응해야 한다.

계속 박스권에 있을 때에도 데이트레이딩하는 회원들은 수익을 내는 즐거움이 있기 때문에 물량을 가볍게 하면서 거래할 수 있다. 다만 매수가 있으면 추세의 기준에서 이탈될 때는 헤지를 해야 한다는 점을 명심해야 한다.

필자는 당시 헤지로 적합한 옵션으로 선물 매수 1계약당 증거금의 10% 정도의 금액으로 10만 원짜리 옵션을 추천했다. 다음 날까지 포지션트레이딩을 하고자 하는 회원들에게 반드시 변곡구간에서 오를 수도 있고, 약간의 조정이 있을 수도 있는 자리는 헤지가 필수라고 했다.

장중 대응시 매매가 엉킬 때는 일부 추세로써 일봉매매로 오버나잇하는 것까지 설명해준다. 이럴 때는 부분 헤지를 통해 오버나잇할 것을 강조한다. 왜냐하면 심리적으로도 안정이 될뿐만 아니라 장외 변수에 대응하기 쉽기 때문이다. 당일 거래에서는 장중에 리딩을 하기 때문에 굳이 헤지 없이 거래를 할 수 있으나 다음날로 오버나잇을 한다는 것은 리스크가 생길 수도 있다. 이것은 아무도 모르는 일이기 때문에 반드시 헤지를 하고 넘어가야 한다. 9.11사태 같은 것이 일어나지 말라는 법이 어디 있겠는가. 하지만 당시에도 추세적 흐름으로 대응했던 투자자들은 큰 수익을 냈다.

당시 헤지를 하고 오버나잇을 한 회원들의 수익을 보니, 선물 매수에서 일부 손실은 있어도 옵션 10%로 반대 포지션을 걸어두었던 것이 의외의 변동성을 주어 큰 수익이 나 있었다. 물론 매도만 오버나잇한 회원은 추세가 무너질 때 자기 자금의 10% 정도만 즉각 매도를 해서 더 큰 수익이 발생했지만, 일부 헤지를 하고 당일 매매가 어려운 회원에게는 헤지를 하고 보유할 것을 강조한 것이 헤지 부분에서 의외의 큰 수익이 발생한 사례였다.

선물과 옵션거래는 반드시 추세적 대응을 해야 기회가 많다. 그러나 상승추세에 있던 주식시장에 갑자기 기조의 변화가 올 때 즉각 대처를 못하는 것이 초보자다. 주식은 매수를 해야만 수익을 내기 때문에 대다수 개인투자자들이 매수는 잘하지만 상승장에서 하락장으로 전환할 때는 매도를 즉각 하지 못한다. 파생거래는 사실 매도에 더 큰 매력이 있다. 하락은 보통 급락으로 속도가 빠르다. 누구든 빨리 팔아야겠다는 심리가 강하기 때문인지도 모른다. 하락 이후 상승으로 전환할 때는 상당한 진통이 따른다. 이 또한 투자자들의 심리에 따른 것으로 이를 제대로 읽는다면 시장을 이해할 수 있다.

급락할 때는 놀란 매물이 지속적으로 나오는 과정이 진행되기 때문에 한동안 진통을 겪지만 매물이 소진된 후에는 급등하는 경우가 많다. 그래서 매수는 충분히 확인한 후에 해도 되지만 매도는 늘 즉각이라는 표현을 쓰게 되는 것이다. 결국 파생거래는 '손실은 작고 수익은 크게' 하는 전략을 취할 줄 아는 사람이 고수가 된다.

고수는 헤지 상품을 활용할 줄 알아야 한다. 우리는 1995년에 영국의 베어링 은행이 헤지거래를 모르고 무리하게 거래하다가 파산했다는 사실을 알고 있다. 이러한 역사적 사건들을 타산지석으로 삼아 무모한 거래를 하지 말아야 한다. 오버나잇을 할 때는 반드시 헤지 상품과 함께 전략을 짜는 것이 장수하는 비결이다.

업종별 경기와 증시 사계를 알아라

흔히 주식시장은 경기보다 6개월에서 1년 정도 선행한다고 한다. 현재 국내 경기는 일부 업종의 수출에 비중이 편중되어 있고, 장세는 2007년에는 주로 조선, 철강, 화학 업종이 주도했지만 2009년에는 녹색환경 테마주와 IT 테마주들이, 2010년에는 신재생에너지 관련주 들이 주도하고 있다. 이 모든 것들은 바로 성장 잠재력과 실적이 호전되는 기업들이다.

주가의 상승세가 이어질 때는 없던 호재도 나오면서 관련 업종이 지속적인 상승세를 탄다. 그러나 하락세가 이어질 때는 없던 악재도 만들어져서 악재가 악재를 부르는 현상이 나타난다.

2009년에는 반도체와 자동차 산업 등에서 일본을 앞서는 지표들이 보도되었고, 삼성전자는 2007년에 최고점을 경신한 이후 연일 급등세를 이어갔다. 또한 현대자동차가 세계시장에서 판매 1위를 하는 등 일본 렉서스의 판매를 추월했다는 보도로 외국인들의 매수가 이어지기도 했다. 주식투자자들은 이런 세세한 부분까지 생각하고 투자해야 한다.

예를 들어 디지털 카메라가 나오기 전에는 필름 회사들이 호황이었지만 이제는 사양산업이 되어버렸다. 이처럼 앞으로 5년도 버티기 힘든 기업에 투자를 하는 것은 위험천만한 일이 아닐 수 없다.

증권시장에서의 최고 전략은 새롭게 떠오르는 태양과 같은 종목의 발굴이다. 하지만 선물 옵션거래의 매력은 기업 가치와 향후 실적 등을 복잡하게 생각할 필요가 없다는 데 있다. 오히려 코스피 200지수의 기술적 지표분석이 더 중요하다. 즉 대형주의 무게중심이 어디에 있는지, 현재 추세가 상승기조인지 하락기조인지, 단기 지표가 이탈되었는지, 아니면 꾸준히 저점 매수세력에 의해 시장탄력도가 좋은지 나쁜지 등을 분석하면 된다. 기업 가치를 분석할 필요가 없고 좋은 종목들을 뽑아 기술적 지표의 흐름만 분석해도 시장추세를 파악할 수 있는 것이다.

대체로 증시의 사계(四季)는 '회복기-활황기-후퇴기-침체기'의 순으로 반복되는데, 이는 주가 사이클과 깊이 관련되어 있다. 일반적으로 회복기에 오는 금융장세는 불경기하에서도 주가의 상승이 뚜렷하게 나타난다. 이때는 기업의 재고 조정이 마무리 단계에 있게 되고, 주가도 저가의 금융주부터 점차 상승하기 시작한다. 바야흐로 금융장세가 시작된다는 뜻이다. 그 후에 몇 개월간의 조정을 거치는데, 침체국면에서 시작하여 경기가 바닥권을 탈출하기 전에 풍부한 시중 유동성을 바탕으로 주가의 상승이 이루어지는 것이 특징이다.

또한 금융 완화로 인해 금리인하가 일어나 시중 자금 사정은 좋아지지만 불황기이기 때문에 설비투자가 부진하고 재고도 줄어들며 부동산시장도 계속 침체기를 겪는다. 금리인하로 인해 개인 자산가들의 자금 사정은 좋지만 마땅한 투자 대상이 없어 주식으로 눈을 돌리는 경우가 많다. 이러한 회복기에는 주식이 바닥일 때가 많아 거래량이 많아져 통상적으로 경기저점에 대한 논란이 빈번해진다. 경기 회복에 대한 기대감으로 여유자금이 증시로 대거 몰려오는 이상 매입 현상이 일어나기도 한다. 하지만 이때 주의하지 않으면 안 된다. 왜냐하면 금융장세에서는 실적장세와 다르게 상투에 물리면 통상적으로 수개월 동안 회복하기 힘들고, 다음 번 실적장세의 주도주도 바뀌기 때문이다.

다음 번 실적장세에서는 일부 업종과 종목을 중심으로 활황기가 오고 그 기간도 상당기간 이어진다. 점점 피라미드형으로 종목의 압축 국면이 이어지면서 일부 핵심주들만 깃발을 달고 가는 흐름이라서 많은 투자자들에게 착시현상이 일어나기 쉽다. 즉 "아직 주도주가 살아 있다."라는 인식을 갖게 되는 것이다. 그러나 후발주들은 이미 하락을 준비하고 있고, 선발대에 속한 몇 종목만 세력들이 물량을 처분하기 위해 끝까지 띄우면서 파는 형태의 급등장세가 펼쳐진다. 그리고 세력들이 시장을 선도하는 핵심주 물량까지 전부 청산을 하고 나면 곧바로 급락구간이 온다. 경기후퇴기에 나타나는 실적장세의 막이 내리게 되는 것이다.

경기후퇴기가 되면 시장은 급락이 계속 이어진다. 물론 긴 실적장세가 이어진 후이기 때문에 바로 수직 하락하는 것이 아니라 최고점에서 고점이 낮아지고 저점이 높아지는 삼각 수렴 과정이 빈번하게 만들어진다. 결국 개인투자자들은 조만간에 오는 급락 파동의 준비조차 잊은 채 조정 시마다 계속 매수의 노예가 되고 마는 것이다.

예를 들어 2008년의 하락 파동은 미국의 서브프라임 모기지 부실이 원인이라고 하지만 시장 경기도 이미 침체기에 접어드는 징후를 보여주고 있었다는 점에 주목해야 한다. 당시는 세계적인 시사 주간지마다 경기침체를 언급하는 전문가들의 발표가 나오고 있었다. 우리 시장도 글로벌 경쟁체제 속에 있기 때문에 세계 흐름에 동조화될 수밖에 없었다. 따라서 이러한 급락 파동이 있고난 이후 모두가 느끼는 경기침체기로 접어들었던 것이다.

또한 경기후퇴기는 경기과열 이후의 인플레이션에 대한 우려감으로 금융 긴축정책을 시행하기 때문에 주가가 큰 폭으로 하락하는데, 대개 역금융장세를 보인다. 이때는 경기 동행지수도 피크를 찍고 후퇴기로 진입하게 된다. 기업 실적은 호황의 여진으로 양호한 편에 있어도 전반적으로 생산활동이 하강하고 주가는 긴축의 '긴' 자만 나와도 놀라서 전 업종이 하락한다. 단기간에 걸쳐 주가가 크게 하락하지만 과거의 영화를 잊지 못하는 분위기가 형성되어 일시적으로 반등하는 경향을 보이기도 한다. 그 후에는 또다시 하락한다.

침체기는 긴축정책에 의해 경기가 후퇴하고 주가 수준도 바닥권에 근접하여 긴 횡보장세를 보이고, 마침내 제품 재고조정단계에 들어가는 역실적 장세를 보이기 시작한다. 기업의 실적은 계속 악화일로로 가고 주가는 상대적으로 높게 평가된 것으로 보여 거래량은 크게 감소한다. 계속적인 불황의 연속으로 중소기업의 도산 및 적자가 속출하고 투매현상이 발생하며 주가 수준도 바닥권까지 하락한다. 이때는 불황 저항력이 강한 내재가치 우량주들이 상승하는 단계다.

결국 주가는 4단계의 순환 사이클을 보이며 다시 회복하게 되는데, 이것이 주가의 사계인 것이다.

자만은 최대의 적, 90% 확률로 대응하라

공자는 "오십이지천명(五十而知天命)하고 육십이이순(六十而耳順)하고 칠십이종심소욕(七十而從心所欲)하되 불수거(不踰矩)하니라."라고 했다. 오십 세에 천명을 알았고, 육십 세에 귀가 순해졌고, 칠십 세에 마음이 하고 싶은 대로 하여도 법도를 어기지 않았다는 것이다. 평생 인격을 수양하며 학문에 정진했던 공자도 육십에서야 귀가 열리고 칠십에서야 경지에 이르렀다.

선물 옵션시장에 입문한지 얼마 되지도 않은 초보자가 100%의 수익률을 얻어낼 수는 없다. 많은 시행착오를 거치면서 지혜가 생기고 훈련이 되었을 때만 시장을 알 수 있다. 중요한 것은 끊임없는 자기 노력과 공부의 필요성이다.

선물 옵션 거래는 조금만 방심해도 지옥으로 떨어질 수 있기에 자만심은 항상 최대의 적이다. 그래도 매력적인 시장인 것은 분명하다. 지금도 많은 투자자들이 선물 옵션을 배우기 위해 노력하고 있고, 조금만 노력해도 그만큼 수익을 올릴 수 있는 곳이 바로 이 시장이기 때문이다.

사실 많은 투자자들에게 있어 수익을 올리는 것보다 손실을 입는 사례가 더 많다. 고수가 되려면 적어도 투자금의 70~80%의 수익은 올려야 한다. 아무리 예측을 잘해도 변화무쌍한 장중의 변화에 즉각 대응하는 능력이 없으면 고수가 될 수 없다. 파생거래를 잘하려면 카멜레온처럼 변화에 빨리 적응해야 한다. 그만큼 유연성을 가져야 한다는 말이다. 아침 시황에서는 "금일 하락 시는 매수로 대응해야 한다."라고 했는데, 고점매도를 해야 수익이 나는 일이 시장에서는 비일비재하기 때문이다.

하루 중 상승폭과 하락폭을 분석할 때, 이미 시초가부터 상승을 할 때는 상승기조라 할지라도 당일 데이트레이딩을 하는 사람은 매수로 수익을 못 내고 매도를 해야 수익을 내는 경우도 있다. 그러나 일정폭 하락이 나타난 뒤에는 다시 상승을 한다. 그때 즉각 매매기준을 정하고 확인매매로 매수 전환을 한다면 수익은 두 배가 될 수 있다.

대체로 상승추세에서는 반락 시마다 매수로 대응하는 전략이 유효하고, 하락추세에서는 기회가 있을 때마다 반등 시 매도로 대응하는 것이 좋다. 이것이 추세적 대응이며, 초보자는 반드시 정석 플레이를 하는 것이 중요하다. 편법을 쓰면 손실을 볼 확률이 그만큼 높아진다. 역추세매매는 매우 위험하므로 추세적 관점에서 물 흐르듯이 순리에 순응해야 하는 것이다. 비추세장과 추세장에서의 전략은 조금 다를 수 있지만, 분봉에서도 작은 추세일지라도 추세적 흐름을 타는 것이 최고의 전략이다. 이는 그동안의 실전경험을 통해 밝혀진 일반적인 사례들이다.

전체 숲을 먼저 보고 분석하여 데이트레이딩을 할 것인지 혹은 포지션트레이딩을 할 것인지를 판단하라는 말이다. 이때 종합지수의 흐름을 안다면 금상첨화다. 사실 그다지 어려운 일이 아니다.

다시 강조하자면 추세적 흐름으로 시장에 대응해야 수익을 낼 확률이 크다는 것을 명심하자.

선물 옵션시장은 속도전이다

요즘의 경기순환 사이클은 전 세계적으로 빠르게 단축되어 움직인다. 산업사회에서 정보화사회로 전환하면서 사람들의 생각의 속도도 점점 빨라지고 있다.

증권시장의 흐름도 이를 반영하듯, 경기가 최악인 상황일 때 시장 주체세력들은 오히려 서서히 주식을 매집해 들어간다. 그러면 어느덧 하방 경직이 생기면서 바닥을 탈출하고 매스컴에서는 경기회복이 진행되고 있다는 뉴스를 다루고 주가는 단기 상투권에 접어든다. 대중은 흥분하여 "오직 이 길뿐이다."라고 외치며 신용투자로 빚을 내어 증시로 뛰어들고, 이때를 노려 이익을 챙기는 세력도 등장한다.

고점에서 거래가 증가하면서 각도가 가파르게 오를 때는 반드시 무서운 하락이 기다리고 있다는 점을 명심해야 한다. 종합지수가 2,000포인트에서 안착하지 못하고 이탈할 때도 그런 흐름이 나타났었다. 시장에 과열 양상이 나타날 때면 공교롭게도 글로벌 시장까지 동조화를 보이면서 동반 추락한다. 조금만 집중해서 보면 하락할 위치에 있기 때문에 하락하는 것이다. 자연의 이치처럼 시장도 살아 있는 생물체와 같다.

지금의 시장 상황은 정보의 공유화로 인한 속도전 양상을 띤다. 이 흐름은 많은 투자집단이 전문가의 진두지휘하에 동시다발적으로 매도와 매수를 하는 것으로 나타나고 있다. 이는 최근 보여지는 급등과 급락의 속도와 변동폭을 봐도 알 수 있다.

선물시장에서는 선물 매도 등 파생상품으로 얼마든지 시세의 흐름을 즐길 수 있기에 지금의 금융시장에서 살아남기 위해서는 반드시 공부를 해야 한다.

그동안 우리나라의 수출에서 1위를 차지했던 삼성전자는 2009년에도 세계 1위의 수준을 잘 지켜내고 있다. 하지만 2007년에 호황을 누렸던 조선주들은 과거의 상승 가격대를 회복하지 못하고 긴 횡보국면을 맞이하고 있다. 이처럼 시세는 늘 돌고 돈다. 과거의 화려했던 주식이 영원히 호경기를 누릴 것이라는 생각은 착각에 불과하다.

아시아의 용이라고 하는 중국이 지금 저가 공세로 한국을 맹추격하고 있고, 많은 기술이 이전되어 반도체 시장에서도 신기술의 개발이 없다면 추월당할지 모른다. 그런 위기감 때문에 기업들도 몸집을 가볍게 하고 변신의 마술사가 되려는 노력을 기울이고 있다. 기업도 미래의 지속적인 성장성에 대한 분석과 변신을 꾀해야 살아남을 수 있는 것이다.

예를 들어 2009년에는 기존의 테마주보다 2차전지 관련주로 변신한 주식들과 LED를 생산하는 업체의 주가 수준이 예사롭지 않았다. 우리가 거래하는 선물과 옵션의 기초자산도 코스피 200지수이므로 이들 주식들의 향방을 면밀히 분석하는 것이야말로 성공의 지름길임을 명심해야 한다.

FUTURE OPTION

KOSPI 200지수 흐름 알기

선물과 옵션은 어느 날 하늘에서 갑자기 뚝 떨어진 상품이 아니다. 주식에서 파생되어 나온 상품이므로 코스피 200지수의 방향에 따라 투자수익의 희비가 엇갈린다. 그러나 환율과 금선물 등 모든 파생상품 및 주식투자까지도 원리는 같다고 본다.

먼저 시가총액 비중이 높은 주식을 중심으로 분석하는 능력이 반드시 필요하기 때문에 업종별로 구분해서 보는 것이 매우 중요하다. 왜냐하면 시장을 주도하는 주도 업종이 반드시 나타나기 마련이기 때문이다. 대개 IT업종에서는 삼성전자주식과 하이닉스가 상승 흐름 속에 있는지 판단해야 하고, 철강업종에서는 포스코와 현대제철과 같은 주식의 현위치 정도는 파악해두어야만 한다.

금융주 중에서도 시가총액 비중이 높은 KB금융과 신한지주 그리고 삼성증권 및 기타 대형 증권주들 그리고 화학주로 본다면 최근 SK, 한화석화, 호남석유화학과 LG화학 등 기타 대형 업종의 무게중심이 어디에 실려 있는지 보는 것이 중요하다는 말이다.

또한 종목들은 단기 과열권에 들어가고 기업의 가치가 향후 성장잠재력이 있거나, 단기투자자보다는 장기투자자가 많으므로 대형주들도 상승장에서는 물량 기근현상까지 나타나면서 큰 폭의 상승가도를 달릴 수 있기 때문에 시장 무게중심이 대형주에 있는지 중소형주의 가벼운 주식에 있는지를 판단하는 것이 기본이다.

여기서 선물 옵션의 기초자산이 코스피 200 지수이므로 주식에 대한 개인투자자들의 이해를 돕고자 몇 가지 좋은 주식 고르는 기준을 말해보겠다.

사업내용을 쉽게 이해할 수 있는 기업

무엇을 판매하는 회사인지도 모르고 막연히 첨단제품을 만든다는 이유만으로 주가가 오르는 기업은 길게 가지 못한다. 특히 한국의 코스닥시장에는 이러한 기업이 많아 한때 잘 나가던 기업이 현재는 상장폐지되는 경우가 많았기 때문에 꼼꼼히 따져보는 것도 투자자의 임무일 것이다.

이익이 현금화되어 회사에 들어오는 기업

계산상으로만 수익이 날 뿐 현금이 수중에 들어오지 않는 기업은 투자에 주의를 필요로 한다.

현재에도 장래에도 규제 강화의 대상이 아닌 기업

정부의 강력한 규제를 받고 있는 기업은 장기 수익을 예측하기가 어렵다.

제품 재고가 많지 않고 매출액 회전율이 높은 기업

주주 중심의 경영을 하고 있는 기업

가능하다면 경영자 개인이 대주주인 기업이 좋다. 물론 이 경우 경영자가 주주 시의 의미에 대해 철저하게 이해를 하고 있어야 한다.

설비투자 부담이 적은 기업

로열티 수입이 있어서 다른 회사의 성장의 열매를 나누어 가질 수 있는 기업이다. 예를 들면 삼성전자 주식이 승승장구하며 상승하는데 또 다른 회사가 이 회사의 지분을 많이 보유하고 있어도 기업가치는 동시에 상승하는 것이다.

무리한 증자를 하지 않는 기업

증자를 할 경우에는 여기에서 조달하는 자금이 장래 어떻게 이익으로 회수될 수 있는지를 제대로 설명할 수 있어야 한다. 1주당 순이익의 증가율이 명목 GDP 성장률보다 낮아지지 않도록 하는 것이 유상증자의 한도이다. 이 수준을 넘어 무리한 유상증자를 하는 기업의 주가가 장기 상승을 하는 사례는 거의 없다는 점이다.

강력한 독점 판매권 또는 판매자격을 가진 기업

대표적인 외국기업 마이크로소프트사의 독점 판매로 빌게이츠가 세계 1위 부자의 위치에 있는 것이 바로 지적재산권의 경우라 할 수 있다. 컴퓨터마다 어떤 프로그램을 정품으로 설치해서 보유해야 한다는 독점판매권은 현재 미국이 전 세계적으로 지적재산권으로 부를 누리게 되는 대표적인 사례라고 볼 수 있을 것이다.

그리고 업계 톱(Top) 기업 또는 강력한 지배력을 가진 기업과 재무내용이 동 업계에서 가장 좋은 기업이 좋은 주식을 고르는 가치투자의 기본이 된다. 적어도 주식거래를 하고 있는 투자자라면 이상과 같이 좋은 기업을 고르는 기준이 있어야 한다. 더욱이 변동성이 큰 선물 옵션거래에 있어서 이는 필수적이다. 왜냐하면 파생상품들은 이러한 코스피 200지수의 흐름을 주도하는 기업에 따라 움직이기 때문이다. 따라서 이들 좋은 기업들의 주가의 모습에 따라 주식시장이 상승기조인지 하락기조인지 알 수 있다.

그러므로 투자자들은 최소한의 주식시장의 생리를 이해해야만 한다. 상승기조일 때는 누구나 좋다고 보고 느끼는 종목의 주식들에 대해서는 더욱 상승세가 강하게 나타나기 마련이지만 하락기조일 때도 이들 우량 기업들의 주식들은 적게 하락하는 경우가 많다. 이것은 투자자들이 반드시 가져야 할 기본적인 접근 방법이다. 때문에 좋은 기업의 주식들의 행보를 관찰하는 것도 선물 옵션거래에서 이기는 지름길이다. 또한 현재 어떤 종목들이 부상하고 있는지 시장 트렌드도 체크해야 한다.

FUTURE OPTION

주가는 **투자심리**의 결정체

오늘날 주식시장에서의 종합주가지수는 모든 투자심리의 결정체라고 할 수 있다. 종합주가 속에는 다음과 같은 심리가 내재되어 있기 때문이다.

첫째, 기업의 내부적 환경.

둘째, 기업이 참여하고 있는 산업 환경,

셋째, 경기상황.

넷째, 정치 사회적인 부분과 증권시장의 내부적 수요공급, 또는 증시자금 상황 등.

이들에 의해 주가는 민감하게 움직인다고 할 수 있다.

예를 들면 최근 조선 경기는 호황이어서 관련된 주가는 지속적으로 상승세를 타고 있다. 이것은 기업의 내부적 환경과 수급 측면에서 공급보다는 수요가 앞서고 있다는 것을 단적으로 보여준다. 한국 선박이 다른 나라 선박보다 가격과 기술면에서 월등하기 때문에 당연히 수요가 증가한다고 볼 수 있다. 이로 인해 자연스럽게 기업의 매출이 증가하면서 이익도 증가하게 되어 기업이 내부적 산업환경이 좋아진 것이다. 이를 간파한 투자자들이 자연스럽게 많은 주식을 사게 되어 당연히 가격이 올라가고, 주식시세는 상승추세를 이어갈 수밖에 없다. 이것이 주식시장에서의 투자심리인 것이다.

이와 같이 주가를 직접 결정하는 것은 기업의 내재가치뿐만 아니라 기업이 처해 있는 총체적인 환경과 주가를 결정하는 것은 수요공급, 그리고 이를 결정하는 투자자의 의사결정이다. 그러므로 최소한 주식과 선물 옵션을 거래하는 투자자들은 이를 알아야 한다. 그래서 증시에서 '주가는 모든 투자자 심리의 결정체' 라고 하는 것이다.

FUTURE OPTION

투자심리를 자극하는 **호재 악재 분석**

시장은 늘 대중의 투자심리가 크게 영향을 미치기도 한다. 물론 현재 국면이 상승추세라도 호재는 민감하게 반영되면서 악재는 둔감하게 반영되는 현상을 볼 수 있다. 그러므로 가장 기초적인 것은 현재의 국면 파악이 매우 중요하다는 것이다.

기술적 지표들의 정배열 속에서 상승기조의 흐름을 유지하는 시장흐름이라면 가급적 매도하는 전략보다는 기회만 있으면 시장 투자심리는 저점 매수자들이 대기하고 있기 때문에 반락 시마다 매수 기회를 보는 것이 효과적이라는 것이다. 그러나 시장이 하락기조하에 있을 때는 호재에는 둔감하고 악재에 민감한 시장흐름이 나타나기도 하므로 반등 시 매도 기회만 봐야 한다.

즉 투자심리가 상승하고자 할 때는 대체로 시초가부터 갭(Gap) 상승이 자주 발생하게 된다. 시초가부터 주식을 사야 된다는 투자심리가 작용하기 때문이다. 이럴 때 투자자들이 흥분한 것을 이용해서 세력들은 고점에 매물을 던지고 한 번 시장을 꺾어 돌리려는 경향이 있다. 그러나 이러한 갭 상승이 첫 번째인지 두 번째인지를 잘 판단해서 시장에 휘둘리지 않고 오직 원웨이 전략으로 시장 추세를 따르는 매매를 할 때 신나는 투자여행이 될 것이다.

예를 들면 시초가 2포인트 갭 상승 이후 약 1포인트 정도 밀린다, 그렇다고 해서 추세가 이탈된 흐름은 아니므로 세력들은 봉차트의 아랫꼬리로 밀리는 시간을 적절히 이용하여 저점매수 기회를 엿보지만, 대개 초보자인 개인투자자들은 시가부터 흥분하여 주식이든 선물 옵션에서든 매수로 접근하다보면 조금 밀리게 될 때 다시 손절하는 어리석음을 범하게 되는 것을 종종 본다.

하지만 추세적 상승장이라면 시초가 갭 상승 이후 양선(시간 위에서 봉차트가 만들어지는 현상)의 흐름을 지속 유지해준다면 포지션트레이딩을 하는 사람들은 지속 홀딩해야 하겠지만, 음선으로 밀리는 현상이 나타날 때는 당일 데이트레이딩을 하는 사람은 당일 추세에 충실해서 수익 쌓기를 해야 하므로 고점매도부터 해서 1포인트라도 수익을 내고, 다시 저점매수로 즉각 대응하는 매매 테크닉을 구사해 보는 것도 한 방법이다.

FUTURE OPTION

과매도 구간과 과매수 구간의 **판단기준**

과매수 구간과 진입 신호

하루 시장의 흐름도 다양한 변화가 일어난다. 시초가 이후 주가가 지속적으로 상승하다가 오후장이 되면 대략 한 번쯤 하락하는 경우가 있다. 이럴 때도 추세매매를 하는 개인투자자들은 마냥 홀딩을 하고 있을 때도 있다. 하지만 추세적 매매라고 해서 그냥 홀딩만 한다고 해서 큰 수익을 낼 수 있는 것은 아니다.

단기적으로 고점 대비 선물 기준 1~2포인트라도 수익이 발생할 수 있다면 일부 물량을 팔아 이익실현을 병행하는 것이 좋다. 만약 이때 다시 저점이 형성되면 싼 가격에 사서 수익을 늘리는 것도 추세적 대응의 한 방법이다.

또한 추세가 한쪽 방향으로 가는 경우나 시세가 과다하게 오른 이후에도 이격도를 좁혀 눌림목을 주어야 한다. 또한 장중에 갑자기 하락하다가 다시 급반등하는 경우가 많기 때문에 이럴 때를 대비해서 과열신호가 나올 때는 기술적 지표를 활용해야 한다. 이때 이격도가 100이 넘거나 스톡캐스틱의 탄력성 지표가 90이 넘어 투탑 패턴을 보인다든가 또는 파동이론상 5파동이 마무리되고 반락의 징후가 나타날 때는 옵션에서는 탄력이 둔화되어 오르지 못해 시장이 조금만 움직여도 시세 하락이 나와 휘청거리는 경우가 많다.

이럴 때는 심리적으로 안정적 시장 대응이 필요하기 때문에 우선 이익이 발생한 부분에 대해서는 일부 이익을 실현하는 것이 좋다. 말하자면 다시 매도한 가격보다 더 싼값에 재매수 기회를 보는 것도 한 방법이라는 것이다.

이때 단기 데이트레이딩을 하는 투자자는 단기 20이동평균선을 이탈할 때 잠깐 매도를 해서 수익을 내는 경우도 있다. 통상적으로 오전 상승한 것의 30%선과 50%선을 접는 구간에서 매도청산하고 다시 저점매수를 하게 되면 수익은 더 크게 나온다.

즉 파생상품의 매력은 상승할 때나 하락할 때나 늘 확인만 되면 수익이 가능하기 때문에 재미있게 대응할 수가 있다는 것이다.

위에서 배운 것을 다시 접목해서 실전 트레이딩을 해보는 것도 한 방법이다. 파동에서는 패턴, 비율, 시간이 완성되어야 한 파동이 마무리되고 새로운 파동이 시작된다. 여기서 과열신호가 해소된 이후 다시 상승추세대에서 크게 벗어나지 않으면서 상승 위치로 되돌림이 빠르게 나타날 때는 그대로 상승추세가 유효하나, 만약 되돌림이 약하거나 앞

고점보다 낮은 또 하나의 고점을 만들고 추세대를 이탈할 경우에는 단기 상승이 마무리되는 신호로 볼 수 있다. 그러므로 당시 시장 상황에 맞추어서 철저히 확인 후 대응하는 전략이 필요하다.

과매도 구간 진입신호

지수가 지속 하락한 후 일정한 박스권의 흐름이 나타날 때는 고점매도분을 하락추세 하단에서 청산한 다음 시장흐름을 봐야 한다. 이때 단기 반등 이후 다시 추세 이탈을 하면서 2차 하락에 들어갈 때도 있기 때문에 완전한 추세를 확인하고자 할 때는 반드시 기술적 지표에서 과매도신호가 나오는 것을 확인할 필요가 있다.

하락할 때는 다시 상승할 때와 반대되는 현상으로 지표를 읽어 나가야 한다. 즉 역배열로 이동평균선이 이어질 때는 5파동으로 하락하게 된다. 이후 이격도는 과매도에 들어가거나 단기 MACD 추세지표도 바닥권에서 상승을 알리는 신호가 나타나게 된다. 자기가 보는 기술적 지표 5개 정도가 있다면 그 중 3개 이상이 모든 지표의 위치가 20%대로 하락한 지표들을 볼 수 있을 것이다.

그리고 스톡캐스틱과 여러 지표들이 대체로 과매도 상태에서 있을 때는 급반등할 가능성에 대비를 하면서 즉각 하락포지션으로 풋옵션 매수를 했다면 먼저 청산하는 것이 중요하다. 하락이 멈춘 이후 상승으로 방향을 잡기 위해서는 다시 급등락이 빈번하게 나오면서 이동평균선의 수렴 과정을 거치는 것이 다음 순서라고 보기 때문에 다음 변곡점을 잡아서 즉시 대응할 준비만 하면서 관망해야 한다.

흔히들 개인투자자들은 오전 매도로 큰 수익을 내고서는 다시 오후에는 그 수익을 반납하는 사례가 많다. 이것은 쉴 때는 쉬고, 다음 변곡구간에서의 진입시점을 모르기 때문이다. 통상적으로 오전에 강한 하락을 할 때는 아무리 추세적 하락기조라 하더라도 다시 기술적인 반등구간이 있게 된다. 이때에는 매수를 하지 않더라도 매도에서 이익이 난 부분을 실현시키고서 다시 반등 끝자락에서 재매도를 하는 것도 추세적 대응이다.

따라서 데이트레이딩을 하는 투자자라면 이 부분에서의 방향전환 신호 확인을 잘할 때만이 비로소 리스크 관리와 큰 수익에 도전할 수 있다.

단 스캘핑에 자신이 있는 프로투자자들은 장중 변곡구간에서 매수기준에 있을 때는 다시 매수로 즉각 전환하면서 추가 수익을 내게 된다. 이런 매매가 곧 선물거래이기 때문에 상승기조 때나 하락기조 때나 늘 수익을 낼 수 있다. 시장추세에 순응하는 유연성이야말로 우리 선물옵션 거래자의 기본 자세라고 할 수 있다.

FUTURE OPTION

알면 알수록 **수익**도 **두 배**

추세장과 비추세장의 전략을 세워라

추세장은 추세선을 따라가는 배매로 단기 추세 하단 매수와 상단 청산을 병행, 기존추세가 무너지기 전까지는 원웨이(One way) 전략으로 나간다. 한쪽 방향으로 추세가 잡히게 되면 추세를 따라 거래를 한다는 뜻이다.

상승추세라면 저점이 점진적으로 높아지면서 고점도 높아지는 상승기조의 패턴을 그려가게 되는데 이때에 추세라인 하단에만 오면 매수로 대응 후 상단에서 청산해서 이익을 실현한다는 뜻이다.

또한 하락추세의 흐름이라면 고점이 점진적으로 낮아지면서 저점이 낮아지는 하방향의 흐름으로 이어진다. 이때엔 반등 시마다 고점매도 추세라인 상단에서 매도와 하단에서는 청산을 병행하면서 거래를 한다는 것이다.

박스권 장세의 비추세매매

비추세장의 비추세매매는 볼린저 밴드와 박스권의 대응으로 할 때 수익이 크다. 여기서는 박스 폭을 설정하여 매도, 매수를 병행하면서 한 두 번의 등락을 이용한 단기 트레이딩을 해야 하는 국면이다.

이럴 때는 대체로 어느 방향이든 추세가 없다. 하지만 이러한 매매를 종일 하게 되면 반드시 한 번의 손실을 보게 된다. 그래서 한두 번의 거래를 시도하고는 박스권이 어느 방향이든 탈출할 때까지 기다리는 것이 매우 중요하다. 이런 비추세장 국면에서 거래가 습관이 되면 큰 추세장으로 전환이 나올 때도 한결같이 좁은 박스권 대응에 익숙한 나머지 큰 수익을 놓치는 경우가 있다.

그래서 세 번째는 다음 방향을 예의 주시하면서 변화를 체크하고 대응해야 한다.

서양속담에 "벼룩 훈련법"이 있다. 평소 벼룩은 한 번 뛰면 2미터 높이만큼도 뛰는 성질이 있다고 한다. 그러나 20Cm병 속에 넣고 일주일 동안 가둬 두었더니 병밖으로 나와도 20Cm 높이로만 뛰더란 얘기다. 그래서 가두리 국면의 작은 수익에만 훈련이 된 투자자들은 강력한 추세장이 와도 평소 매매습관이 단기 거래에 훈련되어서 큰 수익을 못 낸다는 뜻이다. 결국 어떤 상황에서도 투자자는 유연성을 가져야 한다.

그러므로 박스권 강세에서는 박스 하단 매수와 상단 매도를 또는 상단 매도와 하단 청산으로 수익쌓기를 할 수 있다.

확인매매로 추세장에서 수익 쌓기 전략

소액계좌일 경우 한 달 동안은 먼저 지표공부를 병행하며 매매원칙을 익히는 전략이 매우 중요하다. 예를 들면 작은 수익도 청산을 자주 해보는 것이 좋다는 것이다. 평소 매매 훈련이 되어 있어야만 시험장에서 문제지를 풀 때 아는 것은 시간을 끌지 않고 즉시 답을 쓸 수 있게 되듯이 시장흐름에도 즉각 대응할 수 있다. 그래서 항상 정신적 무장이 필요하다. 그래야만 상황이 바뀌게 될 때 청산도 즉시 할 수 있는 것이다. 이것이 바로 위험관리이다.

또한 당일 데이트레이딩을 할 때는 5분과 30분의 이동평균선의 배열을 먼저 확인한 이후 매도에 배팅을 할 것인지 매수에 배팅을 할 것인지를 판단하는 것이 중요하다. 시초가의 위치가 하루 중 밴드 상단에 있다면 확률적으로 다시 반락할 확률이 높다. 이때는 통상적으로 이동평균선의 배열이 우선 정배열 상태라면 추세상단에 있는 주가지수를 보고 단기 고점매도로 접근하면 된다.

그리고 다시 정배열의 이격 축소가 끝나면 상승을 하기 때문에 아랫꼬리 매수 즉 5분의 20 이동평균선이 이탈하지 않고, 제반 보조지표들의 과열이 해소된다면 매수로 공략해도 좋을 것이다. 이때는 박스권에서 추세로 상승하기 위한 수렴 과정이 나타날 수 있기 때문에 집중해야 한다. 하지만 갭 하락을 할 때는 이동평균선들이 분봉에서 대체적으로 역배열의 패턴을 만든다. 이때 단기적으로 큰 폭의 하락이 생기면 기술적으로 반등을 한다고 해도 역배열의 시장일 경우에는 윗꼬리 매도 즉 꺾여 내려온 20이동평균선들이 역배열의 시작에 있다면 저항선이 바로 5이동평균선 또는 20이동평균선이 되므로 고점매도를 해서 수익을 쌓는 전략이 효과적이다.

이처럼 수익쌓기 전략은 당일 추세를 확인하는 것이 중요하다. 이때는 옵션전략에서도 선물거래와 같이 이러한 공략지역에서만 풋옵션 매수와 콜옵션 매수를 해야 수익내기가 쉽다. 단 옵션은 델타(Delta) 변동폭도 봐야 하고, 세타(Theta)값 가치하락구간까지 파악해야 할 것들이 많다. 그러므로 강한 하락구간과 강한 상승구간이 아니면 수익률을 낮추면서 신속하게 이익을 실현해야 한다.

FUTURE OPTION

주식보유자가 **선물로 헤지하는 방법**

이제는 주식투자자들도 헤지(Hedge)상품인 선물과 옵션을 알아야 살아남을 수 있다. 1992년 금융시장이 개방된 이후 90년 초반부는 주식시장이 개방되었고, 경기 정점에서 공교롭게 파생상품인 선물 옵션시장이 개방되었다. 결국 외국인들에게 시장개방을 한 뒤 경기하락기를 대비해서 주식을 헤지(Hedge)하는 파생상품이 도입되었다.

이러한 상품을 이해하지 못한 많은 개인투자자들은 주식에서도 큰 손실을 보고, 선물 옵션시장에 또 다시 뛰어들어 큰 손실을 보고 있다. 전문가라고 자칭한 일부 사이트에서는 헤지라는 말 자체도 투자자들에게 가르치지 않아 2008년에 엄청난 피해가 발생하기도 했다.

이것은 투자자가 사전에 충분히 공부하지 않고 선물 옵션에 뛰어든 결과이다. 아무리 뛰어난 전문가가 있다고 해도 자신이 시장을 보는 안목을 갖추어야만 한다. 그래야만 주식을 살 때인지 선물 옵션거래로 매도를 할지 매수를 할지 파악할 수 있다.

특히 선물 옵션거래는 매도와 매수의 방향을 정확히 알지 못하면 올라도 손실, 내려도 손실뿐이다. 그러므로 주식시장의 방향을 아는 매매기법을 공부해야 한다. 그만큼 선물 옵션과 주식시장은 밀접한 관계가 있다. 선물 옵션의 기초자산이 바로 코스피 200지수이기 때문이다. 따라서 어느 정도 기본개념을 익힌 뒤에는 실전강의를 듣고 매매 테크닉을 배운 뒤 시장에 입문할 준비를 한다면 평생 정년 없는 직장을 만들 수 있을 것이다.

최근에는 주식시장이 어렵다보니 선물 옵션시장으로 뛰어든 전문가들이 우후죽순(雨後竹筍)으로 생겨나고 있다. 하지만 선물 옵션거래는 전문가의 예리한 분석력이 뒷받침되어야 한다. 상대적으로 뛰어나지 않으면 결코 막대한 손실을 입을 수 있다는 것을 명심하지 않으면 안 된다.

2008년 초 개인투자자들이 많은 손실을 본 것도 이러한 전문가들의 잘못된 판단에 의해서이다. 그들은 상투지점을 잘못 판단하여 폭락장에서 매수를 유도하여 개인투자자들에게 엄청난 손실을 입혔다. 그러므로 무조건 전문가나 애널리스트들의 말만을 믿고 주식을 사는 것과 선물 매수를 하는 것은 위험한 생각이다. 중요한 것은 자신만의 실력을 키우는 길뿐이다.

주식은 장기 투자를 해야 한다지만 그래도 경기흐름정도는 알고 해야 투자 수익이 배가 된다. 더욱이 경기하락기에도 주식을 보유하고 있다면 자산 손실을 입게 되는 것이 필연적이다. 만약 주식 매도 타이밍을 놓쳤다면 선물 매도 포지션을 구축하여 경기하락기의 손실을 최소화할 수 있다. 이때 주식 잔고를 대용으로 설정, 조금의 현금으로 선물 매도가 가능한데 때로는 선물에서 큰 수익을 낼 수도 있다는 것이다. 옵션도 마찬가지이다. 주식 잔고만 가지고도 고수익을 올릴 수 있는 전략들이 많다. 때문에 주식투자를 하면서 반드시 헤지 전략을 배워야만 한다.

보유주식으로 옵션을 매도하는 방법

주식 하락기에도 보유주식이 있는 투자자는 현금이 없어도 주식을 담보로, 행사가 불가능한 콜옵션 외가격 중심으로 옵션을 매도하면 큰 수익을 낼 수가 있다. 이때 중요한 것은 반드시 전문가와 상담을 거쳐야 한다. 하락 시에 주식은 장기보유로 가져가지만 이를 담보로 콜옵션 행사가 훨씬 먼 외가격의 옵션 매도로 대응하게 되면 주식 하락기에도 좋은 수익을 올릴 수 있는데, 일반적으로 개인투자자들이 어려움을 겪는 것은 구체적인 방법도 모를 뿐더러 방법을 적용해서 실전매매를 해본 경험이 없기 때문이다. 실전거래는 이론과 다를 수 있기 때문에 반드시 실전 경험이 많은 전문가의 도움을 받고, 작은 금액으로 경험을 쌓는 것이 필요하다. 이에 대한 사례를 들어보겠다.

■ 투자 사례

얼마 전 함께했던 중소기업을 운영하고 있는 한 회원은 주로 옵션 매도를 하고 있었다. 그는 무려 옵션을 몇 백 계약씩 매도를 하고 있었다. 보유한 주식이 경기 하락으로 인해 손실을 입자 그는 최근 자금사정이 좋지 않았다. 하지만 장중 필자의 시황을 듣고 상승 시는 풋옵션 매도를, 하락 시는 콜옵션 매도를 해서 큰 수익을 내고 있었던 것이다. 이처럼 옵션은 큰 자금이 없어도 주식을 대용으로 옵션매도로 큰 수익을 내는 것이 가능하다.

선물거래시 옵션 헤지(Hedge) 전략

선물 1계약의 증거금의 계산을 해보자. 현재선물가격 × 0.50 × 13.5 = 현재선물증거금이 된다. 즉, 선물지수가 200일 때 × 0.50 × 13.5 = 증거금 135만 원이 되는 것이다. 선물은 증거금 13.5%를 가지고 거래를 하는 상품이다. 만약 반대방향으로 역추세를 타게 되면 '마진콜' 이라고 해서 증거금 부족현상이 발생하게 된다. 이때는 본인의 뜻과 상관없이 증권사에서 강제로 매도를 해서 정산을 하게 된다. 그러므로 반드시 헤지 상품을 이용한 매매는 포지션트레이딩일 땐 필수이다.

보통 헤지는 오버나잇을 해서 더 큰 수익을 원할 때 가능하다. 또한 직장인들이 종일 장을 볼 수없는 상황일 때 안정적 수익을 얻고자 할 때 많이 한다. 시장이 상승을 하다가 어느 순간 시장방향이 불확실하거나 애매한 상황에서 투자자가 포지션을 두고 헤지를 했을 때 수익 상황을 알아보자.

이것은 필자가 회원관리를 하면서 실제 경험한 것을 기록한 것이다.

■ **투자 사례**

일반적으로 주식 상승추세장에서는 헤지 상품인 옵션은 가격에 따라 전략이 다를 수도 있다. 이때 상승장에서는 반대로 풋옵션 가격이 상대적으로 저평가되어 있어 선물매수 1계약에 옵션 10% 170만 원 정도로 풋옵션 매수를 회원들에게 하게 했다. 상승장인데도 불구하고 선물 5포인트가 내려 손실이 생겼지만 반대로 풋옵션 포지션으로 인해 큰 수익이 발생했던 것이다.

선물 1계약에서는 1포인트당 손실 50만 원 × 5 = 250만 원이 발생했지만, 풋옵션 170만 원에서는 300%의 수익이 발생하여 170 × 300% = 510만 원이 생겼다. 결국 510만 원 − 250만 원 = 260만 원의 수익이 생긴 것이다.

이와 같이 하락으로 보고 선물매도를 했지만 즉각 포지션을 청산하지 못했을 때는 헤지를 넌서 설어주어야 한다. 이때는 선물매도 1계약이 있다면 당시 선물 증거금의 10% 정도로 헤지를 걸어두었더니, 의외로 지수가 5포인트 반등을 주어서 선물매도에서 250만 원의 손실이 났지만 반면 콜옵션에서 300%이상 수익이 발생하여 결국 260만 원의 수익이 발생했던 것이다.

그 후 시장은 단기 반등을 하고 다시 하락하게 되어 콜옵션 매수만으로 수익을 올려 청산하고 선물매도는 지속 보유하게 되었다. 이전 저점을 깨고 다시 선물만 추세대로 홀딩하게 되었는데 235에서 220선까지 15포인트의 추가 수익이 발생하여 결국 헤지상품에서 수익을 내었다.

말하자면 다시 추세대로 포지션만 한쪽으로 홀딩해도 큰 수익을 안정적으로 낼 수 있었던 것이다. 이것으로 인해 선물은 다시 추가 10포인트의 수익이 발생하게 되어, 최종적으로 1계약에서 500만 원의 추가 수익이 나왔다.

이와 같이 필자가 장중 리딩한대로 즉각적으로 잘 따라 한 회원들은 엄청난 수익을 낸다. 특히 초보자일 경우에는 장중 리딩한대로 즉각 주문 내는 것이 서툴다. 이런 때일수록 헤지를 하면서 시장의 추세에 편승해서 수익 내는 전략을 반드시 배울 필요가 있다. 그래야만 기본적으로 안정적인 수익을 창출할 수가 있다.

FUTURE OPTION

빈익빈 부익부의 **양극화**는 **지속**된다

선진국으로 갈수록 사회 양극화현상은 뚜렷해지고 있다. 취업문도 좁지만 정년까지 보장해줄 수 있는 기업이 과연 얼마나 될 것인가가 더 걱정이다. 기업의 경우에도 새로운 변화에 발 빠르게 대응했던 기업은 그런대로 살아남았지만 신 패러다임에 적응하지 못하고 과거의 잣대로 사업을 하고 있는 기업은 무너져 가는 것이 현실이다. 우리 사회는 경기의 순환 사이클도 빨라지고 있다고 세계 경제전문가들도 이야기하고 있다.

선물 옵션 얘기를 하면서 무슨 실업이 어떻고 기업이 어떻고 경기가 어떻고 하냐고 할 것이다. 하지만 우리가 거래하는 상품은 바로 경기의 바로미터인 주식시장을 연구해야 하고, 경기순환 사이클도 알아야 한다. 왜냐하면 선물 옵션거래는 바로 우리나라 경제의 지표인 코스피

200지수가 기초자산이 되고, 그 지수에 따라 방향을 예측하여 사고파는 시장이기 때문이다. 물론 통화선물과 금선물, 원자재선물 등 다양하게 거래할 수 있지만 일반적으로 개인투자자들이 쉽게 접근하고 배울 수 있는 상품은 주식에서 파생된 코스피 200지수가 기초자산인 코스피선물이기 때문이다.

미래에 주식시장이 좋아질 것이라면 코스피 200지수는 사는 전략을 선택해야 할 것이고, 향후 나빠진다면 파는 전략을 선택해야 할 것이다.

주식과 부동산은 투자의 개념이다. 하지만 선물과 옵션은 거래의 개념으로 봐야 한다. 즉 거래는 거래방법을 알고 접근하는 것이 최고의 전략이기 때문에 무조건 준비 없이 덤비다간 큰 손해를 입게 된다.

부동산도 사이클이 있다. 경기 사이클과 함께 많이 하락했을 때 매입하고 수익이 많이 난다면 팔기도 한다. 또 장기보유하면서 수익을 계속 거두는 수익성 부동산투자도 있다. 채권은 안정적으로 금리보다 조금 높은 수익을 올리는 것이므로 대체로 주식시장이 대상투를 칠 때는 채권투자로 안정적으로 수익을 내는 투자자들이 많다. 안정적 투자상품이라고 하나 이 또한 경기순환 사이클을 모르면 손실을 볼 수밖에 없다.

어느 분야에 투자를 하든지 초기 투자원금이 소액이었더라도 경기정점에서 수익이 커지면 일부는 현금화해서 경기하락기에 대비해야 한다. 이처럼 빈익빈, 부익부의 양극화 현상은 선물 옵션을 거래하는 회원들의 투자 실력에 따라서 차별화된다.

경기순환에 맞는 자금 조절을 하라

필자가 경험한 사례를 든다면, 1986년에 20년 된 낡고 노후한 아파트 두 채를 전세 2천만 원을 안고 현금 1천만 원으로 샀다. 그 후 그 아파트는 수해까지 난 뒤 가격이 갑자기 치솟았다. 재건축의 기대심리로 인해 자고 나면 하루에 1천만 원씩 시세가 상승하였다. 당시 나는 주식에 막대한 손실을 입고 있었지만 부동산에도 일찍 관심을 가지고 있었던 것이다.

또한 살고 있던 24평형 저층 아파트도 날마다 상승세를 탔는데 몇 년이 지난 뒤, 산 가격 대비 10배 이상 올라서 팔았다. 물론 그 두 채의 아파트를 지금까지 가지고 있었다면, 그보다 훨씬 더 큰 수익이 가능했을 것이다.

아무튼 당시 부동산투자는 집뿐만 아니라, 개발 가능한 땅을 미리 파악하여 적절한 투자를 했던 사람들은 은행금리와는 비교할 수 없을 만큼 엄청난 재테크를 실현할 수 있었다. 한마디로 이러한 큰 수익은 치열한 정보 전쟁 속에 얻어진 하나의 부산물이라 볼 수 있다.

대개 주식시장도 경기순환 사이클이 있듯이, 부동산도 순환 사이클이 있다. 과거에는 10년 주기로 부동산 가격이 상승과 하락을 했던 것으로 기억된다. 올림픽이란 이벤트를 앞두고 주식과 부동산 모두 상승기였기 때문에 누구든 투자만 하면 큰 수익을 올릴 수 있던 시기였다. 즉 때를 잘 만난 것이지 실력으로 수익을 올렸다고는 말할 수 없을 것이다. 그러나 중요한 것은 이후 큰 폭의 하락과 다시 상승을 많이 한 상태라 향후 부동산 시장은 소강상태로 접어든 느낌이었다.

그 후 주식과 부동산은 1997년 IMF 환란을 맞아 폭락에 폭락을 거듭했다. 종합주가지수의 최저점은 12월 24일 351.45포인트까지 급락했다. 그러나 1998년 1월 말 500포인트대로 회복되는 등 금융 시장은 빠른 속도로 회복됐다.

1998년은 금융위기로 인한 고용·생산 등 실물경제가 타격을 받으면서 국민에게 고통을 안겨줬지만 그 후 한국경제는 다시 빠르게 성장을 하여 2007년 11월 종합주가지수는 무려 2085.45포인트의 대상투를 찍었다.

1997년 당시 한 외국계 부동산 컨설팅에서 약 5천억 정도 되는 한국의 부동산을 매입하기 위해 좋은 땅과 건물을 구한다는 것이다. 그 후 1998년 언론에서 외국인들이 여의도의 38배의 땅을 사들이고 있다는 뉴스가 나왔다. 외국인들은 당시 한국의 땅과 주식이 저평가되어 있다는 것만 믿고 들어온 것이다. 현재 시세를 묻지 않겠다는 것이다. 그리고 2002년 이후 또 언론 보도에서 외국인들이 여의도의 400억 짜리 빌딩을 처분했다는 뉴스를 접하게 되었다. 그것을 보며 증시 격언에 "무릎에 사서 어깨에 팔라"는 말이 떠올랐다.

1998년에 매입한 부동산을 2002년 월드컵 이후 팔겠다는 목표에서 시작한 투자로 그들은 큰 성공을 거두었다. 현재의 작은 등락에 치우치지 않고 한국시장의 미래를 보았던 것이다. 투자는 정보와 자금의 선순환이 되어야 가능하다는 것을 실감하게 되었다. 그들은 주식과 같이 경기순환 사이클을 보면서 투자했다는 것을 알 수 있었다.주식시장이든 선물 옵션거래든 또는 부동산이든 큰 추세를 알아야 한다는 것이다.

그 후 2007년도 주식시장과 부동산시장이 대상투를 치고 내려가 다시 아비규환의 금융시장을 보게 되었다. 하지만 파생상품거래는 대박 시세를 연출하게 되었다.

당시 하락의 핑계는 미국발 서브프라임 모기지의 부실화로 인해 급격한 경기침체를 겪게 되었다고 하지만, 그것은 시장흐름을 몰라도 너무 모른 사람들이 핑계거리를 찾는 것일뿐, 이미 방만한 자금의 흐름으로 시장은 잔뜩 부풀려진 거품이 한순간에 꺼지는 모습이었다.

종합주가지수 2,085에서 불과 1년 만에 반토막 지수인 종합주가지수 900포인트가 위협받기도 했다. 더욱이 개인들은 빚을 얻어 주식시장과 부동산시장 및 펀드 등에 과도한 투자를 하다가 파산 직전까지 갔다. 심지어 정부는 부동산시장의 과열을 막기 위해 강력한 세금정책을 펴는 등 많은 규제가 따르고 있었다. 이를 볼 때 한국의 경제지수는 사이클상 이미 고점을 찍은 이후 급락하였고, 이제는 회복기에 접어들고 있고 현재 2010년 가을은 실적 장세가 진행 중에 있다.

아무튼 오늘날 부동산 재테크는 옛날과는 비교할 수 없을 정도로 매우 힘들지만 그에 대한 중요성은 무척 높다. 실제로 과거 부동산 재테크는 투기꾼과 복부인 등에 의해 은밀하게 거래되었다. 그러나 오늘날에는 부동산에 대해 10대조차 관심을 가지고 있는 실정이다. 그만큼 우리나라에서는 남녀노소할 것 없이 부동산과 금융상품 등 재테크에 대한 관심이 여전히 높다. 하지만 재산증식의 수단인 부동산 투자와 주식 투자를 하기 위해서는 먼저 알아야 할 것이 있다. 그것은 경제의 흐름과 경기의 순환 사이클을 남보다 먼저 알아야 한다는 것이다. 이것이 바로 성공의 비결이다.

예를 들면 종합주가지수가 최고점에 있을 때는 활황국면의 마지막 국면이다. 이때가 바로 경기정점의 신호임을 알아야 한다. 특히 부동산 거래는 찾는 자가 많을 때 여유 있게 팔아야 제값을 받는다. 현금이 급해서 쫓기면서 팔게 되면 늘 시세보다 낮게, 헐값에 팔아야 한다. 개인투자자들이 주식이나 펀드에서 많은 손해를 보는 것도 모두 경기순환 사이클을 모르기 때문이다. 말하자면 종합지수가 계속 상승하는 것만을 보고 그것이 경기의 고점임을 모르고, 또한 경기가 하락할 수 있다는 신호가 많은 데에도 불구하고 빚을 내거나 신용투자까지 해서 주식을 매수해둔 투자자들은 돌이킬 수 없는 나락으로 빠지는 사례가 빈번하다. 특히 초보 투자자가 이러한 경우를 많이 당하는데 그들은 결국 엄청난 수업료를 지불하고 나서야 금융의 문맹자에서 벗어난다. 이런 경험을 하고서 실전 공부의 필요성을 깨닫게 되는 것이다.

경기 고점에서의 자산 포트폴리오 전략

한 국가의 경제 성적표는 바로 주식시장이다. 대체로 경기가 활황국면에서는 늘 실적주들이 활짝 꽃이 핀 것과 같이 주식의 가치가 과대평가되어 거품으로 올라가는 사례가 많다. 이를 두고 많은 애널리스트들은 "가치로 보면 아직도 주식시세가 저평가되었다."고들 하는데 이 말도 경기상황에 맞게 해석을 잘해야만 실패가 없다. 무조건 그들의 말만을 믿고 투자해서는 안 된다는 말이다.

2008년도 서브프라임 모기지 부실로 인해 세계 4위 자산을 보유한 리먼브러더스의 은행 등이 파산하게 된 것도 그 한 예다. 도저히 무너지지 않을 것 같은 성이 일시에 무너졌던 것이다. 이것이 바로 자산운용을 잘못하여 빚어진 과잉투자의 결과라 할 수 있다.

미국발 서브프라임 모기지를 통해 우리는 많은 것을 느낄 수 있었다. 하지만 이 속에도 투자의 귀재는 있다는 것이다. 그 대표적인 주식투자가가 바로 워렌 버핏이고, 헤지펀드의 대가로 알려진 소로스도 있다. 워렌 버핏은 성장성이 있는 종목을 발굴해서 사이클을 타면서 장기투자를 한다고 하지만 그도 결국 경기순환 사이클을 이용한 매매를 하고 있었던 것이다. 그가 지난 2007년 한국에 내한했을 때 인터뷰를 통해 한국의 주식 보유에 대해 "이미 한국의 많은 주식을 처분하고 포스코 한 종목만 현재 보유하고 있다."고 했다. 그로 인해 포스코 주식은 하락보다는 계속적인 상승을 했다. 그리고 얼마 후 워렌 버핏은 포스코 주식을 처분했다고 대답했다. 또한 퀀텀 펀드를 운영하는 소로스는 원자재값 상승과 하락에 배팅하고 파생상품의 선물매도를 해서 순이익을 내는 투자가이다.

이처럼 많은 자산가들은 경기순환 사이클을 타면서 현물과 현금의 규모를 조절하고 있었던 것이다. 우리는 이와 같이 여러 가지 상황을 체크하다보면 어디서든 힌트를 얻을 수 있다. 즉 배우려는 자세가 중요하다. 관심 있는 분야는 늘 공부하는 시간을 많이 가져야 한다. 이 세상에서 공짜로 얻어지는 것은 없다.

하지만 우리는 자산가가 아니지만 워렌 버핏처럼 되지 못하라는 법은 없다. 왜냐하면 현재의 금융시장에는 다양한 파생상품이 있기 때문이다. 그것은 경기하락기에도 수익을 창출할 수 있고, 상승기에도 수익을 낼 수 있는 바로 선물과 옵션이란 상품이다. 기회는 더 많다는 것이다. 그리고 부동산과 다르게 언제나 현금화할 수 있는 선물 옵션거래가 이 시대 최고의 고수익 상품이라고 할 수 있다. 이 때문에 우리에게는 희망이 있다. 이미 눈에 보이지 않는 선물 옵션 고수들은 신흥갑부가 되고 있음을 알아야 한다.

아직도 길을 몰라 방황하는 투자자들이여!

당신은 그라운드에서 뛰는 선수들이다. 한 번의 경기에서 졌다고 해서 다음 경기를 포기하는 어리석은 선수가 되어서는 결코 안 된다. 경기에서 이기려면 반드시 더욱 강한 훈련을 받아야 한다. 그동안 능력 없는 감독으로 인해 승리하지 못했다면 명감독으로 교체를 해보는 것도 하나의 전략임을 알아야 한다.

경기저점에서 자산 포트폴리오 전략

위에서 강조한 경기순환에 맞는 자금 조절과 실전에 강한 자가 되는 것이 필수라면, 이젠 경기하락기의 투자 상품을 알아야만 고수가 될 수 있다.

일반적으로 경기하락기에서는 부동산과 주식을 일부 현금화해서 하락기에 수익을 내는 선물매도 전략을 취하는 것이 좋다. 이때 일정 부분 주식을 보유해야만 하는 기업의 대주주라면 그 주식을 담보로 현금 하나 없이 콜옵션과 풋옵션의 매도거래가 가능하다.

경기활황기에서의 투자 전략을 세웠다면 이제는 경기침체기에서의 투자전략을 세워야 한다. 이를 위해서는 경기의 흐름을 배우는 것이 무엇보다도 중요하다. 즉 경기의 바닥국면은 가장 먼저 주식시장에서 그 흐름을 감지할 수 있다. 왜냐하면 경기의 선순환 국면은 일반적으로 약 6개월 선행하기 때문이다.

만약 자신에게 현금 1억 원이 있다면, 하락기에는 6천만 원 정도는 안정자산 쪽인 고금리 상품에 넣어두고 4천만 원으로 선물거래를 하는 것이 좋나. 이정도의 자금은 현재 선물지수로 볼 때 약 2계약 거래할 수 있는 자금이다. 한 달 거래일수 20일 정도라면 15일 정도는 선물로 하루 1포인트 정도씩 수익 쌓기 데이트레이딩을 한다. 그리고 남은 5일 동안은 옵션변동성을 이용한 복권 거래까지 해볼 수 있다.

지금까지 필자가 회원관리를 통해 통계를 내어보면 욕심 없이 한다면 하루 1포인트에서 2포인트 정도 평균수익이 가능했다. 그렇다면 계약금 1,500만 원~2,000만 원 정도로 1계약을 하루 1포인트 수익을 했을 때는 월 1,000만 원의 수익이 가능하고, 계약금 4천만 원일 경우에는 선물 2계약으로 하루 1포인트만 해도 약 2천만 원의 수익이 가능하다는 통계가 나온다. 한두 날 경험이 축적된 뒤에는 2계약으로 하루 2포인트 정도를 하며 월 4천만 원의 투자수익을 꾸준히 내는 회원도 많다. 물론 좀 더 숙달이 되면 하루 2포인트 정도는 변동성 구간에서 초보자도 어렵지 않게 수익을 올릴 수 있다. 통상적으로 월 거래일수가 20일이기 때문에 변동성이 있는 날과 없는 날의 투자수익에 차이가 있으므로 평균적으로 본다면 그 정도라는 것이다. 변동성이 좋을 때는 기본이 하루 2포인트이며, 잘하는 회원들은 5포인트 이상 나오는 날이 월 10일 정도 된다. 만약 월 15일은 선물거래를 하고 좀 더 레버리지 효과를 극대화하기 위해서는 수익금의 일부를 투입해서 매월 옵션만기구간에서 옵션에서 고수익과 변동성을 즐기는 것도 한 방법이다.

이때 필요한 것이 바로 전문가다. 회원관리를 통해서 초보자도 쉽게 배울 수 있기 때문에 추가 수익금이 늘어날 수 있게 되는 것이다. 이러한 전략으로 두 달 이후 원금이 1억이 넘는다면 다시 안정적으로 자금운용을 하기 위해 수익금을 안정 자산인 은행계좌로 옮겨놓는다. 무엇보다도 중요한 것은 수익을 안전하게 관리하는 것이기 때문이다. 그래야만 무리수를 두지 않고 수익을 극대화할 수 있다.

필자는 지금도 장중 변곡구간에서 선물과 옵션거래 실시간 라이브방송을 운영하면서 많은 회원들의 성공담과 실패담을 듣고 상담도 하고 있다. 2001년부터 많은 교육생 및 회원들과 함께하면서 필자가 강조한 것은 자나 깨나 위험관리였다. 물론 위험관리를 철저히 실천했던 회원은 지금에 와서 엄청난 자금을 굴리게 되었지만 이를 소홀히 한 회원은 늘 원점으로 되돌아가 세월만 보내고 말았던 것이다.

선물거래는 하루 4~5포인트 수익이 발생할 때도 있고, 때로는 수익을 지키는 데 초점을 맞추는 혼조구간도 있다. 또한 손실을 볼 수 있는 구간에는 휴식을 취하기도 하며 다음 변동성을 기다리는 여유를 가져야 한다.

물론 초보자가 거래의 원칙 없이 혼자 투자하다가는 무면허 운전으로 인해 큰 사고를 낼 수 있는 것처럼 큰 손실을 볼 수 있다는 점을 알아야 한다. 그러므로 반드시 선물 옵션거래를 할 때는 최소한의 선물옵션의 기본 개념 정도는 파악해야 한다.

코스피 200지수가 상승기조든 하락기조든 방향과 변동성만 확인이 된다면, 그 수익은 부동산이나 주식으로 얻는 것과는 비교할 수 없이 크다. 하지만 방향과 변동성을 알지 못하고 거래할 때는 상대적으로 리스크가 매우 크다는 것을 알아야 한다. 그러므로 위험관리가 그 어떤 것보다 중요하기 때문에 항상 1순위로 해야만 한다. 아무리 고수라고 하더라도 일시적으로 일어나는 주문 실수도 있기 때문에 항상 여유자금을 고정자산에 넣어 관리할 필요가 있다는 말이다. 물론 이 같은 실수를 방지하기 위해 실전 방송에서도 회원관리 운영전략으로 실전매매의 원칙을 가지고 철저히 확인매매로 진행하고 있다. 하지만 투자경력에 따라 연령에 따라 수익은 천차만별이다. 때문에 투자자가 홀로서기를 하기 위해서는 길을 안내해주는 안내자가 반드시 필요하다. 마치 운전을 잘 하려면 이정표를 잘 보고 운전을 해야 하듯이 우리의 투자여행도 '이정표(기술적 지표)' 를 잘 보면서 자금 조절을 함께 해야 한다. 따라서 리스크 관리와 함께 이러한 원칙을 지킬 때만 꾸준한 수익에 도전할 수 있다는 것을 명심해야 한다.

5

옵션 투자를 위한 고수의 전략

FUTURE OPTION

옵션거래의 장 · 단점

이제 많은 개미투자자들의 한이 서린 옵션 이야기를 좀 해보자. 옵션거래는 단 몇 십만 원으로도 거래가 가능한 상품이다. 과거에는 기본증거금 500만 원으로 하기도 하고, 또 변경이 되어 1,500만 원 증거금도 있었으나, 지금은 옵션매수전용계좌가 만들어져 증거금 필요 없이 몇 십 만 원만 있으면 거래가 가능하도록 되었다. 옵션은 선물에 대한 헤지 상품이지만, 큰 변동성 구간에서는 복권만 구입해도 선물거래보다 적은 금액으로 큰 수익을 얻을 수 있어서 좋은 점도 있다. 특히 옵션매수는 가격하락이 충분히 이뤄진 이후 급반등구간에서의 변동성을 이용한 레버리지 효과를 높이는 상품이다.

그러므로 주식으로 손실을 입은 투자자가 손실을 만회하기 위한 수단으로 옵션거래를 많이 하고 있다. 하지만 주식시장에서 시장의 흐름을 몰라서 손실을 본 투자자가 어찌 선물 옵션으로 쉽게 수익을 낼 수 있겠는가? 한번쯤 고민해봐야 한다. 즉 방향성과 변동성이 있어야만 수익이 가능한 상품이기 때문에 좀 더 세심한 분석이 따라야 한다.

적은 금액의 투자로 복권 개념으로 접근했을 때는 재미도 있다. 그러나 매수자의 기회는 변동성이 적은 장세에서는 한 달 중 많지 않고, 매도자의 기회가 더 많은 것이 옵션이다. 즉 시장이 날마다 급등과 급락만 할 수 없기 때문에 상승의 각도와 하락의 각도를 잘 판단할 줄 알아야 옵션포지션 매매가 가능하다고 하겠다.

전체적인 시장추세와 변곡구간을 잘 모른다면 매도포지션은 늘 리스크가 무한대가 되며, 옵션매수자의 리스크는 투자금액으로 한정되기 때문에 소액으로도 좋은 수익을 낼 수 있다는 것이 장점이다. 반면 단점은 기간이 짧다는 것이다. 만료기간이 매월 둘째 주 목요일이 정산일이기 때문에 근월물과 차월물의 구분을 해서 철저한 분석에 의한 투자를 해야 한다. 정밀한 분석이 필요한 분야이다.

그러나 상승기조는 반락 시마다 매수로 대응하면서 최소한의 결제지수를 산정해서 저평가된 콜옵션은 매수하고, 고평가된 옵션은 매도해서 합성전략으로 헤지를 하면서 대응한다면 좋은 투자 상품이 될 수 있다. 또는 하락기조는 반등 시마다 선물매도를 하는 구간이므로 풋옵션을 반락 시마다 저점매수하는 전략으로 전략을 짜볼 수 있다. 단 대세를 잘 모른다거나 예측을 하는 매매, 자기 역량에 맞지 않게 무리한 투자를 할 때는 늘 단기에 손실을 크게 보는 고수익 고위험(High Risk, High Return) 상품이다.

FUTURE OPTION

옵션의 단맛은 **변동성**이다

잔존기일이 얼마 남지 않은 상태에서 이미 프리미엄이 하락해서 결제 시 행사가 불가능해 보인 가격대에 있는 몇 천 원짜리 옵션이 갑자기 시장 방향성과 변동성이 커질 때 비로소 옵션의 대박이 탄생하는 것이다.

이미 0.001, 즉 계약당 1천 원짜리가 된 옵션이 더 이상 내려갈 자리가 없는 상태에서 코스피 200지수가 갑자기 변화를 가져와 0.10이 된다면 10배의 수익이 될 것이고, 1.00이 된다면 100배의 수익이 발생하게 되는 상황이 종종 나타나는데 이때 투자금액은 부담 없이 시장상황을 잘 분석한 이후에 복권으로 접근해 본다면 아주 재미있는 옵션의 변동을 즐기게 될 것이다.

그러나 이러한 거래를 항시 그럴 것을 예상해 무리한 자금의 배팅을 하는 것은 매매습관만 나빠지기 때문에 그동안 선물거래로 수익 쌓기를 꾸준히 한 이후 옵션만기구간에서 복권 개념으로 변동성을 즐기는 매매야말로 신나는 투자가 될 것이다. 지금까지 많은 교육생과 회원들에게 이러한 매매방법을 가르쳐서 재미있는 일이 종종 발생하곤 했다. 하지만 무모한 대박의 꿈을 가지고 형편에 맞지 않는 빚낸 자금으로의 접근은 아주 위험하며, 1997년 옵션시장이 개방된 이후 많은 개인투자자들의 대박도 있었지만 반대로 쪽박 차는 일도 비일비재하였다.

최근 2010년 9월 선물 옵션만기일만 봐도 개인투자자들의 원칙 없는 거래로 모두가 권리행사가격에 들지 못해 누적 포지션이 '꽝'이 되어버린 경우를 받은 것이다.

즉 시장은 조만간 급등이 예고된 지표지만 9월 9일 만기일까지 기초자산인 코스피 200지수가 231,53으로 묶여버리면 개인들이 많이 보유한 232,50 이상의 콜옵션이 깡통이 되어버린 것이다. 반면 외국인 및 세력들은 232,50 이상의 콜옵션 매도 포지션으로 그들이 취해둔 행사가 불가능한 옵션이 결국 매도에서 큰수익이 발생하도록 현물을 강력 매도해서 자주 조정을 했다는 것이다. 이처럼 세력(기관, 외국인, 자금력이 있는 사람)들은 거대 자금력으로 그들이 원하는 지수를 관리하기 때문이다. 이때 기술적 지표에서도 고수라면 알수 있는 지표를 만들어가면서 시장을 리드하게 된다.

그러므로 시장 주체세력들은 그들의 포지션을 통해 암묵적 단합을 하기 때문에 그들의 수익구간을 잘 체크해야 이길수 있다. 또한 개인은 모래알처럼 흩어져 있기에 응집력이 없다는 것이 단점이다.

바로 상품의 성질을 이해하고 최초 입문 시 복권 개념으로 원금 보존

차원으로 해서 그 수익금으로 계속 불려 나가는 것이 옵션거래이다. 2001. 9.11과 같은 테러가 발생했을 때 자산이 제법 많아서 합성전략을 취했거나 양매도를 했던 기관들의 피해가 가장 심했다는 보도가 있었다. 당시 기억되는 것은 약 3천억 원이 매도자들의 손실분이었다는 통계가 있어서 놀라웠다.

필자도 많은 교육생들과 함께할 때였다. 다행히 지표에서 옵션만기 이틀을 남겨두고 매도신호라서 객관적인 판단으로 하락할 권리에 물려 가자고 했던 것이 일부 회원들의 대박시세가 나오기도 했지만, 다행히 옵션매도를 했던 회원들에게 9.11테러 전날 매도 청산을 시켰고, 복권을 사는 식으로 풋옵션 매수를 오버나잇시킨 것이 소위 말하는 대박시세가 나왔던 것이다. 당시 500배의 대박이 나왔다고 세상이 시끄러웠던 기억을 잊을 수가 없다.

그때는 무료 강연회 등을 많이 할 때였다. 아침에 출근을 하는데 어느 초보 투자자에게서 전화가 왔다. "선생님! 선생님이 하락장에서는 하락할 권리에 물려 두라고 해서 복권을 샀는데 대박이네요. 언제 얼마에 팔까요?" 하는 것이다. 참으로 행복한 비명이었다. 당시 우리 방 투자 상담사와 함께 흔히 고수라 칭하는 사람들은 잔머리를 굴렸다. 옵션만기, 행사가격, 따져보면서 권리행사가 불가능해 보인다면서 단일가에 풋옵션을 꽤 많은 수량을 청산해버리고 안전하게 간다고 선물매도만 보유하고 넘어갔던 것으로 기억된다. 학생들에게는 정석으로 가르치고 자기매매는 보수적으로 가져갔기 때문에 역시 고수는 대박하고는 거리가 멀다는 것이 맞는 말이었다. 아무튼 옵션 얘기만 나오면 할 말이 많아진다. 그만큼 재미있는 상품이기 때문이다. 그러나 이러한 상품을 이해하지 못한 매매 방법은 큰 화를 부른다는 것도 잊지 말아야 한다.

FUTURE OPTION

스릴 넘치는 **옵션만기주간** 전략

매월 둘째 주 목요일은 옵션만기일이다. 옵션은 매월 정산일이 둘째 주 목요일로 되어 있지만, 첫 번째 주가 임시공휴일 또는 일요일일 경우, 많은 투자자들이 혼란을 겪는다. 첫 번째 주에 목요일이 들어 있다면 휴일이더라도 다음 두 번째 목요일이 정산일로 간주되기 때문이다.

또한 선물은 3개월마다 만기일이 있어서 옵션만기주간에는 변동성을 즐기는 매매로 레버리지 효과를 극대화하는 전략이 필요하다. 즉 평소에 꾸준한 수익 쌓기로 선물만 거래한 투자자들도 옵션만기 주간에는 변동성이 크게 나오는 옵션으로 승부를 걸어보는 경우가 많다. 하지만 위험관리는 필수이다, 간혹 큰 수익을 얻었다고 하더라도 매번 그러한 수익만 바라는 것도 바람직하지 않으므로 가급적 새로운 달로 접어들면 선물로만 당일 수익 쌓기에 주력하는 것이 매우 중요하다. 새로운 달의 시작일 때는 시장변동성이 아주 크게 나타날 때를 제외하고는 프리미엄의 하락이 나타나는 과정으로 이해하면서 시장추세와 반대편에 있는 옵션을 매도하는 것이 좀 더 효과적이다.

또한 옵션만기주간일지라도 평소와 같이 차트대로 거래를 하지만 늘 세력들은 만기 주간의 변동성을 이용한 고수익에 군침을 삼킨다는 것도 잊지 말아야 한다. 그러므로 만기 주간은 변곡점에서만 공략하는 절묘한 타이밍의 승부사가 되어야 한다.

즉 프리미엄이 하락할대로 하락한 옵션을 싼 가격에 매수해서 시장에 대한 위험이 적은 상태에서의 매수는 적은 금액으로 레버리지를 극대화하는 좋은 기회이다. 대개 파생 마니아들은 시장 변동성이 상승이든 하락이든 커질 때를 노려 결국 그들이 원하는 만큼 수익을 얻는다. 이럴 때 초보자라면 옵션에서 위험을 줄이면서 양쪽으로 스트레들 매매로 적은 금액으로 시장 레버리지 효과를 높이는 전략을 취해보는 것도 한 방법일 것이다.

매수자는 반드시 그동안의 수익금 일부를 가지고 당일 시장추세에 따라 대응하는 전략이며, 매도자는 행사가 안 되는 옵션을 매도해도 수익을 크게 얻을 수가 있는 구간이 옵션만기주간이다. 옵션만기 당일만큼은 늘 회원들에게 300%의 수익이 날 종목을 추천해서 스릴 넘치는 만기 주간을 보냈던 일이 많았다. 최소한 파생전문가라면 만기 주간은 더 적극적으로 변동성을 즐길 줄 알아야 한다고 본다.

만기일에는 평소와 같이 시장이 움직이기도 하나, 프로그램 매수 · 매도에 의한 시장변동성이 크게 나타나는 날이 대체로 많기 때문에 세력들의 결제 구간을 예상해서 장중 변동성을 이용한 수익 쌓기와 종가

엔 권리행사까지 참여하는 것도 스릴 넘치는 만기 주간의 파생 거래의 참맛일 것이다. 2010년 9월 시장이 1800~1900선까지 상승하다가 만기구간 종합주가지수가 약 50포인트 하락할 때 풋옵션 10배의 수익이 나왔고, 10월 둘째 주에는 결제시간 30분 전에 콜옵션 245가 결제를 했을 때 10배가 넘는 수익이 발생했다. 물론 매년 12월물에서 100배가 넘는 옵션이 종종 발생해서 회원들이 대박수익을 내어 신흥갑부가 된 사례가 많다.

Tip 1 스트래들

옵션시장에서 권리행사가격과 만기가 동일한 매도옵션과 매입옵션을 동시에 사거나 파는 거래를 말하는데 옵션 콤비네이션의 하나로 동일한 기초자산에 대하여 동일한 행사가격과 동일한 만료일을 가진 풋과 콜을 동시에 매입하거나 매도하는 전략이다. 스트래들 매입의 경우 시장가격이 『권리행사가격+프리미엄』 범위를 넘어 움직일 때 이익은 무한대가 된다. 그러나 손실은 두 개의 프리미엄의 합계에 한정된다. 스트래들 매입은 현재 시세전망에 대한 견해가 약세와 강세로 크게 대립하고 있어 가까운 장래에 상 · 하 어느 쪽으로든 가격이 크게 움직일 가능성이 높을 때 유효한 전략이다.

FUTURE OPTION

옵션만기주간의 **가격 변화**

매월 옵션만기주간이 되면 옵션 행사가격에 들지 못한 종목들의 가격하락이 지속된다. 이럴 때 투자자들은 곤혹스러운 경험을 한두 번 겪게 된다. 특히 선물과는 다르게 옵션매매에서는 시간가치라는 것이 있다. 권리행사를 할 수 없는 옵션을 만료일까지 보유하다가 간혹 깡통계좌를 당했다는 말을 종종 듣곤 한다.

옵션가격에서 당장 권리를 행사할 때 얻을 수 있는 값을 제한한 나머지 시간가치를 두고 프리미엄이라고 한다. 시간가치는 현재의 옵션 가격 중 내재가치를 초과하는 부분으로 미래의 가능성에 대한 기대값이라고 볼 수 있다. 따라서 외가격(OTM)이나 등가격(ATM)의 값은 현재의 내재가치 없이 존재하는 시간가치의 값이다. 그러므로 옵션만기가 다가올수록 시간가치는 감소하게 되고 내재가치(ITM)만 남게 된다.

만기가 많이 남아 있을 때는 내재가치의 변동 가능성을 크게 기대할 수 있으나, 시간이 경과할수록 그 가능성은 감소하기 때문에 시간가치의 잠식효과가 크게 나타난다. 시간가치의 잠식 속도는 당연히 만기가 가까울수록 빨라진다. 시간가치의 값은 다음 식으로 나타낸다.

콜옵션 시간가치 = 시장가격 − (코스피 200 − 행사가격)

풋옵션 시간가치 = 시장가격 − (행사가격 − 코스피 200)

등가격

등가격(At the money : ATM)이란 현재가와 권리행사가격이 같아 손익이 발생하지 않는 가격 , 즉 코스피 200과 행사가격이 같은 것을 말한다.

내가격(In the money : ITM)

현재가와 행사가격의 차이로 이익이 발생해 있는 옵션가, 즉 내재가치가 플러스인 옵션을 말한다. 콜옵션에서는 현재가보다 행사가격이 낮을 때, 풋옵션에서는 행사가격이 현재가보다 높아 이익이 발생해 있을 때 내가격(in the money : ITM)이 된다.

외가격(Out the money : OTM)

현재가와 행사가격과의 차이로 손실이 발생해 있는 가격, 즉 내재가치가 '0' 인 옵션을 말한다. 콜옵션에서는 현재가보다 행사가격이 높을 때, 풋옵션의 경우에는 현재가보다 행사가격이 낮아 손실이 발생했을 때 외가격(out the money : OMT) 옵션이다.

FUTURE OPTION

옵션에서의 절묘한 **타이밍** 잡기

코스피옵션과 종목옵션 워런트까지 나온 상황에서 코스피 200지수가 기초자산인 종합지수의 흐름을 잘 잡아야만 한다. 즉 종합지수가 상승기조인지 하락기조인지 방향성 파악이 되어야만 변동성 구간에서의 절묘한 타이밍을 잡을 수가 있다. 비록 몇 십만 원으로 시작하는 재테크라 할지라도 먼저 지수의 상승 흐름과 하락 흐름을 잘 판단하여 타이밍을 잡아 매매를 해야 한다. 그래야만 종자돈의 손실 없이 수익을 올릴 수 있기 때문이다. 이때 기술적 지표를 활용한 거래를 한다면 확률이 높다고 하겠다. 절묘한 타이밍은 항시 집중하고 분석을 하면서 평소에 실전훈련이 되어 있는 자에겐 반드시 기회가 다가온다. 준비되지 않은 자는 언제 기회가 오는지 지나가는지 모르기 때문에 시간과 정성을 들여 집중해서 공부를 해야만 가능한 일이다.

강한 상승장과 약한 상승장의 전략

상승을 하는 콜옵션이 전혀 움직이질 않는데 그 이유는 무엇인가?

대체로 강세장은 시장 변동성이 크다. 이럴 때는 선물만 하더라도 하루 기본 3포인트 정도 상승하게 되고, 옵션도 고평가가 되어 수익이 크게 나오는 장세가 된다. 이때는 즉 상승할 권리인 콜옵션 매수를 하거나 또는 풋옵션 매도만 하고 그냥 내버려두어도 수익이 나는 아주 쉬운 장세라고 할 수 있다. 이때는 상승 3파동 구간, 또는 마지막 시세분출 구간, 60도, 90도 각도 급등구간에서는 대체로 선물보다는 옵션이 매력적인 상품이 될 수 있다.

그러나 약한 상승장은 대체로 상승 초동기에 세력들이 주식을 매집하는 단계에서 나타나는 현상이거나 또는 강한 상승 뒤 이동평균선을 수렴하는 구간이 대체로 약한 상승으로 이어질 때이다.

이럴 때 옵션 매수자의 고통은 이루 말할 수 없다. 선물은 그나마 하루 변동성이 없어도 베이시스 상태를 늘렸다 줄였다 하면서 하루 1포인트 정도의 수익은 낼 수가 있으나, 옵션가격은 지수가 멈춰 있어도 하락하는 경우가 있다. 때문에 많은 금액을 홀딩하고 있는 것도 하나의 고통이다. 이때는 옵션의 이론가격이 고평가 상태인가 또는 저평가 상태인가를 체크해야만 하는데 주로 풋옵션 매도나 콜옵션 매도를 하면서 적은 수익으로 위험관리에 중점을 두는 전략으로 선회를 해야만 한다.

변동성이 적은 구간에서 부득이 소액으로 옵션거래를 매수만 하는 계좌일 경우엔 가급적 내가격 거래가 좋으며 지나친 외가격 접근은 변동성 자체가 전혀 없기 때문에 당일 수익 쌓기로 트레이딩을 하는 투자자들이 가까이하기에는 부담스럽다. 이때는 외가격(OMT)으로 양매도 즉 스트랭글 매도 전략으로 대응한다.

그러므로 약한 상승장에서는 가급적 프리미엄이 높지 않는 내가격(ITM) 옵션으로 코스피 지수 상승만큼 상승하게 된 옵션으로 접근하는 것도 좋으며, 이럴 때는 합성전략에서 외가격(OMT) 매도 전략과 내가격 매수 전략으로 향후 행사가격이 불가능한 옵션을 양쪽으로 매도를 하면서 내가격으로는 일부 매수하는 합성전략이 좀 더 부담이 없는 접근 방법이라고 할 수 있다.

강한 하락장과 약한 하락장의 전략

앞에서 언급한 내용과 반대로 거래하는 것이 좋다. 즉 강한 하락장이라면 업종을 대표하는 대형주들의 하락이 강하면서 시장변동성도 크게 나타나는 구산이 된다. 이럴 때 최고의 투자수익은 단연 풋옵션(하락할 권리) 매수가 될 것이다. 적은 금액으로도 레버리지 효과를 크게 볼 수 있는 변동성이 큰 장세이기 때문에 누구든 쉬운 매매를 할 수 있는 구간이라고 볼 수 있다.

하지만 문제는 조정을 받는다고는 하나 시장은 약한 하락이거나 횡보일 때가 문제다. 크게 밀리지 않고 약한 조정을 받을 때는 풋옵션 매수자는 고통이 따를 것이나, 이럴 때는 반대로 콜옵션 매도(상승할 권리를 파는 것)가 유리한 게임이다. 이때는 시간가치로 인한 프리미엄 (세타값) 하락이 상승폭보다 크게 나타나기 때문이다.

6

실전 고수의 지혜 나누기

FUTURE OPTION

재테크는 곧 시테크다

세계적인 베스트셀러인 성경에도 이런 말이 기록되어 있다. 천하의 범사가 기한이 있고, 날 때가 있고, 죽을 때가 있고, 심을 때가 있고, 심은 것을 뽑을 때가 있고, 울 때가 있고, 웃을 때가 있고, 슬플 때가 있고, 춤을 출 때가 있다. 찾을 때가 있고, 잃을 때가 있고, 사랑할 때가 있고, 미워할 때가 있다고 했다.

지금 현실적으로 어려움이 있다고 해도 마음 상할 필요가 없다는 뜻이다. 모든 것은 때가 있기 때문이다. 주식투자자들이 한 번 고점에서 물린 주식을 상승할 때까지 속을 태우면서 기다리면 그러한 삶은 얼마나 고달프겠는가. 이쯤해서 자신의 잘못된 투자습관을 한 번 반성도 해보고 공부하는 시간을 갖는다면 다음에 반드시 기회를 잡아서 다시 찾을 때가 있으니 때를 기다리는 지혜가 필요하다고 본다.

서양 속담에 '부를 잃는 것은 조금 잃는 것이요, 명예를 잃는 것은 많이 잃는 것이요, 건강을 잃는 것은 전부를 잃는 것' 이라고 했다. 한 번 뿐인 우리의 삶을 더 이상 황폐하게 만들지 말자는 것이다.

"재테크는 곧 시테크다."라는 말도 결국 모든 투자자는 타이밍의 승부사가 되어야 하기 때문에 시간을 효율적으로 잘 관리하면서 투자의 적기를 찾아야 한다는 것이다. 부동산 투자도 마찬가지이고 주식 투자도 마찬가지이다.

반드시 경기 최저점에서 남들이 포기하고 시장을 떠날 때 매수하고 모두가 흥분하고 매입할 때 서서히 팔 줄 아는 용기가 바로 타이밍의 마술사가 되는 시테크 전략이다.

선물 옵션거래에서 데이트레이딩을 하며 수익 쌓기를 할 때도 하루 중 흐름을 보면서 변동성이 큰 변곡구간에서만 진입과 청산을 하는 것이 좋다.

이와 같이 모든 투자는 타이밍이다. 부동산도 주식도 사고 팔 때가 있고 쉴 때가 있다. 이러한 때를 아는 노력이 중요하기 때문에 끊임없는 공부와 노력 없이는 성공할 수 없다.

선물 옵션거래도 하루 중 한두 번의 변곡구간이 있다. 그때만 집중해서 수익을 올리는 것도 시테크이다.

FUTURE OPTION

실전거래로 회사를 잃은 사람, 회사를 얻은 사람

사람은 누구나 자기만의 철학이 있고 고집이 있다.

필자 역시 어떤 일이든 남보다 더 잘하려고 하고, 지지 않으려는 고집도 있다. 하지만 주식시장만큼은 나 혼자의 힘으로 시장을 움직이지 못하기 때문에 가장 중요한 것은 시장이 알려주는 신호대로 유연성을 가지고 대응하는 것이 최선의 방법이라고 본다.

파생상품에 대한 위험관리 부족으로 과거 1995년 베어링은행의 파산금액의 5배의 손실을 낸 프랑스 청년의 최근 사례를 들어보자.

프랑스 소시에테 제네랄 (SG)에서 유럽 주가지수 선물거래를 담당하는 입사 7년 차의 제롬 커비엘이란 청년은 지난해 초에 주가지수가 상승할 것에 배팅했다. 서브프라임 모기지 사태가 세계 금융시장을 강타했을 때 큰 손실을 입었지만 그는 시장을 이기려고 계속 배팅 금액을 두세 배씩 늘려갔다. 즉 추세를 역행하는 매매를 한 것이다. 시장은 한 번 추세가 무너지면 바로 복구되기 어렵고, 그는 결국 서브프라임 쓰나미의 제물이 되었다.

세계 금융 역사상 최악의 사고를 낸 주역은 불과 31세의 청년이었다. 젊은 혈기로 아무 대책이나 지식도 없이 시장을 이기려고 한 것이 큰 화를 불러왔던 것이다. 무려 42억 유로(72억 달러, 6조 8000억 원)의 손실을 입혔다. 1995년 영국의 베어링은행을 하루아침에 파산으로 몰고 간 '릭리슨 사건' 이 14억 달러였으므로 5배에 달하는 손실 규모다. 이로 인해 프랑스 2대 은행인 SG는 145년 역사상 최대의 위기에 몰렸다.

이 청년이 하락하는 매도포지션으로 배팅을 했다면 큰 수익이 났을지도 모른다. 제롬 커비엘은 프랑스 리옹대학에서 경제학(금융시장)을 전공한 석사학위 소유자였다. 1년에 14만 8000달러 정도의 고액 연봉을 받은 것으로 알려지기도 했다. 커비엘은 독단성이 강한 천재로 알려졌지만 결국 시장을 이기려고 했던 대표적인 실패 사례로 세계 파생마니아들에게 큰 교훈을 주었다.

영국 카스 비즈니스 스쿨의 로저스티어 교수는 파생상품의 딜러들은 돈을 받고 고용된 총잡이라며 총구는 언제든 회사를 겨눌 수 있다고 경고했다. 고액 연봉을 받으면서도 더 큰 실적을 올려 보너스를 챙기려는 유혹을 뿌리치기 어렵다는 것이다.

파생거래를 하면서 누구든 더 큰 수익을 올리기 위해 가끔 무리한 금액으로 배팅을 할 수도 있다. 하지만 방향과 변동성이 정확히 맞았을 때만 큰 수익을 낼 수 있다. 자칫 잘못 손절매라도 한 번 하게 되면 손실도 크다는 것을 기본원칙으로 세워놓고 접근해야 한다.

필자는 많은 회원들에게 자금을 잘 관리하고 '손실은 작고 수익은 크게' 하는 매매를 하라고 강조한다. 시장지표에서 등락을 보다가 큰 변곡구간이 올 때 확인하고 매수 매도한다면 수익을 낼 확률이 높기에 손절하는 일이 필요 없게 된다.

릭리슨과 같은 사람은 회사를 잃었지만 반대로 국내에서는 선경래 씨처럼 10억으로 선물 옵션거래로 2천억을 벌어 '좋은 사람들' 이라는 기업을 인수한 사람도 있다.

나는 장중 라이브방송에서 리딩을 통해 진입할 자리와 청산할 자리를 알려주면서 회원들이 수익을 내도록 도와주고 있다. 파생상품 딜러들처럼 무모하게 도박하지 말라고 철저히 교육한다. 특히 투자실적으로 보너스를 챙기려는 딜러들은 시장에 대한 평정심을 잃기 쉽다.

그동안 회사 자금을 관리하는 딜러와 기업을 운영하는 대주주, 또는 재미교포와 재일교포 등 많은 회원들이 매매기법을 공부했다. 금융기관의 자금을 운영하는 딜러까지 함께 라이브방송을 청취하면서 거래하기도 했다.

그들은 함께 방송을 듣고 매매를 한다는 것을 즐거워했다. 혼자 거래할 때보다 위험관리가 되고 수익이 더 크다는 것을 알기 때문이다. 자칫 큰 거래로 시장에 대한 평정심을 잃을 수도 있다는 생각에서 4~5년 동안 함께하는 회원도 있다. 그가 매매 방법을 몰라서가 아니다. 바로 시세에 도취되거나 시장에 대한 평정심을 잃지 않기 위해 함께하는 것이다.

시장을 이기겠다는 고집보다는 시장이 보여주는 방향대로 순응하는 거래야말로 손실보다 수익이 크다고 하겠다.

FUTURE OPTION

돈 잘 버는 세력들의 **매매방법**을 배우자

하루는 초보 투자자로부터 전화를 받았다. 현재 다른 곳에서 3개월째 교육을 받으며 시뮬레이션으로 가상투자를 하고 있지만 선물에서 하루 1포인트의 수익도 내지 못하고 있다는 것이다. 무엇을 어떻게 배우냐고 물었더니, 기술적 지표는 다 배웠고 옵션거래방법에서 특히 합성 포지션을 많이 배우고 있다고 대답했다.

하지만 초보 투자자의 자금 사정으로 볼 때, 실전에서 합성 포지션은 무용지물이며 기술적 지표도 핵심적으로 많이 사용되는 지표를 단순화시켜 내 것으로 만드는 것이 중요하다. 그는 실전에서 거래하면서 수익을 내는 방법을 우선적으로 공부하는 것이 필요했다.

만약 많은 기술적 지표를 분석할 줄 안다면 실제 시장에서 그러한 지표를 통해 하락신호가 많은지 상승신호가 많은지를 찾을 수 있을 것이다. 시장방향을 암시해주는 지표를 찾는 것은 매우 중요하다. 그러나 그보다 더 중요한 것은 실전에서 많은 검증을 통해 확률이 높은 지표로 단순화시킬 필요가 있다는 것이다. 물론 필자가 강의 때마다 강조하는 것도 현재 시장을 이끄는 주체세력들이 참고하는 지표만 볼 줄 알아도 실전거래에서 이기는 게임을 할 수 있다는 점이다.

우선 지금의 파생상품이 언제 어디서 국내에 도입이 되었냐는 것을 알아야 한다. 정답은 간단하다. 그들이 선진 증시에서 수년 동안 사용해 왔던 지표를 그대로 배워 실전에서 다시 검증해보면서 거래하면 된다.

예를 들면 이동평균선의 배열과 기울기만 가지고 시장분석을 잘 할 수 있다면 꾸준히 그 부분을 집중해서 장시간 검증하는 것이 중요하다고 본다. 또 보조지표들이 많으나 핵심적인 추세를 알리는 MACD 지표와 주가의 탄력성을 알리는 스톡캐스틱 등도 간단하게 단순화시키는 것이 좋다.

물론 모든 지표가 동시에 바닥과 상투를 알리지는 않을 것이다. 순차적으로 빨리 나타나는 것이 있는가 하면 지수의 흐름이 상당히 진행이 된 뒤에 나타나는 지표도 있는 등 다양하기 때문에 이 부분을 검증하는 데에는 좀 더 실전경험을 쌓는 것이 중요하다.

예를 들면 캔들 지표에서는 상승장악형이 만들어진 뒤 다음 날 조정이 들어오는 경우가 많다. 그러나 조정을 받아도 전일의 양선의 절반을 하회하지 않는 범위에서 조정을 받아야 다음날 다시 상승 전환하는 법칙이 성립된다.

전일 양선을 다시 갭 하락 또는 50%의 하락으로 마감을 한다면 기술적 반등을 주고 하락이 이어지는 국면으로 이해해야 한다. 통상적으로 캔들의 지표에서 먼저 시장흐름을 분석하고, 다음으로 이동평균선의 흐름의 진행을 보고 시장방향을 찾는 것이 중요하다.

간단한 지표 몇 가지만 가지고도 시장흐름을 읽을 수 있어야 한다. 장중에 실시간으로 시장이 빠르게 요동을 치는데 수십 가지의 지표를 컴퓨터에 깔아놓고 볼 수도 없거니와, 이러한 지표의 역할을 한눈에 포착하면서 실전거래를 해야 하기 때문에 중요한 것은 선도세력들이 보는 지표 몇 가지만으로 단순화시켜서 그것을 실제 거래에서 검증을 했다면 그대로 따라야 한다는 것이다.

필자는 지표의 움직임이 과연 확률이 높은 것인지 아니면 속임수가 많은 것인지까지 검증한 것들을 모두 강의하고 있다.

시장은 늘 변화를 줄 수 있는 변곡구간에서는 속임수가 많이 발생한다. 속임수형을 찾아내는 것도 기술적 지표 분석과 같이 중요하다. 즉 이동평균선의 배열이 수렴 후 변화를 주려고 할 때는 하락하는 패턴이지만 순간 급등시키고서 다시 급락시키는 것도 있고, 급등 차트인데도 순간 급락으로 속임을 주고는 상승하는 경우가 많다.

이때는 기존 추세로의 복귀 상태를 확인하고 진입해도 늦지 않다. 통상적으로 삼각 수렴 이후에 자주 나타나는 신호이므로 직전 박스 상단과 하단 이탈을 확인하고 진입해도 수익을 내는 데에는 지장이 없다. 지표를 분석하고 그것을 기준으로 실제 거래를 하면서 수익을 낸다는 것은 결코 쉬운 일은 아니다. 꾸준한 실전교육과 매매훈련을 통해서 가능하기 때문에 아무래도 제대로 배워서 실전훈련을 잘한 사람이 수익이 크다고 하겠다. 고수가 된다는 것은 남다른 노력과 시간과 정성을 들여야 한다는 말이다.

초보자는 우선 조급하지 말아야 한다. 조급하면 원칙 없이 거래하게 되면 수익을 낼 때는 조금 내고 손실을 볼 때는 많이 잃게 된다. 특히 초보회원의 경우는 배우는 과정에서 많이 잃게 되면 자신감이 없어지기 때문에 의욕을 상실하기도 한다. 그래서 사업을 하기 위한 준비과정으로 또는 취업을 하기 위한 준비과정으로 반드시 제대로 된 교육을 받고, 가상투자를 하고 나서 실전에 임하는 것이 순서다. 프로와 아마추어의 차이가 여기에 있다. '손실은 작고 수익은 크게' 하는 매매 방법을 배워야 한다. 시장지표도 단순화시켜 나도 모르게 지표들을 보면 즉각적으로 대응하여 거래할 줄 아는 감각까지 개발하는 교육이 중요하기 때문이다

FUTURE OPTION

단기간에 **최대 수익**을 얻을 수 있는 전략

최근 많은 개인투자자들이 과거 환란 이후 최대의 신용거래로 주식투자에서 큰 손실을 보고 필자에게 전화를 많이 한다.

사연을 들어보면 한결같이 적은 금액이기 때문에 신용으로 주식 수량을 늘려서 샀다가 종합지수가 2085에서 900선까지 내려오는 과정에서 깡통계좌가 되어 현재 몇 백만 원 정도밖에 남지 않았다는 것이다.

선물과 옵션은 주식시장이 상승기조든 하락기조든 늘 수익을 낼 수 있는 상품이지만, 제대로 분석을 할 줄 모르는 투자자라면 수익보다는 손실을 볼 것은 뻔한 사실이다. 그래서 초보 투자자들에게 옵션을 선뜻 추천하기도 상당히 부담스럽다.

최근에는 ELW가 어떤 상품인지도 모르고 투자했다가 투자금액 전부를 잃고서 방황하는 투자자들도 많다. 즉 헤지 상품의 하나인 옵션이기 때문에 코스피 200지수가 기초자산인 선물과 옵션을 공부하면 이해가 빠를 것이다. 옵션은 레버리지가 큰 반면, 세타값과 델타값 등 적정가격을 산출해낼 줄 알아야 한다. 그리고 시장의 방향성과 변동성을 모르면 매도자가 늘 유리하게 되어 있는 상품이다. 그렇지만 만기주간에 프리미엄이 없는 상태에서 시장의 변동성이 크다면 그동안 올린 수익금의 일부만 가지고 복권처럼 조금씩 해보는 것도 하나의 재미일 것이다.

과거 한 회원이 40만 원 정도의 자금으로 1년 동안 7억을 벌어 빚을 갚았다는 얘기를 들었는데, 그 때나 가능한 이야기다. 그 당시는 시장이 변동성이 큰 상승3파동 구간에 있었기 때문에 그 회원은 때를 잘 만났다고 하겠다. 지금 소액으로 언제 큰돈을 벌어볼까 고민하는 투자자들은 때를 기다리는 지혜가 필요하다. 그리고 공부를 하고나면 시장이 훤히 보이기 때문에 종자돈만 준비된다면 매우 희망적이다.

필자가 강조하고 싶은 것은 선물과 옵션은 시장의 방향성과 변동성에 따라 큰 수익이 나온다는 것을 알아야 한다는 점이다. 즉 대세 상투를 쳤다면 풋옵션에서 한 번 승부를 걸어야 하는 시점인데 시장을 잘못 분석하여 상승할 권리인 콜옵션에 승부를 걸었다면 깡통이 된다.

최근 주식전문가들을 잘못 만나 가정이 파산하고 투자자 자신의 인생이 황폐해진 일들이 알려지지 않아서 그렇지 얼마나 많았는가?

왜 "지금은 경기하강기이므로 급한 자금은 잠시 현금화하라."라고 아무도 알려주지 않을까? 필자는 공개강좌 때마다 아우성을 쳤다.

단기간에 고수익을 얻는 전략을 설명하려고 했는데 왜 자꾸만 겁주는 얘기만 하고 있는지 나도 모르겠다. 엠포트에서 가르치는 교육프로그램 1강에서 가장 많이 강조하는 것이 파생상품의 위험사례다. 잘 배우면 멋진 수익 쌓기를 할 수 있기에 정신교육이 중요하기 때문이다.

단기간에 레버리지가 큰 상품으로 어느 정도라도 자금을 불릴 수는 있다. 그러나 그러한 매매습관이 문제가 된다. 즉 한 번의 큰 변동성이 있으면 시장은 다시 변동성이 적은 구간으로 접어들기 때문에 특히 옵션거래는 프리미엄이 하락하는 과정, 즉 세타값의 하락이 진행될 때는 속수무책이다. 그때는 자금을 현금화하고 수익금의 일부만 가지고 운용하거나 고평가된 옵션은 오히려 매도로 대응하면서 하락을 기다리는 지혜가 필요하다.

선물과 옵션은 상승할 때 매수, 하락할 때 매도하는 전략만 있는 것이 아니다. 일정한 지수 범위 내에서 추세가 없는 비추세구간의 횡보장에서는 선물은 기다릴 수 있지만, 옵션은 시간이 중요하기 때문에 만기까지 남은 잔존기일에 따라 가격변화가 급속히 달라지는 현상을 볼 수 있다. 그만큼 치밀한 계산을 하고서 접근해야 한다.

상승한다고 무조건 아무 종목의 콜옵션이나 매수만 할 수도 없거니와 하락기조라고 무조건 풋옵션을 매수하는 것도 아니기 때문이다. 가장 중요한 것은 상승기조 시에는 강한 상승구간인가를 먼저 알아야 한다. 또 하락기조는 강한 하락 변동성이 있는 구간인가를 알아야 한다.

선물은 장중 등락을 보이는 박스권 구간에서는 등락을 보일 때도 수익 쌓기가 가능하다. 하지만 옵션에서는 특히 외가격의 경우 시간가치 하락으로 가격이 하락하는 상황이 발생하기 때문에 늘 변곡구간에서 절묘한 타이밍을 잘 잡아야 이익을 내기 쉽다.

교육생들의 과거 투자사례를 들어보면, 한 교육생은 당시 빚이 6억 정도에 자금은 계좌에 백만 원 정도뿐이었다. 교육을 받고서 "과연 나에게도 회생할 수 있는 기회가 올까요?"라는 것이 교육생의 질문이었다. 그러나 교육을 마치고 옵션만기 일주일 정도 남아 있을 때였다. 이론가격보다 저평가되어 있는 옵션이 눈에 들어왔다.

시장은 긴 횡보구간에서 많은 전문가들마저도 상승으로 보고 있을 때였다. 그러나 제반 지표를 검색하고서 몇 천 원짜리 풋옵션을 교육생들에게 추천했던 것이 시장의 하락 변동성으로 풋옵션에서 수 십 배의 수익이 발생하게 되었고, 그 교육생은 단기간에 최대 고수익을 얻을 수 있었다.

이러한 수익이 날마다 찾아올 것으로 기대하고 수익금 전액을 다시 같은 방향으로 배팅을 한다면 실패할 것이라고 알려주었다. 그리고 선물로 수익 쌓기에 주력하라고 말했다. 그러나 그러한 수익이 매 번 있을 것으로 생각한 일부 회원은 필자 모르게 한쪽 방향으로 수익금 전액을 다시 올인했다가 실패했다. 나중에 그 얘기를 듣고 많이 야단을 쳤지만, 본인도 직접 성공과 실패를 해보고서 뒤늦게 깨닫고 반성한다고 했다.

누구에게나 기회는 찾아온다. 그러나 기회를 잡았을 때는 반드시 수익 관리를 잘하면서 시장흐름을 잘 분석하여 다음에 오는 변동성을 기다리는 것이야말로 반드시 지켜야 할 원칙으로 정해둬야 한다.

대다수 옵션거래의 실패는 한 번의 큰 수익을 내고서 날마다 큰 수익에 대한 환상을 갖기 때문에 실패한다. 그러므로 "이익을 낸 자리에 오래 머무르지 말라."는 증시 격언을 기억하고 다음의 수익 관리에 전념하면서 선물로 수익 쌓기를 꾸준히 해야 한다. 그러면 다가오는 변동구간에서 다시 수익금의 일부만 가지고 배팅하는 식으로 소액으로도 큰 자금을 운영할 수 있다.

FUTURE OPTION

금융시장을 제대로 알면 **부자**가 된다

정부는 1992년부터 금융시장을 개방하면서 신진 금융상품도 단계적으로 개방해오고 있다. 그러므로 향후에도 엄청난 시장 변화가 있을 것으로 보인다. 문제는 국내 펀드매니저나 금융기관 자금운영자의 실력이 아직 아마추어인 반면 외국계 펀드의 실력 있는 금융맨들이 우리시장을 좋은 먹잇감으로 보고 있다는 것이다.

2007년~2008년 초만 보아도 그렇다. 외국인들은 2000포인트 위에서 이익실현을 위해 줄곧 주식을 처분하고 있을 때 국내 펀드는 펀드자금이 지속적으로 몰린다고 향후 3000시대가 열린다는 광고를 하면서 개인들의 자금을 끌어들였다.

그 후 시장은 어떻게 되었는가? 펀드 손실이 40%에 이르고, 부동산 담보대출을 받아 주식에 투자했던 개인투자자들은 고금리 이자 부담으로 진퇴양난의 상황에 빠져들게 되었다.

결국 펀드자금이라는 것은 주식시장이 활황기 때 좋은 모습을 보고 개인들의 자금이 몰리기 때문에 경기가 후퇴기, 침체기로 갈 때를 대비해서 지혜롭게 펀드자금을 운용해야 한다. 하지만 대부분의 국내 펀드를 운용하는 팀은 젊은 청년들 일부를 제외하고는 경험이나 지식이 외국계 펀드보다 턱없이 부족하다. 필자는 1997년에 이미 이를 경험했다.

당시 필자가 만난 외국계 펀드매니저는 계속 하락을 외쳤다. 정부 발표가 있을 때마다 기술적 반등을 하려고 할 때 그들은 오직 반등 시 매도만 강조했다. 그러나 국내 고객자산을 운용하는 기관들은 계속 500포인트도 바닥, 400포인트도 바닥이라고 했지만 결국 2만 원짜리 주식이 1천 원짜리가 되는 것을 경험했다.

1992년 외국인들에게 주식시장이 개방될 때를 기억해보자. 당시 저PER혁명, 불루칩, 옐로우칩, 자산주 돌풍 등으로 시장에 새로운 물결의 파도가 밀려올 때, 과거의 잣대로 대응한 많은 투자자들은 수익보다는 손실이 많았다.

당시 필자의 경험을 사례로 들어보자.

필자는 데이콤을 매수했다. 날마다 상한가였다. 무려 14일 연속 상한가를 치는데, 당시 필자와 일부 지인들은 휴일이 없으면 좋겠다고 했었다. 최근 주식시장 풍경과 비슷하다. 90년부터 금융시장이 개방된 이후 철저히 가치주들이 미인주가 되었기 때문이다.

그 후 불루칩 우량업종 대표주들이 급등했다. 당시 필자는 바로 포스코를 매수했고, 현대건설도 매수하는 등 주식시장에 푹 빠져 있었다.

즉 트렌드를 읽고 순응했다는 것이다.

이처럼 시장은 늘 새로운 상품이 밀려들어올 때마다 돌풍을 일으킨다. 그 후 1996년과 1997년에 선물과 옵션시장이 개방되었는데 미리 준비한 사람들은 쉬쉬하면서 얼마나 재미있었던가. 그 후 소문만 듣고 '누가 매도로 돈 벌었다면 평생 매도만' 할 줄 알고, '누가 매수로 돈 벌었다면 매수만' 하는 투자자들이 얼마나 많았는가? 지금도 부지기수란 것이다. 신흥 갑부가 태어난 반면 그러한 상품을 미리 알지 못하고 거래했다가 신 빈민층으로 몰락하는 사례도 많았다. 이제는 투자자 스스로 프로가 되어야 한다.

물론 외국계 펀드라고 해서 모두가 다 잘할 수는 없다. 지난 1995년 고베지진 이후 일본경제의 침체를 모르고 투자했던 릭리슨 사건과 서브프라임 모기지 부실에 대비 못한 '제롬 커비엘' 같은 청년이 헤지펀드 자금을 운영한다면, 원금도 못 찾는 비참한 말로를 맞을지도 모른다.

고객이 자금을 맡기면 금융기관에서는 그 자금을 담보로 융자를 받아 운영하게 되므로 헤지펀드는 고수익이 나면 고수익이고, 파산이 나면 그냥 파산이다. 그래서 엘빈 토플러의 《부의미래》, 《불황을 넘어서》에서 보면 지금의 글로벌 금융시장을 카지노에 비유하기도 한다.

금융기관까지 파산의 도미노가 닥친다. "고수익=고위험"인 것이다. 선진국에는 연봉이 1조가 넘는 헤지펀드 매니저가 많다. 고수익이 나면 펀드 매니저가 무조건 20%를 가져가고 나머지 수익금은 절반씩 펀드 운용사와 고객이 나누는 식이다. 외국계 베테랑급 펀드 매니저 대다수는 나이가 많다. 어떻게 보면 경험과 연륜이 쌓여야 가능하다는 것이다. 그래서 알면 안 만큼 신흥 갑부가 되고, 모르면 신 빈곤층으로 전락하는 곳이 금융시장이다.

외국계 헤지펀드의 운용 사례와 연봉

헤지펀드란 원유부터 외환까지 돈이 되는 곳이라면 어디든 뛰어들어 고수익을 노리는 펀드다.

미국 헤지펀드인 르네상스테크놀로지(자산규모 120억 달러)의 펀드 매니저인 제임스 시몬스의 작년 연봉은 무려 1조 5800억 원(17억 달러)에 달했다고 미국의 기관투자가 전문지 〈알파Alpha〉가 최근 보도했다. 미국인 평균 급여의 3만 8000배에 이르는 금액이다.

2위인 케네스 그리핀은 14억 달러, 3위인 에드워드 램퍼트는 13억 달러를 한 해 동안 벌어들였다. 헤지펀드 매니저 수입 상위 25명이 2006년에 번 돈은 무려 140억 달러이다. 요르단이나 우루과이의 GDP와 비슷하다. 도대체 이들은 어떻게 이런 천문학적 연봉을 받을 수 있을까.

■ **헤지펀드매니저 2006년 연봉 순위**

순위	이름	펀드명	연봉(단위 : 달러)
1	제임스 시몬스	르네상스 테크놀로지	17억 달러
2	케네스 그리핀	시타델 인베스트먼트그룹	14억 달러
3	에드워드 램퍼트	ESL 인베스트먼츠사	13억 달러
4	조지 소로스	소로스펀드매니지먼트	9억 5000달러
5	스티브 코엔	SAC 캐피털어드바이저	9억 달러
6	보루스 코브너	캑스턴 어소시에이츠	7억 1500만 달러
7	폴튜너 존스	튜티 인베스드먼드 코프	6억 9000만 딜러
8	티모시 베러켓	애티커스 캐피탈	6억 7500만 달러

비밀은 수수료+수수료

헤지펀드는 극소수의 갑부나 투자기관들에만 판매되는데, 일반인 대상의 펀드(공모펀드)와는 비교할 수 없을 정도로 많은 수수료를 떼는 것이 특징이라고 한다.

헤지펀드는 수익이 나건 나지 않건 펀드 규모의 평균 2%를 매년 고정 수수료로 받고, 이익의 최소 20%를 성과급 수수료로 또 떼어간다. 유명 헤지펀드일수록 이 비율은 더 높다. 시몬스가 일하는 르네상스 테크놀로지의 경우 5%가 고정 수수료이고 성과급은 이익의 44%에 이른다. 이 회사에서 운용하는 약 60억 달러 규모의 '메달리온 펀드'는 무려 84%의 수익률을 기록했다. 17억 달러에 달하는 시몬스의 연봉이 이해가 가는 대목이다.

그러나 천문학적인 연봉 뒤에는 그림자도 짙다. 수익률로만 평가받는 이 시장에서는 어제의 스타가 순식간에 나락으로 떨어질 수도 있다. 미국에서 30억 달러를 굴리는 한 한국계 헤지펀드 매니저는 "예측과 반대로 시장이 움직이는 일은 셀 수 없을 정도고, 대부분의 매니저가 손을 덜덜 떨거나 불규칙적인 혈압을 견디지 못해 수시로 약을 먹을 정도"라고 말했다.

한국 금융시장의 판도를 분석하라

한국의 펀드매니저들은 미국과 같은 거액 연봉을 받을 수 없다. 우선 한국에서는 각종 규제 때문에 거액 연봉자의 산실인 헤지펀드 자체를 만들 수 없다고 한다. 또 일반인을 대상으로 판매하는 공모펀드의 경우 펀드매니저가 성과급 수수료를 받는 것이 금지되어 있다. 따라서 평균 연 2.5% 정도의 일반 수수료만으로 펀드매니저 연봉을 커버해야 한다. 이 때문에 국내 펀드매니저의 연봉은 스타급인 경우에도 4억~6억 원 선에 불과한 것으로 알려지고 있다.

다만 우리나라에서 거의 유일하게 성과급 수수료를 챙길 수 있는 것은, 기업 인수합병(M&A)을 전문으로 하는 사모투자펀드(PEF)이다. 헤지펀드처럼 소수에게만 판매되며, 1~2%의 고정 수수료에 최대 20%의 성과급 수수료를 받는 것으로 알려지고 있다.

그러나 국내 사모투자펀드 매니저 중에서도 수십억 원 연봉을 받는 스타는 아직 나오지 않고 있다. 2004년 12월에야 사모투자펀드가 도입되어 역사가 짧고 시장 규모도 작기 때문이다.

국내 사모투자펀드로는 mp3 제조기업인 레인콤에 600억 원을 투자한 장보고펀드나 샘표식품의 지분 30%를 매집한 "마르스 1호(우리투자증권 계열)등 25개가 있다고 한다. 하지만 굴리는 자금이 2조 5000억 원으로 미국의 상위 헤지펀드 매니저는 "특히 한국의 성과급 지급을 꺼리는 투자문화 때문에 수십억 원대 거액 연봉자가 탄생하기 어려운 구조"라고 말한다는 것이다. (2007년 5월 4일 조선경제에서 조사한 내용.)

위의 외국 사례를 보더라도 펀드 매니저의 연봉은 많으니 투자자에게 수익을 분배하는 것은 불확실하다. 그러므로 무조건 펀드가 좋은 것이 아니다. 손실이 발생해도 펀드는 투자자 개인 자금을 보상해줄 책임이 없다. 그러므로 투자자 스스로 경기 사이클과 시장흐름을 읽을 줄 알아야만 산다. 이 시대는 프로만이 사는 시대가 되어가고 있다.

직접투자를 하든 펀드에 맡기든 우선 본인이 알아야 그 시기를 조절해서 손실을 보는 일 없이 수익을 내고 피해를 막을 수 있다.

2003년에 라이브방송을 운영하면서 하루 선물 1포인트를 슬로건으로 걸고 했더니 신기하게 그 목표수익에 도달했다. 당시에는 1천 포인트 초반대 지수였으나, 지금은 1700~2000선 전후를 오르내리는 장세다. 변동성이 당시보다 큰 시장이기 때문에 초보자도 하루 2포인트 정도는 쉽게 낼 수 있으니 매월 100% 수익 달성이 어렵지 않은 것을 보면 향후 신 패러다임의 변화에서 무엇을 어떻게 준비해야 하는지 해답이 나올 것이다.

학교에 다닐 때 왜 역사를 공부하겠는가? 과거를 되짚어 보면서 더 이상 미래에 실패하지 않는 지혜를 가져 보자는 의미가 아니겠는가.

FUTURE OPTION

프로만이 산다

뜻밖에 미디어가 국가 전체 금융 인프라의 중요한 일부가 되었다는 얘기를 들었을 것이다. 대중의 정보 욕구가 커짐에 따라 정치가들도 매일같이 금융과 경제문제에 관한 자신들의 의견을 쏟아놓고 있으며, 텔레비전과 인터넷 등으로 24시간 투자자들의 정보 취득 욕구를 채워주고 있다.

우리나라도 공중파, 위성, 케이블 TV, 인터넷의 발전으로 수백만 명의 평범한 시민들까지 금융시장에 관심을 보이고 있다. 과거에는 소수 자본가들의 전유물이었던 다양한 금융상품 가운데 특히 헤지펀드에서나 하는 선물과 옵션을 이젠 전 국민이 알고 참여하는 것을 보면 놀랍다.

이미 선물과 옵션의 거래량과 거래대금이 세계 1, 2위를 할 정도로 관심이 높은 것이 현실이다. 그러다 보니 전 FRB 의장이었던 엘런 그린스펀이 한마디하면 세계 금융시장이 휘청거리고, 우리나라에 내한한 워런버핏이 주식시장에서 모든 주식을 처분했고 포스코만 일부 남았다고 하니까 다음 날 포스코 주식이 급등을 하는 웃지 못할 일들이 종종 일어난다. 그야말로 시장 참가자들은 실력자들의 말 한마디라도 그냥 소홀히 하지 않는다는 것이다.

그들이 주식시장에 대해 무심코 내뱉는 말 한마디는 마치 성서의 가르침이라도 되는 것처럼 회자되고 있다.

무엇 때문에 그들이 위대한 것일까? 그것은 프로이기 때문이다. 세계적으로 이 시대는 자본 투자 등 경제 전반에 대한 일반인들의 관심이 어느 직종에 종사를 하든지 높고 정치가들도 선거 때만 되면 증권 선물거래소 등을 방문하면서 한 표라도 더 얻어보려고 뛰어다닌다. 이처럼 나라마다 사회 전반에 영향을 가져오는 금융시장의 환경이 폭넓게 형성되고 그 투자층도 다양해진 것이 현실이다.

프로는 노력하는 자만이 된다

2명의 스탠퍼드 대학생이 인터넷 검색 업체 구글을 창업했다. 현재 구글은 포털사이트 중 매우 인기 있는 사이트로, 일반인들에게 주식을 공모하는 창구로도 활용한다는 발표는 놀랍지 않을 수 없다.

과거의 대학이 이론 학습 위주였다면 요즘의 대학은 달라지고 있다. 아니 달라져야 한다. 프로가 되지 않으면 대학 공부도 무용지물이기 때문이다.

1990년대와 2000년대는 시대가 다르다. 시대는 빠른 속도로 변화하고 있다. 대학에서 어느 분야든 자기가 재미있게 잘할 수 있는 일에 좀 더 많은 시간을 투자해서 전문가가 되어야 할 것이다.

인터넷의 발달로 지금은 전 세계가 하나의 네트워크로 연결된 시스템이 되었고, 이로 인해 속도에 의한 부작용까지 예언되고 있다. 앨빈 토플러는 자본과 금융 인프라의 혁명이 몰고 올 긍정적 부정적 여파를 경고했다. 어느 날 갑자기 2,000만 명 아니 1억 명의 인도인 투자자들이 영국의 주식시장, 중국의 주식시장에 밀물처럼 밀려왔다가 다음날 썰물처럼 빠져나가는 일도 상상해볼 수 있다고 한다.

우리는 이러한 시대에 살고 있다. 그런데 10년 전 국내에 도입된 금융상품을 공부도 하지 않고 있다가 투자하느라 낭패를 보고 있다는 것은 우리가 아직도 금융의 문맹사로 살고 있나는 것을 보여준다. 더 이상 그런 실패를 반복하지 않기 위해서라도 배워야 한다. 시대의 변화에 순응해야 한다. 점점 더 전문가는 바빠지고 비전문가는 할 일이 없게 되는 것이 이 시대를 살아가는 사람들의 모습이라 하겠다.

능력과 열정이 부자를 만든다

건강하면 우리는 멋진 인생을 꿈꾸며 살 수 있다.

요즘 신 빈민층이 40%가 넘어섰다는 보도가 있지만 반면 성공한 투잡스족 쓰리잡스족들도 있고 날마다 신나게 투자수익을 올리는 투자자들도 바로 우리 곁에 있다.

나 자신은 어느 쪽에 해당되는 사람일까? 지금쯤 자기 위치를 재점검하고 다시 한 번 일어나보자. 아직 건강하다면 당신은 전부를 잃지 않았기 때문에 희망이 있다. 물에 빠졌다고 익사한 것이 아니다. 익사하기 전에 헤엄쳐서 나오면 된다.

앞으로 우리 사회는 사회구조가 더욱 차별화되고 양극화 현상이 더욱 깊어질 것이다. 하지만 우리 인생은 고귀하기 때문에 극단적인 현실도피자의 행동을 취하는 것은 어리석다. 97년 환란 때보다 자살률이 더 높다는 통계가 있다. 그만큼 경제가 어렵다는 것이다. 정부는 다시 DTI(Debt to income : 소득수준 대비 부채상환능력)를 완화하면서 경기회복에 도움을 주려 하지만 시장은 요지부동이다.

우리 인간은 본래 위대하다. 마음먹기에 달려 있다. 필자도 목숨을 지탱하기가 어려울 정도의 아픔이 있었다. 하지만 죽을 만큼 노력을 해봤냐고 나 자신에게 되물어보았다. 나는 죽을 만큼 노력하지 않았다. 정말 죽을 만큼 노력해보면 답이 있다. 모든 일을 목숨 걸고 해보자. 안 되는 것이 있겠는가. 그런 마음 자세라면 고통 속에서도 감사할 수 있다.

어두운 밤이 있으면 반드시 환한 낮도 오는 것이 자연의 법칙이다.

대체로 많은 직장인들이 제2의 삶을 꿈꾸고 새로운 사업에 도전을 해본다. 새로운 직종으로 수익을 내기 위해서는 많은 시간과 비용이 들어갈 것이다.

음식점을 창업한다면, 우선 가게를 얻고 거기에 맞는 인테리어를 하는 비용이 들어야 한다. 그리고 전문가가 되기 위한 기술 전수도 받고 개업을 준비하는 데만 억 단위부터 시작한다. 개업 후 곧바로 흑자를 내면 다행이지만, 대부분 투자비용을 회수하기 위해서는 약 1년 정도가 소요된다. 경우에 따라서는 그 이상의 시간이 지나도 투자한 비용조차 회수할 수 없게 되어 준비한 비용을 고스란히 날리고 다른 사업에 손을 댈 수밖에 없기도 한다.

이렇게 1~2년의 시간과 비용을 투자해서 겨우 연명할 정도일 수도 있고, 일부 성공한 케이스도 10% 정도밖에 되지 않는다. 최근 2010년 여름, 자영업 10곳 중 7곳이 실패, 신 빈민층 전락이란 기사가 보도된 것을 보았다. 이것이 현실이다.

하지만 필자와 함께 선물 옵션 실전교육을 받고 수익으로 바로 연결되는 비용을 계산해보자.

1 책을 구입하는 비용 3~5 만 원

2 엠보트 교육비 330만 원

3 라이브 훈련 비용 143만 원

4 컴퓨터 1대 100만 원

5 선물 1계약할 수 있는 비용 1,350~2,000만 원(옵션 100만 원부터)

토탈 2,000~3,000만 원 정도면 충분하다. 옵션전용계좌로 시작하거나 대여계좌로 시작한다면 교육비 정도와 종자돈, 약 500만 원으로도 가능하다.

첫 달은 교육비와 함께 잃지 않는 것에 만족하고, 이후 한국말만 잘 알아들으면 실시간 리딩에서 충분히 수익 내는 전략을 설명해주기 때문에 진입과 청산, 추세에 따라 포지션 오버도 할 수 있는 구간이면 바로 흑자전환이다. 초보 회원이 교육을 받고 첫달부터 바로 하루 1포인트 이상의 수익을 내고 두 번째 달은 하루 2포인트 이상을 내는 경우도 있지만, 조금 서툰 회원은 잃지 않는 것부터 공부하고 조금씩 수익을 내도 그다지 어려울 것 없는 비전 있는 사업이다.

많은 사람들은 경기상승기와 하락기를 잘 모른다. 최근 경제 경영을 공부해도 주식시장의 생리는 귀신도 모르는 분야라고 성토하고 있다. 그러나 필자의 생각은 그렇지 않다. 우선 우리가 거래하는 선물은 코스피 200지수를 기초자산으로 하기 때문에 종합주가지수의 방향을 잘 알면 성공할 수 있다.

1997년 환란 이후 주가는 급등과 급락을 거듭하다가 1998년도 8월에 종합지수 277.37에서 출발하여 2007년 2085.45까지 대상투를 찍는데 약 10년이 걸렸다. 등락은 있었지만 최저점까지 내려가지 않는 상승장세였다. 이때는 만약 삼성전자와 같은 우량주를 10년 장기보유했다면 어떤 부동산투자와도 비교할 수 없는 수익을 올렸을 것이다.

선물과 옵션거래는 단기 하락과 상승파동까지 양쪽 다 수익을 내는 상품이기 때문에 확인매매만 잘하면 고수익의 기회가 많은 것 또한 장점이다. 즉 지난 2007년 11월쯤 상투의 징후는 너무나 확연했다. 1차 기술적 지표에서 과열현상이 너무 많았다. 이격 과다 흐름, 모든 신호의 과열 양상, 펀드에 돈이 몰리고 마지막 국면에서는 개미들까지 흥분하기 때문에 주가지수는 가파른 90도 각도의 상승파동이 나타난다. 그것이 바로 투자심리이다.

고수들은 이러한 흐름에서는 물량 처분의 기회로 보고 긴장을 하고 매도의 기회만 본다. 선물은 방향성 매매이기 때문에 반드시 확인 매도를 해야 손절이 적기 때문이다.

기술적 지표를 볼 줄 몰라도 시장 상황을 예의 주시하면 알 수 있다. 그런데 무엇 때문에 많은 개미들은 신용투자를 5조씩이나 해서 2008년도 연초장에 깡통을 차고 지금은 종자돈도 없이 있느냐는 것이다. 초보 때는 대체로 금융의 문맹자이기 때문이다. 주식시장에서는 많은 수업료를 지불하고 아픔을 겪어봐야 고수가 된다는 말이 나올 정도다. 이제 입문하고자 하는 많은 선물 옵션거래자는 더 이상 선배들처럼 많은 인생시간을 허비하지 말고 비싼 수업료도 지불하지 않고, 그러한 경험을 타산지석으로 삼아 새롭게 신바람 투자여행에 탑승해야 한다.

지금 사회는 기업도 양극화, 개인도 양극화되고 있다. 최근 선물 1계약도 못하는 계좌가 너무 많다. 주식시장에서 신용거래로 피해를 보고 남겨진 몇 백만 원 정도의 자금으로 파생상품에 눈을 돌리기 때문이다. 변동성이 클 때는 옵션도 한번 거래해볼 수 있기 때문이다. 그러니 잘 배워서 해야 꾸준한 수익을 내는 전문 트레이더가 될 것이다.

어느 분야든 열정을 다해 노력하는 자는 성공의 신화를 그릴 기회도 많다. 그러나 시대의 흐름을 읽지 못하고 도태되면 가정경제는 물론 국가경제도 변화에서 퇴보되는 현상이 나타나게 될 것이다.

열정이 있고 능력 있는 사람이 되어보자. 우리의 삶은 고귀하기에 더욱 신나게 살아야 한다. 그러기 위해서는 능력 있는 사람이 되어야 한다. 능력 있는 사람은 멋지다. 여성도 능력 있는 여성이 더 아름답다. 또 일을 하는 여성이 더욱 아름답게 될 수밖에 없다. 내면적 아름다움과 외면적 아름다움까지 모든 것을 갖출 수 있기 때문에 우리는 분발해야 한다.

어느 분야든 열정을 가지고 한다면 누구라도 신흥 갑부의 반열에 오를 수 있는 희망이 있다.

7

실전에서 꼭 필요한 이론 배우기

FUTURE OPTION

순천자는 흥하고 역천자는 망한다

세상을 살아가는 데에 있어 우리가 가장 먼저 알아야 할 것은 순리이다. 이를 거역하고서는 성공을 거둘 수가 없다. 말하자면 하늘에도 비행기가 나는 항로가 있고 지상에도 차가 다니는 차도가 있으며 바다에도 배가 다니는 뱃길이 있다. 비행기가 항로를 무시하고 배가 뱃길을 무시하게 되면 그것은 큰 사고로 이어질 수 있는 것이다.

우리가 주식을 하든 선물 옵션 투자를 하든 하루거래로 수익 쌓기를 하는 데이트레이딩에도 하루의 추세가 있으며, 일봉 패턴을 보고 하는 포지션매매에도 추세가 있다는 점이다. 이것을 거부하고 투자를 해서는 안 된다. 만약 이를 거부하고 자기만의 논리를 가지고 투자를 하게 되면 엄청난 손실을 볼 수 있다는 점을 명심해야 한다. 그러므로 투자자는 반드시 단기와 중기, 장기의 패턴을 주시해야 하며 전반적인 사이클의 움직임대로 자연스럽게 대응해야 하는데 이를 두고 추세적 대응이라고 한다. 그러한 것을 알 수 있는 것이 바로 기술적 지표이다. 특히 과거 블랙먼데이를 5년 전에 예측해서 세간의 화제가 되었던 엘리엇의 파동이론이라든지 이것을 보완해서 나온 갠 이론이라든지 혹은 이동평균선이 어디로 가겠다는 흐름을 보이는 보조지표 등 거래의 이정표로 알려진 것은 셀 수 없이 많다. 그러나 이러한 지표를 알아도 자기가 보는 시스템에서는 단순화시켜서 시장 참가자들의 힘의 균형이 어디로 쏠리느냐를 파악해야 한다. 수익과 직결되기 때문에 항상 지표의 흐름을 정확히 읽을 줄 아는 예리한 분석이 필요하다.

즉, 당일 데이트레이딩을 할 때는 고점매도부터 시작할 때가 있고, 저점매수로 시작할 때도 있다는 것이다. 이러한 분석을 잘하기 위해 우선 선물 옵션 기본 용어와 접근방법부터 기술적 지표까지 전반적인 흐름을 알아보도록 하자.

Tip 1 블랙먼데이(black Monday)

1987년 10월 19일(월요일) 뉴욕증권시장에서 일어났던 주가 대폭락 사건.

1987년 10월 19일 월요일 뉴욕증권시장은 개장 초부터 대량의 팔자 주문이 쏟아져 뉴욕의 주가는 그날 하루 동안 폭으로는 508포인트, 비율로는 전일 대비 22.6%가 폭락하였다. 세계 대공황의 계기가 된 1929년 10월 24일(목요일)의 뉴욕증권시장의 대폭락을 상회하는 폭락이라고 해서 붙여진 이름이다.

FUTURE OPTION

선물 옵션 용어 해설

일반적인 용어

레버리지(Leverage)

지렛대를 뜻한다. 차입 등을 통해 원금만 투자하는 것에 비해 손익을 확대시키는 것으로써, 마치 지렛대를 이용하듯 순수하게 자신의 힘만으로 들어올릴 수 있는 무게의 몇 배를 들어올리는 것을 의미한다.

주가지수 선물의 레버리지 효과는 6~7배까지 가능하며, 신용거래는 2~5배까지 가능하다. 다만 합성 전략 등을 활용할 경우 15배 정도까지 가능할 수도 있다.

베이시스(Basis)

주가지수 선물과 코스피 200지수의 차이를 말한다. 예를 들어 현 시점에서 주가지수 선물이 160포인트인데 코스피 200지수가 158포인트라면 베이시스는 160−158= 2(Point)가 되고, 주가지수 선물이 코스피 200지수보다 크므로 이를 '컨탱고(Contango)' 상태 또는 '정상시장' 이라고 하며, 여기서 산출된 2포인트의 베이시스를 '정상베이시스' 라고 한다. 반대로 코스피 200지수 포인트보다 선물가격이 낮을 때는 '백워데이션(Backwardation)' 이라 한다. 즉 '역조시장' 이라고 하며, 여기서 산출된 −2포인트의 상태를 '역베이시스' 라고 한다.

스트래들(Straddle)

'양다리를 걸치다' 의 뜻이며 콜옵션과 풋옵션을 양쪽으로 매도와 매수를 하는 전략을 말한다.

스트랭글(Strangle)

'질식하다. 조이다. 압박하다' 의 뜻이다. 외가격 옵션을 양쪽으로 매도와 매수를 해서 이익을 실현하는 전략으로 큰 폭의 주가 변동이 예상될 때는 외가격 옵션으로 스트랭글 매수를 하고, 큰 변동이 없을 때는 스트랭글 매도전략으로 권리행사를 못하는 옵션을 매도해서 수익을 내는 전략이다.

스캘퍼(Scalper), 스캘핑(Scalping)

서부개척 시대에 사람의 머리가죽을 벗기는 사람을 '스캘퍼' 라고 하며, 머리 가죽을 벗기는 일을 '스캘핑'이라고 하는데, 사람의 피부 구조 가운데 가장 얇은 피부가 바로 머리 가죽이라고 한다.

선물시장에서는 그야말로 초단타를 하는 것을 뜻한다. 통상 포지션 보유 시간은 2 ~3분을 넘지 않게 되는데, 2~3분이 넘을 경우 스캘핑이 실패할 확률이 약 70%에 이른다.

서킷 브레이크(Circuit Break)

주가지수, 선물가격의 변동률이 상하 5%이며, 코스피 200지수와의 괴리율이 3%인 상태가 1분 이상 지속되면 5분 동안 모든 주가지수 선물거래를 중단시키고 10분 후에 동호가(단일가) 처리를 하는 조치이다.

시장의 비정상적인 급등락을 방지하기 위한 제도인데, 그 유래는 1987년 10월 뉴욕의 블랙먼데이에서 찾을 수 있다. 즉 10~20분 동안 냉정을 되찾자는 의도로 만들어졌다.

델타(Delta)

옵션 프리미엄이 기초자산의 가격변화에 가장 큰 영향을 받는다는 것은 이미 살펴본 바가 있다. 이 관계를 나타내는 지표가 바로 델타이다 . 즉 델타는 옵션 가격의 변동을 기초자산가격 코스피 200의 변동으로 나눈 것이다. (델타=옵션가격의 변동/ 코스피 200지수)

코스피 200이 81에서 83으로 오를 때 행사가격 80의 콜옵션이 82에서 84로 올랐다면 델타는 2/2=1이다. 그러나 만기가 급박하지 않고 시간이 많이 남아 있다면 급한 상승세에서 실제로 옵션 가격은 더 크게 오르기 때문에 델타값은 1보다 더 커지게 된다.

- 델타는 옵션의 현금흐름곡선의 기울기다. 이것은 기초자산가격의 변화에 대한 옵션가격의 변화, 즉 두 변수의 기울기를 나타낸다. 콜옵션에서의 현금 흐름을 보면 외가격 옵션의 경우 옵션 가치가 '0' 이므로 델타값도 '0' 이 된다. 내가격 옵션의 경우에는 기초자산가격이 1 증가할 때 옵션가격이 1 증가하기 때문에 델타값이 1이 된다. 외가격 옵션에 가까울수록 0에 접근한다. 따라서 등가격 옵션의 기울기는 0.5 가 된다.

- 델타로 헤지 비율을 알 수 있다. 인덱스 펀드나 선물거래를 할 경우 헤지를 원할 때 이를 이용할 수 있다. 가령 코스피 200이 84일 때 콜옵션가격이 0.70이었는데, 지수가 84.10이 되자 옵션가격은 0.75가 되었다. 즉 지수가 0.10 움직일 때 옵션가격은 0.05 움직였다. 이때의 델타는 0.05/0.10으로 0.5가 된다.
인덱스 펀드나 선물 1단위를 보유할 때 콜옵션을 2계약 매도하면 전체 포지션의 델타는 0이 되어 이론적으로 완전 헤지가 된다. 이때의 헤지 비율은 1/0.5=2다.

- 델타는 기초자산에 대한 옵션의 상대적 위험도다. 가령 현재 코스피 200이 80.0이고 등가격 옵션가격이 1.00이라 하자. 지수가 79.90으로 하락할 때 델타가 0.5이므로 옵션가격은 0.95가 된다. 델타는 잔존일수에 따라 변화하는데 시간 흐름에 따라 등가격 옵션의 델타는 증가하고, 내외가격 옵션의 델타는 감소한다. 결국 델타값도 특정시점에서의 값이며, 시간의 흐름에 따라 변화하기

때문이다. 델타의 변화에 따라 헤지 비율에 의한 계약수도 계속 조정해야 하는 것을 '동태적 헤지'라 한다.

감마(Gamma)

감마란 델타값의 변화하는 속도를 나타내는 지표를 말한다. 옵션의 델타는 해당 옵션의 상태에 따라 그 값이 변한다.

델타값은 불변이 아니고, 기초자산 즉 코스피 200지수의 가격 변화에 따라 달라진다.

어떤 옵션가격이 외가격에서 내가격으로 변해갔다면 델타값이 0에 가까운 숫자에서 1에 가까운 숫자로 변해간다. 이렇게 델타값의 변화 속도를 나타내는 거래지표, 즉 델타의 기울기가 감마다.

감마 = 델타의 변동 / 시장가격의 변동

감마값은 대체로 초기에는 증가하지만 만기가 가까워지면 내가격과 외가격 옵션의 감마는 급속히 0으로 떨어진다. 이것은 시간가치가 급속히 잠식되어 델타값이 안정되기 때문이다.

옵션 투자의 결과로써 몇 십 배짜리 수익이 발생하는 예는 이렇게 만기가 얼마 남지 않아 감마의 값이 극대화될 때 나타나는 경우가 많다.

감마지표는 옵션의 볼록성을 측정하는 지표로 이용되는데, 옵션의 볼록성이란 코스피 200의 변화에 따라 옵션가격이 직선적으로 변하지 않고 비선형으로 변함으로써 옵션 매입자에게는 유리하게, 옵션 매도자에게는 불리하게 작용하는 것을 말한다.

즉 주가 상승 시 프리미엄 상승 속도가 하락 시의 프리미엄 하락 속도보다 크기 때문에 콜옵션 매입자에게는 그만큼 이익이며, 풋옵션 매입자에게는 하락 시 이익증가 속도가 상승 시의 프리미엄 하락에 따른 손실발생 속도보다 크기 때문에 이익이라고 할 수 있다. 반대로 감마가 크다는 것은 옵션 매도자에게는 위험이 커지는 것을 의미한다. 왜냐하면 만기일이 가까울수록 옵션 프리미엄은 감소하지만 손실규모는 무제한이기 때문이다.

콜 · 풋 옵션의 매수포지션은 감마가 양의 값을 갖고 매도포지션의 감마는 음의 값을 갖는다.

괴리율

이론가격과 선물가격의 차이를 백분율로 나타낸 것을 말한다. 이론가격은 현물가격에 만기일까지의 금융비용이 더해지므로 항상 현물가격(코스피 200)보다 높다. 따라서 선물가격이 현물가격보다 낮은 역베이시스 상태에서는 괴리율이 당연히 더 커지게 된다.

내재가치(Intrinsic Value)

옵션의 행사결제가격과 코스피 200과의 차이를 말하는 것으로써, 당장 옵션의 권리를 행사할 경우 얻을 수 있는 값이 내재가치다. 예를 들어 오늘 행사가격 100의 콜옵션 가격이 2.5로 거래되는데 코스피 200은 101.5다. 그러면 지금 당장 권리를 행사한다고 가정할 경우 1.5의 차익이 생기게 되는데 이것이 내재가치다.

내재가치의 변동성

현재의 옵션가격에 내재되어 있는 변동성을 말한다. 블랙 숄즈 모형에 각 변수들의 값을 대입해 반복 계산을 통해 만들어내는 내재변동성은 가장 많은 투자자들이 보편적으로 이용하고 있다.

내재변동성은 블랙 숄즈 모형에 대입해 동일한 만기일에 행사가격이 다른 옵션들도 변동성이 같아야 한다는 점을 이용한 것으로써, 옵션이 고평가되어 있는지 또는 저평가되어 있는지 판단하는 데 이용한다.

네이키드 포지션(Naked Position)

투기거래의 전형으로서 대다수의 선물이나 옵션포지션이 전략에 의해 보완되지 않고 한 방향으로만 투자되어 있는 포지션을 말한다. 방향이 맞을 때는 수익이 높지만 시장의 방향이 맞지 않을 경우에는 위험에 그대로 노출된다.

다이버전스(Divergence)

주가와 지표 간의 괴리현상이 나타나는 것을 말한다. 주가의 움직임과 지표는 같은 방향으로 움직여야 정상인데, 주가지수의 움직임과 지표의 움직임 방향이 달라 괴리가 발생하는 것을 말한다.

주가가 상승하며 전 고점을 돌파했는데 거래량이 전 고점의 거래량을 돌파하지 못하고 하락하면 앞으로 주가의 하락세가 예상되므로 매도포지션을 취하게 된다. 이것은 거래량뿐 아니라 다른 기술적 지표에서도 마찬가지로 다이버전스가 나타난다면 시장기조가 전환되는 매매 신호로 받아들일 수 있다.

더블 위칭데이(Double Witching Day)

3개월에 한 번씩 돌아오는 선물만기일과 한 달에 한 번씩 돌아오는 옵션만기일이 겹치는 3, 6, 9, 12월의 두 번째 목요일은 현물시장의 흐름이 크게 왜곡되는 현상이 일어날 수 있는데, 이러한 이유로 두 만기일이 겹치는 이 날을 더블 위칭데이라고 부른다. 흔히 마녀의 날(Witch' s Day, Witching Day)이라고도 부른다. 이 날은 프로그램매물의 정리로 주가지수의 급등락이 나타난다.

고수들은 이러한 변동성을 이용한 고수의 퍼레이드에 동참하면서 변동성을 즐기려 한다.

이전에는 종목 선물 옵션까지 세 마녀를 뜻한 말이 트리플 위칭데이였으나, 지금은 네 마녀를 뜻하는 말로 쿼드러플 위칭데이(Quadruple Witching Day)란 말로 다르게 사용되고 있다.

FUTURE OPTION

검증된 지표는 증시의 나침반

주가가 원칙적으로 어디까지 내려갈 수 있는지를 말해주는 법칙은 없다. 월가의 영웅이라 불리는 피터린치는 한때 저평가되어 있다고 확신하여 어떤 주식을 15달러에 1백만 주를 수개월 동안 십승석으로 매수했다. 그런데 그 주식은 몇 개월 후 12달러로 하락하였고, 피터린치는 펀드의 주주들에게 "이제는 절대로 더 이상 하락하지 않는다."라고 설득해 다시 50만 주를 추가로 매수했다. 그러나 그 주식은 수개월 후 다시 10달러로 떨어졌고, 그는 더욱 확신에 차서 자신의 개인 재산으로 주식을 매수했다.

그러나 운명의 여신은 가혹했다. 주가는 다시 8달러로 하락했고, 피터린치는 고향에 있는 어머니에게 전화를 걸어 "어머니, 이 주식은 지금 바겐세일 중입니다. 나중에 큰돈이 될 거예요. 무조건 사세요."라고 말했다. 그러나 얼마 되지 않아 주가는 다시 5달러로 떨어졌지만, 다행스럽게도 그의 어머니는 그때 그 주식을 사지 않았다고 한다. 월가의 영웅도 기술적 지표를 무시하다가 크게 고생을 했다는 얘기다.

혹자는 기술적 지표를 모르면 포커판에서 히든카드를 잡을 때 그것이 에이스인지 퀸인지도 모른다고 역설한다. 시시각각으로 변화하는 주가는 자신만의 어떤 기준이 없다면 100% 맞출 수가 없다. 그렇다고 운명론자처럼 비가 내리면 비를 맞고 햇볕이 내리쬐면 웃는 일을 반복할 수는 없다. 많은 투자자들이 이러한 불확실성 속에서도 주가를 예측하려고 끊임없이 노력해왔지만 자신만의 원칙을 정하지 못하고 늘 경제신문이나 방송에 의존한다.

주식이든 선물 옵션이든, 어떠한 금융상품에 투자를 하든 투자손실을 예상하고 투자를 하는 경우는 없을 것이다. 소액투자든 수천억의 펀드를 하는 전문가든, 누구든 수익 극대화를 위하여 끊임없이 연구하고 노력할 필요가 있다. 이는 당연한 이치이다.

그동안 우리나라 주식투자자들은 기업의 가치를 보고 투자하지도 않았고, 세력주들만 늘 따라다닐 때도 있었다. 하지만 환란 이후 외국인들의 투자가 활발해지면서 우리도 기업의 가치를 파악하는 데 별 어려움이 없어졌다. 과거에는 조금만 하락해도 당혹감을 감추지 못해 투매에 동참하는 일이 많았지만, 이제 그런 묻지 마 투자는 많이 사라졌다. 이것이 오늘 날 우리 증시 환경의 변화라고 할 수 있다.

하지만 상승기조의 주식시장일지라도 반드시 단기 조정을 거친다는 것을 알아야 한다. 그 한 예가 대상투를 치고 하락기조로 돌아섰던 2007년도이다. 시기를 놓친 많은 개인투자자들은 이를 제대로 파악하지 못하고 엄청난 손실을 보았다. 만일 이때 하락기조의 전환신호를 알고 모든 주식을 팔아 선물 매도나 풋옵션 매수로 투자의 방향을 바꾸었다면 많은 수익을 얻었을 것이다. 필자가 강조하는 점이 바로 여기에 있다. 아무리 상승기조라고 해도 이를 파악하기 위해서는 계속 공부해야 한다는 점이다.

오늘날 주식시장은 기업의 내새가치만 보고 투자를 결정하기에는 상당한 문제점이 따른다. 왜냐하면 경기의 흐름이나 정치 동향도 주식시장에 큰 영향을 끼치기 때문이다. 아무리 기업환경이 좋아도 무작정 주식을 매수하는 것은 큰 화를 부를 수 있다. 즉 기본적 분석은 기업의 가치를 보고 투자를 해야 하지만 외적인 상황을 무시할 수는 없다. 그래서 필요한 것이 매수 타이밍과 매도 타이밍을 잡기 위한 기술적 분석이다. 주가는 기업의 내재가치와 반드시 동일하게 움직이지는 않으며 수요공급의 원리가 철저하게 작용한다. 따라서 경기 하강 국면과 상승 국면으로 늘 순환 사이클이 나타나므로 기술적 지표의 흐름을 결코 무시할 수 없다.

2007년 11월에 역사적인 대상투를 찍고 경기침체기로 접어들면서 2009년부터는 글로벌 금융위기 이후 지금까지 상승기조의 흐름으로 이어지는 상황이다. 필자의 경험으로 보아 경기의 순환주기는 대체로 2년 반 주기지만, 부동산의 큰 사이클은 10년 주기로 오는 것으로 생각된다. 현재의 위치도 그렇다. 1997년도 환란 이후 2007년도까지 10년 만에 대상투를 치고 연초부터 종합주가지수는 곤두박질치며 폭락하였다. 이런 현상을 두고 애널리스트들은 미국발 '서브프라임 모기지 부실'이라는 금융위기로부터 시작되었다고 하나, 이것은 잘못된 판단이다. 주가하락은 그 전에 이미 예견되었던 것으로 오비이락(烏飛梨落)과 다름없는 형국이다.

지금은 전 세계의 부동산과 금융시장이 급락파동을 겪은 이후 다시 회복단계에 접어들고 있는 시점이다. 그간은 저금리로 해서 많은 자금이 풀린 상황에서 인플레이션이 최고조에 이르러 결국 금융시장의 거품이 붕괴되는 과정이었다. 그 와중에 일어난 사고가 바로 서브프라임 모기지 사태인 것이다. 이와 같이 자연의 섭리를 무시한 투자는 어느 곳에서든 성공할 수 없다는 것이 내 지론이다. 개인투자자들이 이러한 경제 흐름을 파악하기 위해서는 반드시 기술적 지표를 꼼꼼히 살펴야 한다. 그래야 진정한 고수가 될 수 있다.

FUTURE OPTION

갭(Gap)과 창(窓)

일반적으로 증시가 상승할 때나 호재가 많을 때는 시초가부터 사자세가 몰려 급등하는 경우가 많다. 이를 전문용어로 상승 갭(Gap)이라고 한다. 반대로 악재나 또는 진입 매도의 힘이 연속되는 국면에서는 하락 갭이 발생한다.

갭을 일본식 봉차트에서는 '창(窓)'이라고 한다. "갭을 메운다."라는 말도 봉차트에서는 "창을 닫는다."라고 표현한다. 갭과 창은 활용방법이나 판단기준이 유사하다.

갭이 발생하면 창은 현재 지속되고 있는 추세의 지지선이나 저항선으로 작용하는데, 상승추세에서의 갭은 지지선 역할을 하여 상승세의 지속을 암시하고 하락추세에서의 갭은 저항선 역할을 하여 창이 닫히지 않는 한 하락세가 지속됨을 의미한다.

따라서 상승추세에서의 갭은 향후 발생하는 일시적인 하락 조정 시에 바닥이 되어야 한다. 갭이 존재하는 상승추세에서는 거의 필연적으로 일시적 하락 조정이 생기는데, 이때를 매수 타이밍으로 삼아야 한다. 한편 상승추세에서 발생한 갭(창)이 닫히면 매도세에 의한 추세 변화로 인지하여 매수포지션 정리와 매도포지션까지 고려해야 한다.

갭 발생 이후 나란히형이란?

상승추세에서 상승창이 생성된 이후 시가가 거의 같은 양선이 연이어 출현되는 경우가 있다. 이는 강세 지속 패턴으로 봐야 한다.

이와 달리 하락 나란히형도 있다. 이때는 두 개의 양선은 선물시장의 경우 매도세가 취한 환매에 의한 것일 가능성이 높고 새로운 하락 국면의 일시적 상승일 경우가 많다.

상승 나란히형이 출현한 후 신고가를 경신하게 되거나 나란히형의 고가 위에서 신고가가 형성된다면, 이는 새로운 상승 국면의 전개를 의미한다. 반대로 하락 나란히형의 출현 후 신저가를 경신하게 된다면, 이는 새로운 하락 국면의 도래를 암시한다.

나란이형은 그리 흔한 패턴이 아니므로 참고하는 것일 뿐이다. 일반적으로 약세장에서는 음선 이후 출현한 하락 갭이 연이어 나타나는 경우가 많으며, 시가를 지속 음선으로 할 때는 매도세의 위력이 크므로 반등 시 매도로 대응해야 한다. 반대로 시가 갭 이후 지속적으로 저점을 높이면서 전일의 봉과 나란히 맞추면서 양선일 때는 저점에 매수로 대응하는 것이 실전매매에서 확률이 높다고 하겠다.

시초가 이후 추세를 확인하는 매매 방법

주식투자는 투자심리의 결정체라고 할 수 있다. 그러나 선물과 옵션은 투자라는 말보다 거래라는 말이 더 잘 어울린다. 투자의 개념은 어떠한 종목이 올라간다고 믿고 일정 금액을 투자한 다음 기다릴 수 있다. 즉 기한 없이 보유할 수 있다. 그러나 선물과 옵션은 기한이 있는 상품이다. 상승장은 어떻게 하면 싸게 사서 비싸게 팔 것인가? 반대로 하락장은 비싸게 매도하고 쌀때 사서 포지션을 청산하는것을 항상 고민해야 한다. 그러다보니 중요한 것이 바로 기술적 지표를 이용한 분석 방법이다.

일반적으로 상승기조의 변화가 올 때, 모든 이동평균선이 정배열로 되면서 주가가 추세선 위에서 움직이면 반락 시마다 매수로 대응해야 수익을 내기가 쉽다. 그러나 하락기조의 흐름으로 바뀔 때는 우선 상승추세대의 지지라인이 붕괴되면서 고점과 저점이 낮아지는 패턴의 변화가 온다. 이때는 장중의 대응 방법이 달라져야 하는데, 반등 시마다 매도로 대응해서 수익을 내는 것이 올바른 추세적 대응이다.

하루 데이트레이딩을 하는 투자자들은 시초가부터 긴장하지 않을 수 없다. 대체로 시초가 기준 순간 선물로 1~2포인트를 짧게 30분 안에 성공시킬 수 있기 때문이다.

먼저 하루 변동폭을 장이 시작되기 전에 분석해야 한다. 시초가 위치가 높게 출발할 때는 상방 흐름일지라도 추격 매수세가 적다면 당연히 지수는 밀리게 되어 있다. 이때 시초가 이후 지수의 방향은 음선이 지속되는데, 시가를 중심으로 즉각 매도에 가담만 해도 1포인트 정도의 수익을 올릴 수 있다.

하지만 자칫 방심하면 아랫꼬리 매수 자리를 놓치는 경우가 있는데, 이때는 이동평균선의 배열이 가장 중요하다는 사실을 알아야 한다. 정배열 속에 있어도 이격이 과다한 흐름이라면 고점매도가 유리하고 이격이 과다하지 않은 상승 초기의 패턴, 즉 모든 이동평균선이 역배열에서 정배열로 모아지는 국면이라면 약간의 눌림목 현상을 만들고 다시 상승하려는 속성이 있다.

그래서 필자는 시초가 이후 매매는 가급적 짧게 대응하고 물량도 가볍게 하면서 대응하는 전략을 강조하기도 한다. 이후 다음 방향이 다시 나올 때 두 번째 상승 흐름을 보이기 위해서는 이동평균선의 기울기가 확연히 우상방 흐름일 때는 어려울 것이 없다. 그러나 과매수 구간의 과다 이격이 나올 때는 정배열 속에서도 투탑(쌍봉) 패턴, 즉 단기 쌍봉 패턴을 만들면서 재차 반락하는 경우가 많다. 이때 즉각 시가를 재돌파하지 못하고 투탑 흐름이 잡힌다면 다시 고점매도가 효과적이다.

대개 분봉의 추세는 단기 추세, 중기 추세, 장기 추세가 있다. 투자자는 자신의 자금 성격에 따라 단기 추세로 단기 데이트레이딩을 할지, 중기 추세를 보고 포지션으로 스윙으로 대응할지에 대한 계획을 우선적으로 세워야 한다. 단기 추세매매는 5분과 30분까지 보고 대응하는 전략이고 중기 추세매매는 30분 이상, 60분, 그리고 일봉 추세를 기준으로 대응하는 것을 말한다.

추세선의 붕괴는 최소한 일봉 단위 매매로 전환하는 것이 보통이다. 단기는 당일 데이트레이딩으로 접근하고, 중기는 일봉 패턴과 주봉까지 보아야 한다. 특히 선물은 증거금 15%만 가지고 거래하기 때문에 일봉매매자, 즉 중기 추세매매자는 자금관리에 최선을 다해야 한다.

수익을 극대화하기 위해서는 단기든 장기든 추세적 대응을 하는 것이 중요한다. 데이트레이딩을 하는데 무슨 추세냐고 반문할 수도 있겠지만, 하루에도 비추세구간만 아니면 대체로 시초가 이후 추세가 결정된다. 일반적으로 매수의 기준선을 이탈하면서 모든 이동평균선이 역배열로 내려가는 장세는 단기지만 매도기준에서 매도 추세로 대응해야 한다. 역배열이 진행될 때는 엘리엇 파동의 5파동 구간까지 하락한 이후 다시 상승추세로의 전환 여부가 결정되기 때문이다.

그러므로 상승추세로 전환할 때는 반드시 단기 이동평균선을 상승기울기로 만들면서 서서히 변화를 주어야 한다. 대체로 시초가 이후 양선의 방향으로 힘이 실릴 때는 좀 더 확률이 높다고 하겠다. 반대로 하락추세로 전환할 때, 즉 모든 이동평균선을 이탈하면서 음선으로 지속하락할 때는 하락의 힘이 다할 때까지 하락하는 경우가 많다.

일봉매매로 중기 추세를 보고 거래할 때는 전반적인 지표를 분석한 이후에 포지션 구축을 해야 한다. 보조지표까지 과열신호가 없는지, 세력들의 포지션과 현재 기술적 지표의 위치가 상승파동에 있는지 조정파동에 있는지 등을 잘 판단한 후에 포지션트레이딩을 해야 하는 것이다.

FUTURE OPTION

일봉매매와 당일 수익 쌓기

일봉매매

주식시장은 강한 상승장과 강한 하락장 또는 횡보장으로 나눌 수 있다. 강한 상승장으로 진입하면 원웨이(One Way) 전략으로 대응하면 된다. 이때는 오직 저점매수와 청산 또는 일정 기간 동안 포지션을 구축해놓고 추세 이탈 여부만 확인하면 된다. 대체로 이런 매매는 주식투자자가 저점에서 매수하여 상승 사이클이 끝나는 5파동까지 보유하는 것이다. 이와 같이 선물 옵션거래에도 포지션을 구축해놓고 목표지수까지 오면 청산하는 것을 말한다. 이를 통상적으로 포지션 매매 또는 일봉매매라고 한다.

일봉매매로 성공하려면 파동이론을 잘 공부해야 한다. 상승파동이 마무리되는 시점도 모르고 마냥 보유하다가는 낭패를 당할 수도 있기 때문이다.

스캘핑과 데이트레이딩의 차이

선물시장에서의 스캘핑 거래란 초단타를 의미한다. 통상 포지션 보유 시간은 2~3분을 넘지 않는데, 넘을 경우 스캘핑이 실패할 확률이 약 70%에 이른다. 당일 짧은 틱을 보고 거래하는 것이 초단타 스캘핑이다.

데이트레이딩을 하는 투자자들은 대체로 분봉의 패턴을 보고 5분 단위 또는 15분, 30분 단위별로 당일 거래를 한다. 이것은 매매로 간주하기 때문에 초단타를 하는 스캘핑과는 차이가 있다. 초단타 거래는 그다지 바람직한 거래방법은 아니며 수수료도 만만치 않다.

회원관리를 하다보면 1포인트 수익이 나면 정산해주고 분봉에서는 강한 변동성 구간에서는 그냥 하루 2~3포인트 수직으로 상승 하락하는 경우가 많다. 이때는 좀 더 두고 보면서 거래를 하는 것이 좋다. 당일 상한선과 하한선의 밴드를 정해두고서 거래를 한다면 초단타까지는 아니더라도 당일 수익 쌓기에 좋은 매매 방법을 선택해서 거래할 수 있다. 즉 1포인트당 50만 원이기 때문에 최근 선물 1계약당 증거금이 1,700만 원 전후이므로 2,000만 원이면 1계약이 들어가고 변동구간이 작게는 100만 원에서 많게는 300만 원까지 나오기 때문에 결코 나쁜 매매 방법은 아닌 것이다. 이러한 매매는 추세가 없는 비추세구간에서

나 변동성 장세에서 더욱 고수익을 낼 수 있는 좋은 매매 방법이다.

즉 다음 날의 호재나 악재에 관심을 두지 않고 당일 마무리 짓고 계좌에는 항상 현금만 가져가는 데이트레이딩이 최고의 전략인 것이다.

FUTURE OPTION

엘리엇의 **파동이론**

엘리엇은 1871년 미국 LA에서 태어났다. 서부의 개발로 철도 건설이 한창일 때 그는 보선 배차계원 등 철도와 관련된 일을 하다가 25세 되던 1896년에 회계 사무를 배우게 되었다. 1925년 54세가 되던 때 병으로 고향에 돌아왔는데, 이 시기는 미국 시장의 주가 변동이 극심했고 그는 고향에서 주가 변동에 관한 연구를 시작하게 되었다.

그는 지난 75년간의 주가 변동에 관한 연구에 전념하여 연간, 월간, 주간, 일간, 시간별 매 30분 등의 데이터를 바탕으로 독특한 법칙을 발견했다. 따라서 엘리엇이론은 이론만으로 도출된 것이 아니라 실증적 연구와 분석에 바탕을 둔 것이라 할 수 있다. 63세 때인 1934년 12월에 엘리엇은 주가 변동에 관한 연구를 거의 마무리하고 당시 유력한 주식 시장 정보지의 편집장이었던 콜린스에게 편지를 보냈다. 이 편지에서 그는 머지않아 주가가 약세로 돌아설 것이라고 예측했고 그의 예측은 적중했다고 전해진다. 당시 콜린스는 엘리엇의 이상한 이론에 반신반의하였지만 1935년 들어 주가의 등락 시간을 정확히 적중시키자 그의 후원자로 나서게 되었다.

1946년 엘리엇은 명저 《자연의 법칙-우주의 비밀》이라는 책을 발간하고, 이 책에서 주식시장 이론이 시장을 구성하는 모든 사람의 행동을 지배하는 자연 법칙의 일부라고 적었다. 1948년 1월에 엘리엇한 그는 또한 《파동이론(The wave Principle)》이라는 유명한 저서를 남겼다.

엘리엇은 자신만의 고유한 분석기법으로 1935년 대폭락을 예언했고, 그의 신봉자라 할 수 있는 프레히터는 파동이론을 비장의 무기로 하여 1984년도 투자경연대회에서 4개월 만에 400%라는 경이적인 수익률을 올렸다. 그는 또한 기억조차 하기 싫은 1987년도의 대폭락 사태를 예측하여 세간을 놀라게 했다. 그 후 많은 분석가들의 연구와 실전에서의 검증을 거치면서 이 이론은 투자자들의 중요한 주가 예측 도구로 부상하게 되었다.

우리가 파동이론을 공부하는 것은 시장의 이정표로 활용하기 위함이다. 파동이론을 선물과 옵션시장에서 적용할 때와 현재 진행되고 있는 파동이 어떤 파동인지를 알고 사용할 수 있다면 '최소 손실, 최고 수익의 매매' 가 가능하다.

엘리엇은 시장 심리의 공정한 반영이 전제되어야 한다고 강조한다. 그는 이것을 두고 "자연의 법칙" 이라고 말했다. 말하자면 주식시장에서도 자연의 법칙이 전제되어야만 파동을 매길 수 있다는 것이다. 이 말은 시장 심리가 공정하게 반영되는 종합주가지수나 대형주 등은 파동이론의 적용이 가능하지만 소형주나 시장 참여자의 의사와 관계없이 몇몇 사람에 의해 주가가 움직이는 종목은 이 이론을 적용해선 안 된다는 뜻이다.

우리나라 시장에서는 종합주가지수, 선물지수, 업종지수 및 몇몇 대형주에 대해 파동이론을 적용시킬 수 있다. 그 외에 대부분의 개별 종목은 자연의 법칙에 어긋나므로 참고는 하되 적용하지 않는 것이 타당하다고 본다. 그러나 이런 개별 종목도 아주 장기의 파동을 매길 때는 적용 가능하다. 왜냐하면 단기의 파동은 왜곡될 여지가 있더라도 긴 시간의 파동을 놓고 보면 결과는 같아지기 때문이다.

초보자는 이해하기 어려운 부분도 있지만, 가령 부산에서 서울까지 갈 때 고속도로로 가는 것이 일반적(자연의 법칙)이라면 국도나 다른 도로로 가는 것은 특별한 경우라고 할 수 있다. 이처럼 비정상적인 길로 가더라도 부산에서 서울까지 전체를 놓고 보면 커다란 목적지는 같다고 할 수 있다.

선물 옵션시장에서 파동 매김으로 장을 분석할 때는 선물 옵션 자체의 그래프로 파동 매김을 해도 좋다. 그러나 연결된 혹은 이어지는 데이터를 찾을 수 없으므로 코스피 200지수로 파동 매김을 해야 오류가 적어진다. 코스피 200지수로 기준하더라도 실전 거래를 할 때 반영되는 데이터는 당해 선물차트로 하기 때문에 선물차트 분석에서 파동 매김을 잘해야 한다.

그러나 선물 옵션만기일에는 파동이나 지표 등을 좀 더 객관적으로 분석을 해야 하는데, 이때는 코스피 200지수로 하는 것이 효과적일 수도 있다. 기초자산인 코스피 200이 최종일에는 정산이 되기 때문이다.

또한 현재의 진행 파동이 상승 파동인지 하락 파동인지, 충격파동인지 조정파동인지 먼저 분석할 줄 알아야 한다. 이에 대해 그림으로 좀 더 쉽게 접근해 보도록 하자.

엘리엇의 3 가지 요소

1 패턴

2 비율

3 시간

엘리엇은 특히 패턴을 가장 중요하게 생각하여 뒤에 나올 피보나치 수열에 의한 상승 5파와 하락 3파의 파동 패턴을 정립하였다. 파동이론에는 우리가 흔히 접하지 않았던 비율, 즉 0.618%이라든지 0.382라든지 하는 비율에 의해 주가의 상승폭 하락폭이 결정되어지는데, 이 비율은 1,3,5,8,13,21로 나가는 피보나치수열에 의해 결정된다. 피보나치는 12세기 이탈리아의 수학자로 다음의 재미있는 문제를 소개했다.

"1쌍의 토끼가 태어난지 1개월 후 새끼 토끼 1쌍을 낳을 수 있다면 1년 후 몇 쌍의 토끼가 태어나겠는가?"

얼핏 보면 쉽게 생각될지 몰라도 새롭게 태어난 토끼가 1개월 후에 또 다른 새끼 토끼를 낳을 수 있으므로 그 토끼의 쌍은 기하급수적으로 불어난다.

새로 태어난 토끼 쌍의 숫자를 나타내어 보면 1, 2, 3, 5, 8, 13, 21,

34, 55, 89, 144, 233....이 계산되는데, 이렇게 연속되는 숫자를 피보나치수열이라 한다. 연속되는 두 숫자를 합하면 그 다음의 숫자가 된다. (1+2=3/3+5=8 등.)

연속되는 두 숫자 중 뒤의 숫자를 앞의 숫자로 나누면 그 값은 1.618로 수렴한다. 여기서 파동이론의 황금비율인 0.618과 0.382가 나온다. 1.618의 역수가 0.618이고 2.618의 역수가 0.382인 것이다.

신비의 쌓여 있는 이집트의 피라미드 역시 정면에서 바라볼 때 밑변과 높이의 비율이 1대 0.618이며 그리스 아테네의 파르테논신전 역시 이 비율로 건축되었다. 최초의 황금분할이라는 비율도 1:0.618이다.

엘리엇의 파동이론의 원칙

가장 기본이 되는 원칙은 바로 충격파동과 조정파동의 파동수이다. 즉 시장 흐름과 같은 방향의 충격파동은 반드시 5개의 파동이며 시장 흐름과 상반되는 조정파동은 반드시 3개의 파동으로 이루어져야 한다. 이 원칙은 파동의 변형이 발생하였거나 파동 계산을 잘못한 경우 적용된다.

1번 파동

1번 파동은 일반적으로 다른 충격파동인 3번 파동이나 5번 파동에 비해 파동의 폭이 작고 힘도 그리 강력하지 않다. 그 이유는 다우의 장기 추세 중 축적 단계처럼 시장의 추세가 방향을 새롭게 전환하여 움직

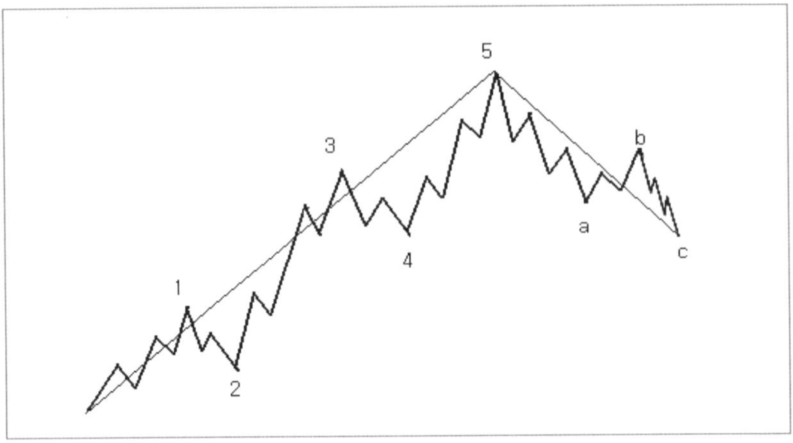

이기 시작한 단계이므로 추세 전환에 반신반의하는 매도세력에 의해 에너지가 충분히 발산되지 못하기 때문이다. 그래서 주가 지수의 각도도 계단식 상승이나 45도 각도로 움직이는 경우가 많다.

따라서 파동이 미약하여 1번 파동인지 여부를 판가름하기 곤란한 점이 없지 않으나 가장 확실하게 파악하는 방법은 파동을 하위 파동으로 세분화하는 것이다. 즉 1번 파동은 충격파동이므로 5개의 파동으로 분류되어야 하고, 이전의 C파동은 조정파동 중에서 하락 충격파동이므로 반드시 5개의 하위 파동으로 구성되어야 한다. 그러므로 하락 5파와 상승 5파의 하위 파동이 연속적으로 구성된다면 1번 파동일 가능성이 매우 높다.

2번 파동

어느 정도 상승하였던 추세가 다시 꺾어지게 되면 매도세의 힘은 점점 커지게 된다. 1번 파동이 마감되면서 다시 시장은 하락추세로 들어서게 된다. 따라서 대부분의 투자자들은 1번 파동을 추세 하락 국면에서 단기 반등 정도로 생각하여 실망하게 될지도 모른다. 그러나 대부분의 경우 2번 파동은 1번 파동 폭의 38.2%를 되돌리는 데 그친다. 비록 그 깊이가 깊어져 61.8% 혹은 그 이상을 조정하더라도 앞에서 살펴본 원칙처럼 2번 파동이 1번 파동의 출발점 이하로만 내려가지 않으면 파동의 지속은 여전히 유효하다.

2번 파동의 일반적인 조정은 지그재그(Zig-Zag)형과 변형인 플랫(Flat)형이 주로 나타나며, 조정파동은 반드시 3개의 하위 파동으로 구성된다는 점을 인식해야 한다.

3번 파동

1번 파동에서 31.8% 정도의 조정을 받은 후 2번 파동이 마무리되면 본격적인 상승인 3번 파동이 시작된다. 3번 파동은 제일 강력한 파동이거나 적어도 제일 약한 파동이 될 수 없다. 즉 3번 파동이 가장 강력한 파동일 가능성이 높다는 것이다. 이는 장기적으로 볼 때 다우이론의 기술적 추세 추종 단계로 돌입함을 의미한다.

3번 파동은 파동의 길이가 길기 때문에 단기 매매보다는 5번 파동이 나올 때까지 끝까지 홀딩해서 수익을 극대화하는 전략이 요구된다.

4번 파동

끝없이 오를 것만 같던 3번 파동이 어느 정도 진정되면서 4번 파동이 시작된다. 4번 파동은 한 번 더 남은 충격파동인 5번 파동을 위해 에너지를 축적하는 단계로 대체로 피보나치 비율인 38.2%의 되돌림을 하게 된다. 절대적인 것은 아니지만 3번 파동의 중심을 하회하지 않는 것이 특징이다. 4번 파동이 지나 5번 파동으로 넘어설 때의 각도는 주가의 분출 구간처럼 90도 각도로 나타나는 것이 특징이다. 실전에서 거래할 때는 순간 파동 매김이 잘못되었을 때 오류가 발생하는 것이지 지나고 보면 이것이 몇 번 파동에 해당된다는 것을 정확히 알 수 있게 된다.

5번 파동

5번 파동은 그동안 보유하고 있던 금융자산을, 선물거래에서는 분할 청산하는 구간이다. 따라서 이 단계에서 물량을 추가로 늘리는 것은 위험성이 매우 크다. 그 다음에 올 조정파동은 대세 하락의 시작이기 때문이다. 5번 파동을 마치고 나면, 선물 옵션 거래자들은 고점매도 전략으로 큰 수익을 낼 수 있는 국면이 된다. 대표적으로 2007년의 급락 파동은 최고점이 월봉상 5파동의 끝자락에서 진행되었고 볼 수 있다. 5번 파동으로 넘어설 때의 각도는 주가의 분출 구간처럼 90도 각도로 나타나 투자자들의 흥분상태를 볼 수 있으나, 하락기조의 5파 구간은 패닉상태를 볼 수 있다.

조정파동

상승 파동이 마무리되면 하락 조정기인 A파동이 시작된다.

이후 반등하여 B파동이 시작되는데, 이때 61.8% 수준까지 되돌림을 하지만 변형되는 경우에는 플랫은 100% 되돌림을 A파동의 시작시점까지 불규칙하게 나타나는 파동이 나올 때도 있다.

일시적인 상승 국면인 B파동이 끝나면 하락 C파동으로 시장은 다시 거대한 하락 국면에 들어간다. 이때 마지막 파동은 A, B, C 파동을 하나의 조정파동으로 하여 마무리되기도 한다.

파동의 변형과 연장 파동

투자자들이 가장 혼란스러운 경우는 파동이 연장될 때이다. 이 때문에 엘리엇 파동이론에 대해 어느 누구도 이것이 정답이라고 말하지 않는다. 다만 파동의 성격을 보고 몇 번 파동인지 알 수 있을 때가 많다는 것이다. 파동은 변화가 매우 많다. 때로는 미달형도 있고 때로는 오버슈팅으로 연장되는 파동까지 범위가 자유롭다는 것이다. 그러나 조금만 집중하여 몇 가지 원칙에 따라 파동 매김을 하게 되면 대부분 어떤 파동인지를 찾아낼 수가 있다.

카지노의 메카인 라스베가스의 프로 갬블러들도 파동이론을 공부하고 있는데, 확률에 의해 철저히 배팅을 해야 승부에서 이길 수 있기 때문이다. 이와 같이 기술적 지표는 자신의 철저한 분석을 통해서만 신뢰할 수 있고 활용가치도 있다는 사실을 알아야 한다.

FUTURE OPTION

이동평균선

현물시장이나 선물시장에서 모두가 중요하다고 말하는 추세(Trend)란 무엇인가? 우리는 등산을 할 때 오르막과 내리막을 경험한다. 정상까지 갈 때는 잠시 내리막이 있지만 오르막길이 더 길고 많다. 반대로 내려올 때는 내리막길이 더 많다. 이것이 바로 추세다. 즉 한 번 방향을 잡으면 그 쪽으로 계속 가려고 하는 흐름을 말하는 것이다.

추세란 시장의 흐름 또는 방향을 말하는데, 주식이나 현물시장에서 추세를 제대로 파악하지 못하면 수익은커녕 손실의 폭만 점점 커지게 된다. 예를 들어 하락기조하에서 주식 매수를 하거나 선물시장에서 선물 매수를 한다면 손실만 커지는 것이다. 또한 상승기조하에서 추세를 모르면서 매도포지션으로 하락할 권리에만 가담하게 되어 수익은커녕 엄청난 손실만 입게 된다. 추세를 무시한 결과다.

특히 변동성이 큰 선물과 옵션에서는 반드시 추세를 알고 매매해야 한다. 그래야 상승기조에서도 하락기조에서도 항상 수익을 낼 수 있다. 그러므로 신바람 나는 투자여행을 하기 위해서는 추세를 아는 공부가 무엇보다도 중요한데, 추세를 알기 위해서 필요한 것이 바로 '이동평균선'의 흐름이다.

추세를 가장 쉽게 아는 방법

이동평균선의 흐름을 알면 추세를 예측하는 데 편리하다. 하루하루 주가흐름을 완벽하게 예측하는 일은 결코 쉬운 일이 아니다. 최근엔 각 증권사마다 경쟁적으로 기술적 지표들을 개발해서 만들어놓았기 때문에 추세를 한눈에 알아볼 수 있다. 특히 선물과 옵션을 거래할 때, 데이트레딩으로 수익을 낼 수 있도록 만들어진 분 차트는 당일 수익 쌓기에 매우 유용하다. 하지만 이런 지표가 있다 해도 제대로 분석할 줄 모른다면 무용지물이 되기 싶다.

이제부터 어떻게 지표를 보고 자기 나름대로 분석할 수 있는지에 대해 알아보자. 조금만 공부하면 쉽고 재미있게 배울 수 있다.

가장 쉽게 접근할 수 있는 단기 이동평균선

일주일간의 평균적인 주가 흐름을 나타내는 5일 이동평균선은 오늘을 기준으로 최근 5일간의 주가를 평균한 것으로 매일 그 수치가 다르게 나타난다. 또 10일과 20일 이동평균선도 있는데, 각각 10일과 20일

동안의 주가나 지수의 평균값을 나타내는 이동평균선을 말한다.

대체로 주식시장에서 일봉매매를 할 때 단기 5일선 위에 주가지수가 놓여 있으면 추세가 살아 있다고 보고 반락 시 저점매수와 청산하는 흐름으로 시장에 접근해야 한다. 주가가 상승할 때는 엘리엇 파동이론에서 공부했듯이 5일선을 타고 지속 상승하다가 5파동의 상승 흐름이 마무리되면 단기 5일 이동평균선을 이탈하면서 대체로 1차 10일 이동평균선까지 조정을 받거나 20일 이동평균선까지 조정을 받고 다시 상승 흐름을 타기도 한다.

그러므로 단기 추세를 파악하려면 5일 이동평균선의 변화에 관심을 가져야 한다. 만약 추세 이탈만 없다면 저점매수와 청산을 지속적으로 유지하는 것이 좋다. 이탈 시에는 이익 실현과 아울러 저점매수 기회는 주가의 생명선이라고 하는 중기 이동평균선인 20일선의 지지 여부를 보고 매수시점을 잡는 것이 좋다. 이것이 통상적인 시장 대응 방법이다.

그동안 많은 회원을 관리하면서 개인투자자들의 실패 사례를 보았는데, 대개 매수시점과 매도시점을 제대로 잡지 못한 것이 그 원인이었다. 또한 저점매수를 했어도 파동의 끝까지 홀딩해서 수익을 극대화해야 하나 작은 흔들림에도 포지션을 놔버리는 경우가 많다. 또한 현재의 위치가 바닥권인지 천장권인지 몰라 제대로 물량 조절을 하지 못한 것도 실패의 원인이다.

이동평균선의 교차

대개 상승기조일 때는 이동평균선들이 정배열에서 계속 상승하다가

5일 이동평균선부터 10일 이동평균선을 하회하면서 배열이 바뀌고 크로스가 발생하는데 이를 데드크로스라고 한다. 반대로 역배열로 계속 하락하던 지수가 상승으로 전환할 때는 다시 이동평균선의 배열이 바뀌면서 상승 전환할 경우가 있는데, 이를 골든크로스라 하며 다시 정배열의 초입으로 들어선다. 이런 상황을 두고 이동평균선의 교차라고 한다. 즉 정배열에서 역배열로 진행된다거나 역배열에서 정배열로 바뀌는 상황이 이동평균선의 교차지점이 되는 것이다. 이러한 상황이 나타날 때는 즉각 포지션을 청산하고, 다음 추세의 흐름이 바뀔 것이므로 반대전략으로 수익을 극대화해야 한다.

이동평균선이 정배열에서 상승 5파동을 거친 후 다시 역배열이 진행되어 이격도를 축소하면서 시장은 항상 수렴과정을 거치게 된다. 이렇게 이동평균선이 등락을 거듭하는 성질을 알면 재미있게 선물거래는 할 수 있다. 이때는 일정한 박스국면에서 등락을 보일 때도 있으므로 비추세구간에서의 매매 방법을 접목시키면 된다. 짧은 상승과 하락이 반복되는 흐름을 타면서 사이클 매매로 접근해 보는 것이 좋다. 이동평균선의 배열이 과다하게 역배열에서 정배열로 만들어져가는 과정에 있기 때문에 등락 이후 시장 변동성이 진행될 것을 염두에 둔 매매방법이 가장 좋다. 추격 매도와 매수보다는 박스권 이후 방향이 나타날 때까지 기다리는 것도 확인매매가 될 것이다. 이처럼 이동평균선의 움직임을 통해 매도시점과 매수시점을 잡을 수 있다.

그러나 하락 시 역배열에서 이격이 과다하게 발생하면 확산이 진행된 이후에는 다시 수렴 구간으로 접어들면서 시장의 변화를 가져오게 된다. 이때 분봉의 5일 이동평균선 위로 지수가 오를 때는 단기 상승추세를 만들어가는 과정으로 보고 추세의 변화로 받아들여야 한다. 물론 좀 더 안정적인 매매를 하려면 20일 이동평균선의 위치까지 오른 것을 확인한 후 매수 전환해도 늦지 않다. 반대로 매도신호가 상승하면서 정배열 패턴의 이동평균선이 다시 확산된 이후 5일 이동평균선이 꺾이며 데드크로스를 발생시킨다면, 이때는 주식종목이나 지수를 보고 거래하는 선물에서도 매도신호로 보고 고점매도 기회를 엿봐야 한다.

이동평균선 하나만 제대로 공부해도 시장 추세를 알고 접근할 수 있다. 모든 이동평균선은 수렴과 확산의 원리로 반복되는 것이므로 몇 번째 반복인가를 파동이론과 접목시키면 추세의 흐름을 알 수 있는 것이다.

Tip 1 이격도

주가와 이동평균선과의 괴리를 말하는 것인데 일반적으로 주가는 이동평균선으로 회귀하는 현상을 가지고 있다. 이격도의 구성요소 중 키워드는 주가, 이동평균선, 수치화이다. 이 3가지 용어에 대한 정의를 제대로 이해해야 한다.

이격도 = 주가 / 이동평균선 x 100

FUTURE OPTION

일본식 봉차트로 **매도**와 **매수 흐름** 잡기

일본식 봉차트의 기본

일본식 차트의 유래는 전설적인 거래자 '혼마 무네히사' 로부터 시작되었다. '시장의 신' 이라고 불리던 그는 18세기 초 '사카다' 라고 하는 쌀 집산지의 대상 가문에서 태어나 당시 일본 최대의 곡물거래소 '도지마 쌀 거래소'(현재 오사카)에서 막대한 부를 쌓았다. 그는 일본 최초의 곡물 거래소였던 '요도야 거래소' 시절부터 역사적 가격 추이를 분석하는 방법으로 오사카 시장을 석권하는 등 대중의 심리를 통찰하는 기법으로 이익을 실현한 전설적인 투자자였다.

봉차트는 일본의 쌀 선물거래소에서 시작되어 발달하면서 현재 아시아권뿐만 아니라 서양에서도 많이 사용하고 있다. 종가를 점으로 찍어

선으로 이은 선형 차트로 출발하였지만 지금은 고가와 저가를 표시하여 하루의 변동폭을 알 수 있는 봉형 차트로 발전되었다.

차트는 통상적으로 선차트와 봉차트로 나눠진다. 선차트는 미국식 차트로 분류되고 봉차트는 일본식 차트로 분류된다.

일본식 봉차트는 국내에 증권시장이 개설된 이후 계속 보급되어 왔는데, 실전투자자들이 추세 전환 신호와 패턴을 분석하는 데 많이 이용하고 있다. 대부분의 이론서에 기본적으로 동일한 내용이 수록되어 있어 누구든 쉽게 내용을 알 수 있다.

일본식 봉차트는 크게 두 가지 유형으로 나눌 수 있다. 시가보다 종가가 높은 양선(陽線)의 패턴과 시가보다 종가가 낮은 음선(陰線)의 패턴이 그것이다.

양의 흐름은 늘 힘의 균형이 매수에 실리면서 매수세가 강함을 의미한다. 그래서 봉차트의 모습도 대체로 적색으로 표시하는데, 적색은 투자자들을 흥분시키기도 하고 당일 매수세의 힘을 과시하기도 하는 힘의 지표이다. 반면 음의 흐름은 당일 매도세의 힘이 강함을 가늠할 수 있는 하락의 힘의 지표이며, 당일 시세가 매도세가 우위라는 것을 나타내는 지표로 볼 수 있다.

봉차트 하나만 가지고도 시장을 선도하는 위치에서 당일 수익 쌓기를 하면서 거래를 할 수 있다. 다만 실전에서는 아침 시초가부터 장대음봉으로 계속 하락하던 시장이 후장에 다시 반격이 강하게 나오면서 장대음봉이 다시 양봉으로 전환하는 경우도 있기 때문에 반드시 단기지표의 변화에도 유의하면서 거래해야 한다.

봉차트를 하나하나 공부하다 보면 신비스러운 점이 많다. 하지만 모

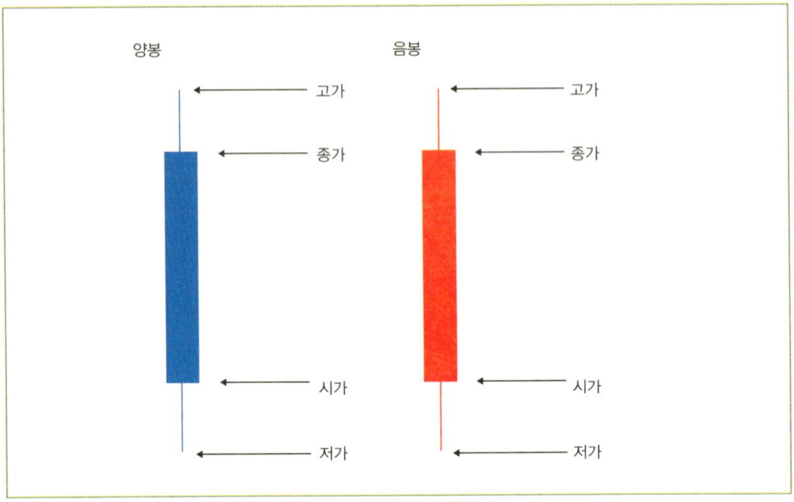

양봉과 음봉의 의미

- 봉은 몸통과 위아래로 달린 꼬리로 구성
- 양봉은 시가보다 종가가 높게 마감된 것을 뜻함
- 음봉은 시가보다 종가가 더 낮게 끝난 것을 뜻함

든 기술적 지표에는 속임수도 많다는 점을 잊지 말아야 한다. 속임수를 잘 잡아내는 것도 하나의 기술이다.

1) 장대양봉의 의미

장대양봉은 시가보다 종가가 높게 마감을 하면서 하루 종일 매수세력의 힘이 강하다는 것을 나타난다. 이 흐름은 매수세력이 종일 매도세력을 압도했다는 뜻으로, 매도보다는 시초가의 저점 이후 종일 매수만 홀딩하는 전략으로 큰 수익을 낼 수 있다. 흔히 추세 전환이 될 때 나타나는 추세 반전 신호로 받아들인다.

2) 장대음봉의 의미

장대양봉과 반대되는 현상으로, 시초가 이후 지속적으로 매도세력이 강함을 나타내는 신호다. 매수보다는 반등 시 매도만 보유하면서 당일 최저점에서 청산하고 매도로 큰 수익을 낼 수 있는 패턴이다. 이 신호도 하락기조로 전환하는 추세 반전 지표로 활용된다.

3) 망치형의 의미

추세의 천장권이나 바닥권에서 자주 볼 수 있는 패턴이다. 먼저 망치형 패턴은 지속 하락하던 지수나 주가가 하락을 멈추면서 저점 대비 상승 후 양선의 망치형을 종가상으로 만들어 놓은 것으로, 다음 날 주가나 지수가 대체로 상승하는 중요한 추세 전환의 신호다. 우산형(Umbrella)이라고도 한다. 우산형에는 망치형(Hammer)과 교수형(Hanging Man)이 있다. 망치형은 더 이상 하락하지 않고 반등할 가능성이 매우 높고, 이것이 양선이라면 더욱 신뢰도가 높다고 하겠다.

반대로 교수형은 천장권에서 잘 가던 주식이나 지수가 아래 긴 음봉

의 그림자를 만들고 다시 음봉으로 끝나는 것으로, 시세 흐름이 상승 에너지가 약화되면서 고점에 매도세가 우위를 보이는 패턴이다. 장중에 약세를 보였으나 종가에 다시 상승을 시도했지만 실패했다는 것이다. 이 패턴은 마치 교수형에 처해진 죄수처럼 보이는데, 매도 시기를 놓치면 큰일날 것 같은 망치형과는 또 다른 패턴이다. 교수형이 음선이면 매도에 더욱 신뢰도가 높다고 하겠다.

T자형이란?

- 몸통의 윗부분에 윗꼬리는 거의 없고 몸통 밑에 긴 아래꼬리가 몸통 길이의 두 배 이상인 경우.
- T형은 그 위치와 의미에 따라 두 가지로 분류.
- 하락추세에서 상승추세로의 추세 전환을 나타내는 것을 해머형.
- 상승추세에 있던 주가가 하락추세로 전환할 때 발생하여 추세 전환을 내포하는 것을 교수형.

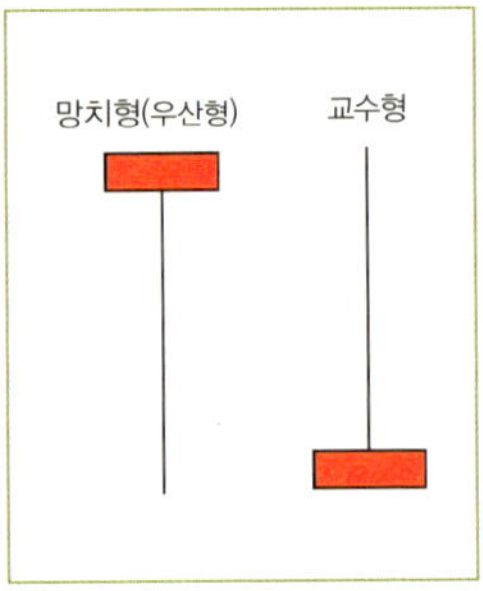

4) 샅바형

일본 스모의 전술인 '요리끼리' 라는 말에서 나온 용어로 '상대방의 샅바를 잡고 모래판 바깥으로 밀어내다' 라는 의미다. 기존 추세를 유지해오다가 새로운 추세를 만든다는 뜻이다.

추세반전 상승 샅바형

- 당일의 시초가가 장중 내내 종가까지 최저가인 상태의 봉이며 장중에 강하게

위로 주가가 상승을 하였지만 매물대를 만나 밑으로 밀려 위꼬리가 달린 양봉의 형태를 말함.

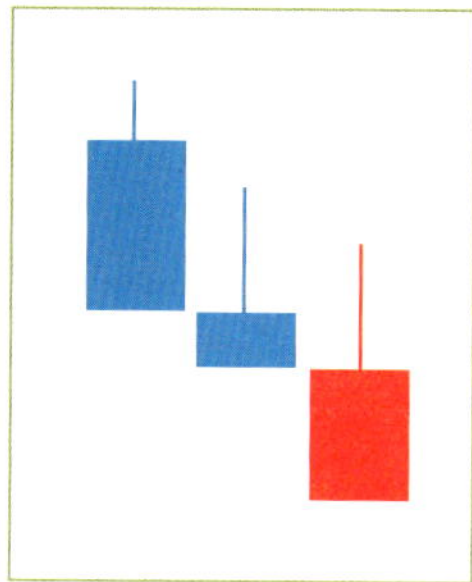

- 몸통의 길이가 긴 것을 보고 매도세와 매수세 간의 널뛰기 힘겨루기가 진행되었다는 것을 알 수 있고 종가상 긴 양봉으로 마감을 했다는 것은 매수세의 단기 승리라고도 보여짐. 이 봉의 출현과 더불어 거래량이 증가해야 신뢰성이 높아짐.
- 이 형태는 몸통의 길이가 길수록 반등에 대한 신뢰도가 높으며 지속적인 하락추세의 마지막인 바닥권에서 출현을 한다면 추세의 전환 이전에 단기적으로도 매수의 관점으로 대응을 하여야 함.

추세반전 하락 샅바형

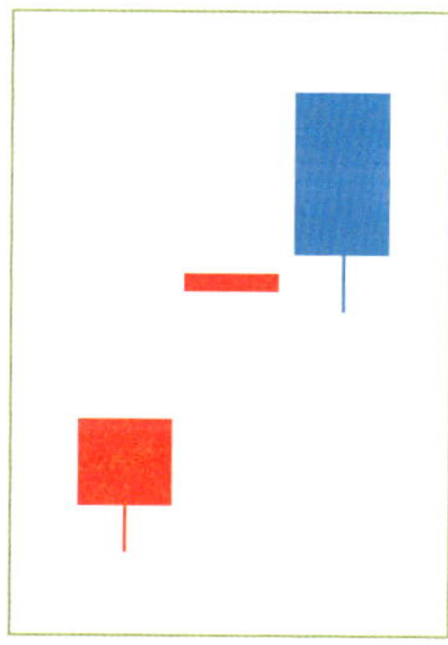

- 상승 샅바형과 반대의 개념으로 장 시작할 때의 시초가가 그날 최고가인 상태로 몸통과 아래꼬리로 형성됨. 몸통의 길이가 길고 아래꼬리는 짧으며 봉의 특징상 음봉이어야 함.
- 아래꼬리를 만들었다는 것은 저가의 매수세는 있기는 하지만 고가에는 매도세가 상존하고 있거나 세력이 고가에 이익을 실현하고 저가에 다시 물량을 받았을 때 나타나는 형태.
- 이 형태는 매도세와 매수세 간의 힘겨루기든 주가견인세력이 개미들을 유인하기 위한 작전거래든 매매공방전이 치열하여 거래량이 증가하는 모습을 보임.
- 상승추세의 진행 중 천장권에서 이 모습이 발생하고 지지의 이평선이 훼손되

고 거래량이 급증한다면 반드시 매도로 대응해야 함.

• 하지만 다음 날의 종가가 전일 고점인 시초가 위에서 마감이 된다면 상승추세가 더 진행됨을 의미.

5) 십자형(Doji)

주가가 장중에 등락을 거듭하다가 종가와 시가가 같아지게 되는 경우를 십자형(Doji)이라고 한다. 이 신호가 나타나면 다음날 시장이 추세 반전이 된다는 경고의 메시지로 받아들여야 한다.

상승추세에서, 고공권에서 십자형이 나타나는 경우는 매수세가 확신이 부족하여 동요될 때 발생한다. 이것이 음선의 십자형일 때는 다음날 하락 반전한다는 전주곡으로 알아야 한다.

반대로 하락하던 주가가 하락을 멈추면서 십자형 패턴으로 마감하면 하락이 마감되고 다음날 주가는 양선으로 상승의 추세반전이 진행될 확률이 높다.

십자 도지(시가=종가)

• 매수세와 매도세의 균형을 이루는 균형점에서 발생, 매도세와 매수세가 팽팽한 싸움, 장중에 위로 아래로 싸움을 반복하지만 그 싸움의 결말이 나지 않은 제자리걸음의 상태로 장마감을 하는 경우에 발생.

• 추세 전환의 신호로 보며 주가가 하락하는 과정에서 긴 봉이 만들어지고 그 다음에 발생할 경우에

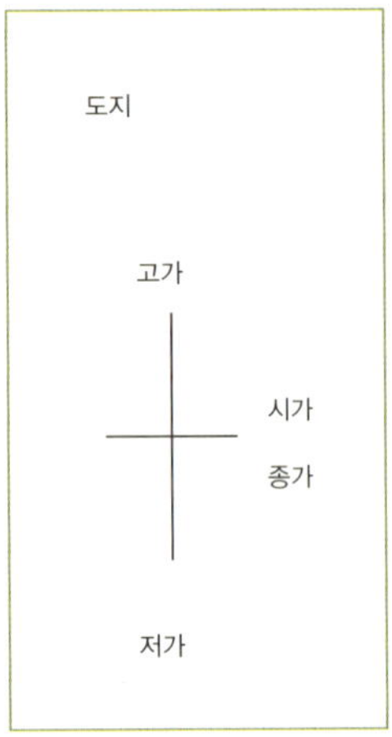

는 상승추세 전환을 내포함.

- 상승추세의 고점에서 이 도지가 발할 경우에는 하락추세의 전환으로 보아 일단 보유물량을 축소하는 것이 현명함. 이 십자형 일봉의 특징은 하락에서 상승으로 추세의 전환보다는 상승에서 하락으로의 추세의 신뢰도가 훨씬 강함.
- 십자형 중에서도 위아래 꼬리가 아주 긴 장족의 십자형이 있는데 시가와 종가는 같으나 장 중에 높게 올랐다가 길게 하락한다는 것은 매수세와 매도세의 극도의 불안심리를 내포함.

꼬리가 긴 비석형 도지

- 시가, 종가, 저가(시가=종가=저가)가 거의 같은 경우에 발생.
- 주가는 장이 시작할 때 정해진 가격에서 상승을 하지만 장중이나 마감에는 결국 다시 원점으로 돌아오는 모양으로 상승 여력이 부족하거나 아예 상승의 의사가 없는데 장중 개미들의 추격매수를 유발하고 물리게 할 때 사용하는 모양.
- 상승추세의 마감 무렵인 고점에 나타날 때에는 바로 전량 매도를 하고 도망을 가야 하고.
- 하락의 막바지에 이 비석도지의 출현은 매수세력의 부활로 봐도 무방. 하락추세의 마지막에 나타나면 추세반전의 예비신호이기도 하지만, 며칠 더 하락을 한 후 상승을 시도할 경우가 많음.
- 바닥에서의 변동성의 확대는 매수세의 부활로, 고점에서 봉의 길이가 길어지는 변동성의 확대는 매도세와 세력의 물량 떠넘기기 활동이라는 것을 상기해

야 함.

6) 잉태형(Harami)

일본말로 하라미는 잉태하다, 임신하다의 뜻이다. 아이를 가진 엄마의 배처럼 보인다고 해서 붙혀진 말이다. 잉태형에도 상승 잉태형과 하락 잉태형이 있다.

추세반전 상승 잉태형

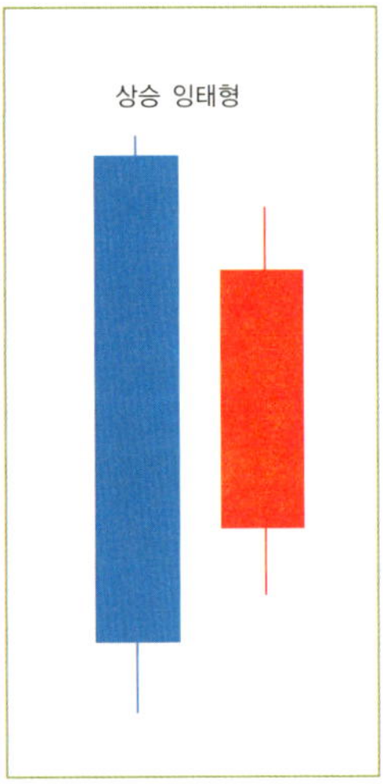

- 일정한 추세의 진행 중에서 이 잉태형이 나온다는 것은 반전의 의미를 갖고 있음.
- 하락추세의 진행 중에 장대음봉이 나오고 다음날 그 장대음봉 속에 짧은 몸통이 출현한다는 것은 이미 전일의 종가를 당일의 시초가가 뚫었다는 것으로 추세반전의 예고전인 장대음봉을 만들은 강력한 매도세를 어느 정도 이긴것.
- 당일의 봉이 짧은 몸통을 나타내는 것은 기존의 매도세와 신규의 매수세가 팽팽한 균형을 이루고 있다는 의미며 내일 출현하는 봉으로써 대립의 승자가 누구인지를 가늠할 수가 있음.
- 실전의 매매에서 이 형태를 확인하고 매수의 시점을 찾을 때는 장대음봉, 그리고 단봉, 셋째날 이후 장대음봉의 시초가를 돌파할 때에 매수에 가담하는 것이 안전.

추세반전 하락 잉태형

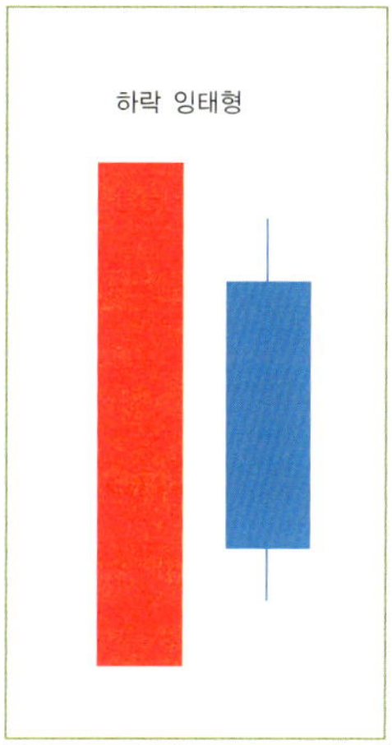

- 상승 잉태형과는 반대로 상승추세의 주가가 하락을 내포한다는 신호.
- 상승하던 주가가 장대양봉이 출현하고 다음날 바로 이 장대양봉 안에 작은 봉이 출현한다는 것은 이미 전일의 종가를 당일 시초가부터 갭으로 깨고 내려왔다는 것이므로 장기 추세는 모르더라도 단기에는 매도세의 강화로 하락의 뜻을 담고 있음.
- 이 형태는 신고가를 경신해가는 종목 중에서 기존의 개미들을 떨구어내려는 세력의 트릭에서도 나타나며, 실전의 대응 방법은 이 형태의 당일 50%정도의 물량을 정리하고 다음 날의 봉이 장대양봉의 하단부를 깰 때는 나머지 물량을 모두 매도로 대응.

7) 별형

별형에서 샛별형은 모닝스타(Mornong Star), 석별형은 이브닝스타(Evening Star)라고 부른다. 통상적으로 이러한 패턴은 추세의 마무리 국면에서 잘 나타난다.

샛별형은 조만간 새날이 밝아온다는 의미가 있으나 석별형은 어두운 밤이 온다는 뜻으로 받아들여야 한다.

샛별형일 경우, 패턴이 있고 난 다음 날의 지수는 전전일의 장대음봉을 50% 상회하는 갭 상승으로 나타날 때 좀 더 신뢰도가 높다. 반대로 석별형에서는 전전날의 장대양봉을 50% 하회하는 갭 하락이 나타날 때 신뢰도가 높다.

별형 신호가 나올 때는 다음 날 지수의 모습이 연상되므로 시초가부터 시장 대응에 많은 도움이 된다. 즉 시초가의 움직임대로 대응하는 것이 실전에서는 확인매매가 된다. 아래의 실전 봉차트를 보면 이해하기가 쉽다. 샛별형 이후 상승 반전 모습과 양봉과 음봉의 흐름 또한 이해할 수 있는 모습이다.

추세반전 샛별형

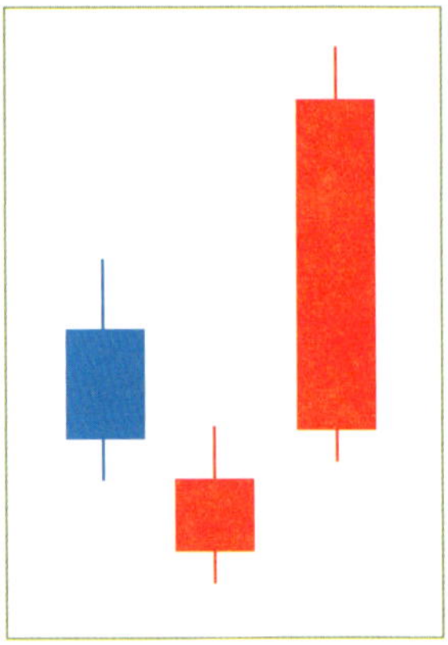

- 샛별형과 석별형은 모양 자체가 쉽게 눈에 띄진 않지만 만들어지는 형태 전체를 이해해야 실전 차트에서 찾을 수가 있기에 모양을 세밀히 관찰할 것.
- 추세의 반전에 아주 중요한 신호를 나타내는 이 별형은 장대양봉이나 장대음봉 다음에 갭이 발생하며 작은 몸통의 양봉이든 음봉이든 봉이 출현하는 것을 말함.
- 샛별형은 첫째날 긴 몸통의 음봉이 발생하고 둘째날의 봉과 첫째날의 몸통 사이에 갭이 발생하며 둘째날의 몸통의 색은 그다지 중요하지 않으며 셋째날의 봉의 몸통은 반드시 첫째날과 반대의 색이어야 하며 하락추세에서 발생하여 상승추세로 전환 신호를 나타내고 있으며 별형에는 관통형의 의미가 결합되어 있음.

추세반전 석별형

- 석별형은 샛별형과는 정반대의 의미를 가짐. 석별형은 상승추세에서 첫째날

긴 몸통의 양봉이 발생하고 첫째날과 둘째날의 몸통 사이에 갭이 발생하며 셋째날의 봉은 첫째날과 다른 반대색의 긴 몸통이 발생하여 상승추세에서 하락전환 신호를 나타냄.

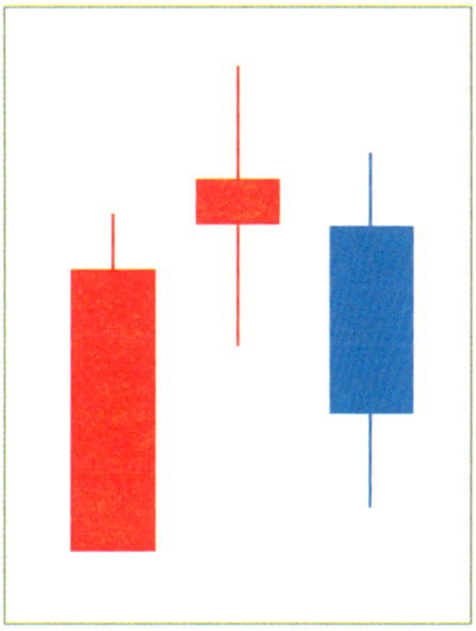

- 상승을 하던 주가가 장대양봉을 만들고 그 다음 날 단봉이 출현으로 상승의 강도가 약해진다는 의미가 있으며 셋째날의 봉에 따라 그 해석이 결정되어 지나 셋째날의 봉이 음봉으로 첫째날의 장대양봉의 중심선을 이탈한다는 것은 하락추세로의 전환으로 인식됨.

봉차트의 모습은 다양하게 나타나고 많은 패턴이 있으나 실전에서 많이 나타나는 것들만 소개해 보았다.

FUTURE OPTION

일목균형표

일목균형표는 일목 산인이라는 사람에 의해 창안되었는데 그는 세상을 뜰 때 실전에 적용할 수 있는 예는 모두 회수하여 소각하였다고 한다. 그나마 기본 이론도 비기(秘記)처럼 암암리에 전해져 내려오다 최근에 알려졌다. 국내에서도 몇몇 소수에게만 알려져 사용되다가 2001년 이후 필자가 운영하고 있는 엠포트 필진에 의해 그 기본 원리가 사이트에 번역 정리되었고, 그 일부만 공개되었다. 일목균형표는 기준선, 전환선, 선행스팬, 후행스팬1, 후행스팬2 등 5개의 중요한 선으로 구성된다. 구름대라고 하는 것은 선행스팬1과 선행스팬2로 둘러싸여진 띠를 말한다. 이것은 주가를 미리 예측하는 차트로 사용하기보다는 주식시장의 기본 원칙인 대응의 원칙하에 추세를 파악하는 데 유용하게 사용할 수 있는 것이다.파생시장, 특히 선물 옵션시장에서 이를 이용하면 추세와 변곡점을 확인하는 데 매우 탁월하게 적용할 수 있다. 어렵지도 않아 몇 가지 간단한 규칙을 공부하는 것만으로 습득이 가능하다.

일목균형표로 본 기준선의 기본개념

일목균형표에서 중요하게 여기는 선은 모두 5개이다. 그 중에서 첫 번째는 기준선으로 분석을 시작하는 시점부터 끝나는 시점까지 26일을 기간으로 하여 산출한다. 이 기간 안에서 최고가와 최저가를 합해 2로 나눈 값이 현재 시점의 기준선 가격이 되는 것이다. 이것은 이동평균 가격의 값과는 다른 개념이다. 일목균형표의 기준가를 산출하는 방법은 이동평균가를 산출하는 방법과는 확연히 다르다. 이동평균가는 26일 동안의 각각의 날짜별 종가를 모두 더하여 그 몫을 26으로 나누면 산출된다. 하지만 일목균형표의 기준선 가격은 26일 동안의 최고가와 최저가를 더하여 이를 2로 나눈 값을 말한다. 이것은 중간 값의 개념이지 평균가의 개념이 아니다.

일목균형표를 분석할 때 주의할 점은 중간가라는 의미를 적용해야 할 때가 자주 있다는 점이다. 평균가보다 중간가의 의미를 잘 이해해야 한다. 마치 시장지표 값(RSI/스토캐스틱 등)을 산출할 때 일정한 기간 동안의 최고가나 최저가에 대비하여 얼마만큼의 비율로 상승이나 하락했는지를 산출하는 것과 같은 의미다. 일목 산인이 이를 창안한 것은 동양의 중용사상에 영향을 받은 것은 아닌가 생각된다. 일목산인은 일목균형표에 나오는 대부분의 수치를 과거 차트의 통계치를 내어 경험적으로 산출한 것이 아니라 선험적인 의미로 산출했다고 한다. 그는 주식시장과 별개로 동양사상에서 발견한 중용의 이치를 끌어와 합리적으로 적용시키는 과정에서 이 수치를 발견했다고 한다. 시장에서 실제 적용해보면 마치 18일이나 20일 이동평균가와 비슷하게 움직이는 것을 볼 수 있지만, 시장은 이보다는 훨씬 민감하게 움직인다. 따라서 우리는 이 지표에서 필요한 부분만을 뽑아 유용하게 적용시키면 된다.

일목 산인은 26일을 기준으로 하였지만 오늘날의 주식시장은 1개월에 20일 정도 개장하므로 기준선의 수치를 20일 정도로 수정해서 사용하는 것이 좋다. 필자가 20일로 조정해서 적용해본 결과 큰 차이가 없었다. 20일 이동평균선과 25일 이동평균선 정도의 차이였다. 이는 이동평균선을 분석하는 사람에 따라 20일, 18일, 25일 등을 적절히 조절해서 사용하는 것과 같은 의미라고 해도 무방하다. 이 이론은 단번에 몇 포인트가 상승 또는 하락할 것이라고 딱 떨어지게 예측하는 지표가 아니라 추세를 파악하는 데 유용한 지표다. 따라서 이를 사용하려면 여기에 나오는 다른 수치들도 이와 합당하게 조절해 사용해야 한다. 이 이론에 관심이 있는 사람은 기준선을 20일로 하여 적용해 보는 것도 한 방법이다. 그렇게 할 경우 다음 장에서 설명할 전환선을 7일이나 5일 또는 다른 적절한 수치로 조절해서 적용하면 되고 앞으로 나올 선들의 수치값들도 적당히 조절하면 된다.

그럼 일목균형표의 기준선의 적용 방법과 의미를 살펴보자. 첫째 기준선은 말 그대로 가격 흐름의 기준이 되는 선이다. 즉 가격이 하락의 흐름인지 상승의 흐름인지를 판정하는 기준을 말하는데 기준선의 방

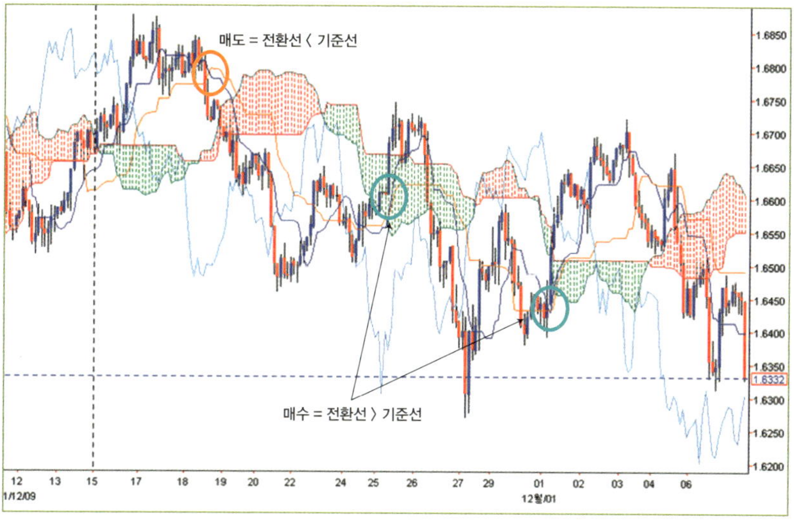
매도 = 전환선 〈 기준선
매수 = 전환선 〉 기준선
1.6850
1.6800
1.6750
1.6700
1.6650
1.6600
1.6550
1.6500
1.6450
1.6400
1.6350
1.6332
1.6300
1.6250
1.6200
12 13 15 17 18 19 20 22 24 25 26 27 29 01 02 03 04 06
1/12/09
12월/01

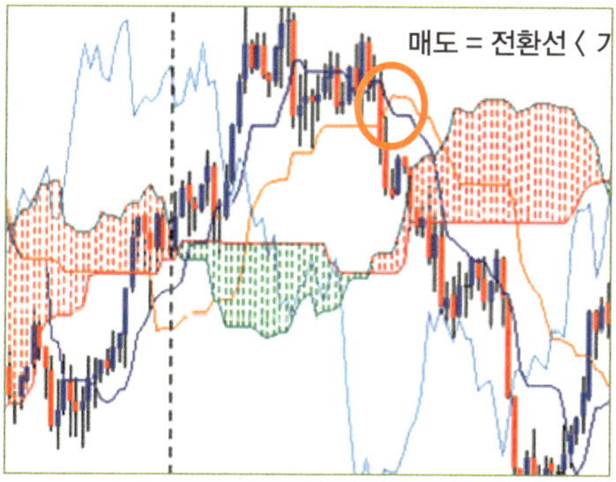
매도 = 전환선 〈

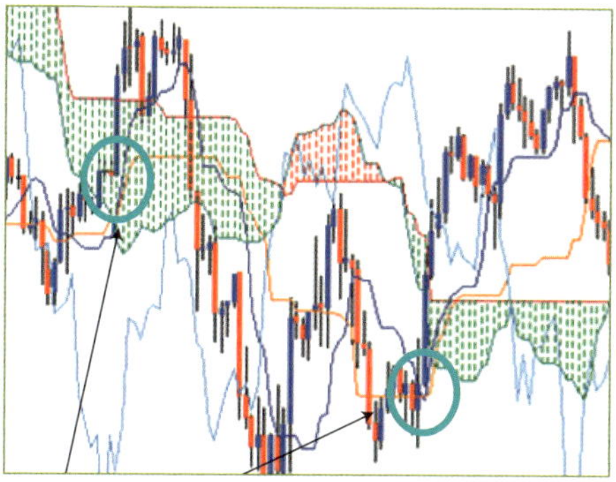

향이나 추세적 방향에 따라 상승하고 있는지 하락하고 있는 지에 따라 시세가 상승으로의 움직임인지 하락으로의 움직임인지를 판단한다. 이는 기본 이론과 그림을 보면 쉽게 이해할 수 있다. 여기서 추세적 방향이란 중간 중간의 미세한 등락은 무시한 채 형성되는 시작과 끝의 방향을 말한다.둘째, 가격이 기준선 위에서 움직이다가 상승 장세 아래쪽에서 움직이면 하락 장세라고 판단할 수 있다. 다시 말해 가격이 기준선으로부터 위쪽에서 움직이면 상승 움직임으로 판단하고 반대의 경우 하락 움직임이라고 본다. 셋째, 가격이 추세 전환이 되려고 하거나 추세 전환이 되는 초기일 때는 일시적으로 기준선을 뚫는 경우가 많다. 이때는 뚫고 난 뒤 원래의 수준으로 되돌아오는 시간이 많이 걸리면 안 된다. 그럴 경우 추세의 변화가 있을 수 있다는 것을 예상해야 한다.

이 평균선을 가지고 거래할 때 기준선과 전환선 저항선의 흐름과 특별하게 다른 것은 없다.

대략적인 지표들을 나열한 것은 모든 기술적 지표는 자세히 검토해 보면 일맥상통하는 점들이 많다는 것을 소개하기 위함이다. 좀 더 많은 자료는 엠포트 자료실에 저장되어 있다.

물론 투자자가 다양한 지표를 많이 알고 있다고 해서 실전에서 큰 수익을 내는 것은 아니다. 하지만 이 지표들을 잘 활용하면 최소한 상승과 하락 그리고 변곡점을 잡아낼 수가 있다. 그래야 더 높은 수익을 창출할 수 있다는 점을 명심해야 한다.

FUTURE OPTION

갠 이론

주식시장에 대해서는 수많은 이론이 있지만 비율을 적용하는 데는 상당히 유용하게 쓰이는 것이 갠 이론으로 실전에서 적용하는 전문가는 흔치 않다.

"나는 엘리엇 파동이론이 잘 맞아서 수익을 냈다."거나 "나는 윌리엄스라는 보조지표가 잘 맞아서 수익을 냈다."라는 등 전문가들도 보는 지표가 제각각이다. 자신이 늘 봐왔던 지표가 신뢰할 수 있기 때문에 수익을 올릴 확률이 더 높을 수 있는 것이다.

그러나 직접 자신이 검증하지 않은 지표라도 좀 더 시간을 두고 더 많은 수익을 올리기 위해서는 공부하고 시험해볼 필요가 있다. 갠 이론도 하나의 이론이기 때문에 그냥 지나칠 수는 없다.

갠(William D. Gann)은 수학자이므로 기하학적 각도의 기본을 강조했다. 엘리엇의 이론처럼 시간의 움직임에 따라 수평각, 수직각, 대각선 등 기본적인 기하학적 각도를 측정하고 있다.

우주 속에서 질서를 찾으려는 것이 카오스 이론이다. 처음 카오스 이론의 형태는 생명체의 번성과 감소에 대한 연구로부터 출발했다.

갠은 1900년대 초반에 월스트리트에서 '도사' 라는 별명을 얻을 정도로 상품시장의 전설적인 운용자였다. 면화, 곡물 등의 상품 거래에서 286번의 매매 중 92%의 경이적인 성공률을 기록했다. 그는 우주에 관통하고 있는 오묘한 질서는 모든 존재에 내재되어 있기 때문에 '우주에는 우연이 없다.' 라고 단정하고 자신만의 독창적인 비율체계를 정립했다. 이를 바탕으로 한 그의 투자실적은 50년의 경력 동안 5천만 달러 이상의 부를 이루는 것으로 나타났다.

갠은 기하학적 각도와 시간과 가격을 조합한 기본 사각형을 통하여 전통적인 차트 개념을 구현했다.

갠은 미래의 저항과 지지영역으로 작용할 역사적인 고점과 저점을 매우 중요하게 생각했다. 즉 붕괴된 저항선은 곧 지지선이 되고, 지지선이 붕괴되면 저항선이 된다고 생각했다. 갠의 이론은 시간과 가격을 수학적, 기하학적으로 조합한 이론으로 시간 요소와 가격 요소를 정사각형과 기하학적 각도(geometric angles)라는 분석틀에 의해 추세를 분석하였다.

기하학적 각도

갠은 가격과 시간을 연계시키기 위해 기하학적인 각도를 이용했다. 전통적인 추세 분석은 둘 이상의 고점이나 저점을 연결하여 추세선을 그리지만, 갠의 기하학적 각도에서는 고점이나 저점 하나씩을 연결하면 된다. 즉 고점이나 저점에서 자신만의 독특한 비율의 각도로 추세선을 그렸는데, 정사각형의 모눈종이를 이용했다고 한다. 갠의 기하학적 각도의 기본은 수평각, 수직각, 다각선 등 3가지로 나뉘는데, 이것이 가격과 시간의 움직임을 측정하는 기본적인 기하학적 각도가 된다.

필자가 보기에 갠 이론은 엘리엇 파동이론에서 좀 더 발전한 것이다. 엘리엇도 패턴에 시간과 비율을 기본으로 적용한 것처럼 여기서도 시간과 비율이 똑같이 적용되기 때문이다.

갠은 다양한 방법으로 가격 예측에 접근하고 있지만 이 기법들은 모두 절대적인 것이 아니어서 갠 이론을 기계적으로 적용하다보면 커다란 오류가 발생할 수도 있다. 즉 시장의 상황에 따라 하락기조하에서는 관성의 법칙에 의해 좀 더 폭이 크게 나올 수도 있고, 상승기조하에서의 상승도 역시 숫자적으로 예측한 흐름이 100%라고 신뢰할 필요는 없다. 근사치만 찾아낸다면 대체로 성공한 전략이라고 볼 수 있는 것이다.

FUTURE OPTION

볼린저 밴드를 이용한 투자전략

일반적으로 '볼린저 밴드(Bolinger Band)' 에서 밴드의 축소는 표준편차가 줄어드는 것을 의미하므로 기존 추세가 완화되고 있다는 것을 뜻한다. 반대로 밴드가 확대되는 경우는 표준편차가 커지면서 새로운 추세가 형성되고 있음을 뜻한다.

결론적으로 가격변동띠의 폭이 좁으면 좁을수록 향후 주가가 변화할 가능성은 높아진다. '볼린저 밴드' 는 추세 추종적 기법이므로 일단 가격변동띠의 폭이 커지기 시작하면 주가의 방향대로 매매를 하는 것이 좋다. 또한 좁은 가격변동띠가 장기간 지속되다가 가격변동띠의 폭이 확대되었다면 주가는 큰 폭으로 상승하거나 하락할 가능성이 매우 높다는 것을 말해준다.

이는 이동평균선의 흐름과 흡사하다. 즉 모든 시장의 흐름은 자연의

이치와 같이 수렴한 이후 반드시 확산 구간으로의 변동성이 있기 때문에 이 원리에 의해 만들어진 지표가 볼린저 밴드의 움직임이라고 할 수 있다. 이 지표에 따른 매매는 대체로 비추세구간인 박스권 장세에서는 확률이 상당히 높다고 할 수 있다.

최근 시중에 나온 어떤 책은 '볼린저 밴드'를 기술적 지표를 대변하는 것처럼 기술하였다. 이는 최근 투자자들이 '볼린저 밴드'를 많이 이용한다는 것을 반증한다. 하지만 이 지표 역시 참고해야 할 보조수단에 불과하다. 그것이 필자가 수년 동안 실전에서 검증해본 결과다.

필자의 경험으로 볼 때 많은 지표들이 과열 양상을 보일 때는 단순하게 몇 가지 정도만 참고해도 이를 알 수 있다. 또한 과매도 상태에서도 몇 가지의 지표만 보면 시장 방향을 알 수 있다. 그런 것이 시장 지표다.

많은 보조지표들이 있지만 현재의 시장 흐름이 중장기적으로 어느 국면에 있는지에 따라 약세장이나 강세장에서 나타나는 지표의 영향력이 다르다는 점을 명심하자.

Tip 1 볼린저 밴드

이 분석 기법은 볼린저(J.Bollinger)가 개발한 분석 기법으로 이동평균선에서 표준편차의 일정배수를 가감하여 상하의 밴드를 결정하며, 상승과 하락의 변동폭 내에서 상한선과 하한선을 경계로 주가가 움직이는 것을 활용한 것이다.

추세를 보는 MACD 지표

우리 속담에 '산이 높으면 골이 깊고, 달도 차면 기운다.' 라는 말이 있다. 주식시장도 이러한 자연의 이치와 같다. MACD(Moving Average Convegence & Divergence : 이동평균 수렴확산 지수) 지표는 주가의 이동평균선이 만났다 헤어지고 다시 반복되는 수렴과 확산 국면을 이용한 분석이다. 이동평균선을 두고 늦게 움직이는 후행성 그래프라는 것 때문에 신뢰하지 않은 투자자들이 많다. 이러한 문제점을 보완하여 후행성을 극복한 새로운 기술적 지표가 바로 MACD이다.

MACD는 제럴드 아펠(Gerald Appel)이 개발한 지표로 단기 이동평균선과 장기 이동평균선이 주가의 변화에 따라 언젠가는 만날 것이며, 이렇게 만난 이동평균선은 새로운 가격 흐름에 의해 다시 헤어질 것이라는 원리에서 출발한다. 이동평균선들이 만나고 헤어지는 성질에 착안

하여 장단기 이동평균선이 가장 크게 벌어진 시점을 찾으려는 것이 MACD의 기본 원리로, 장단기 이동평균선의 괴리도가 가장 큰 시점이 바로 시세의 전환점(Turning Point)이 된다. 이 지표는 단기 매매보다는 추세를 보는 지표로 활용하는 데 큰 도움이 되는 기술적 지표다. 투자자들은 장중에서 많은 지표들을 전부 체크할 수 없다. 하지만 평소 검증된 MACD 지표를 보고 거래를 한다면 수익을 좀 더 올릴 수 있을 것이다.

MACD 오실레이터의 반전

MACD는 이동평균선을 한 단계 개량한 것이고, 시그널 곡선은 MACD를 매매에 이용하는 데 있어서 유용성을 재고시켜주기 위한 MACD의 지수 이동평균선이다. 이에 반해 MACD 오실레이터는

MACD 곡선과 시그널 곡선의 차이를 계산하여 차트 상에 나타낸 것을 말한다.

MACD 오실레이터는 인벨로프 기법을 개발한 매닝 스톨러(Manning Stoller)가 단순히 MACD와 시그널의 교차시점을 매매시점으로 사용하지 않고 이를 한 번 더 개량하여 추세와 매매시점을 명확하게 알 수 있도록 만든 기법이다. 아마 이를 실전투자전략에서 이용해 보는 것도 매우 유익할 것이다.

MACD 오실레이터가 증가하다가 증가세가 둔화되는 시점이 매도시점이 되고 감소하다가 감소하는 폭이 줄어든 시점이 매수시점이 된다.

FUTURE OPTION

이론 지표 공부

SONA

차트 설명

SONA는 모멘텀이 -기울기에서 +기울기로 전환하는 시점에 주가는 대개 저가 국면에 해당되고, +기울기에서 -기울기로 전환되는 시점에서는 고가 국면에 해당된다는 것을 바탕으로 하는 지표이다. 대개 SONA에서는 두 가지의 분석방법이 있는데, 첫째는 모멘텀이 0선을 교차하는 시점을 매매의 시기로 보는 것이다. 즉 모멘텀이 -국면에서 0선을 상향 돌파하여 +국면으로 전환되는 시점을 매수신호로 보고, 반대로 모멘텀이 +국면에서 0선을 하향 돌파하여 -국면으로 전환되는 시점을 매도신호로 보는 것이다. 두 번째 분석방법은 모멘텀이 모멘텀

이동평균선을 아래에서 위로 교차하면 매수신호로 보고, 반대로 모멘텀이 모멘텀 이동평균선을 위에서 아래로 교차하면 매도신호로 보는 것이다.

계산식

이동평균 산출식

당일 이동평균 = 전일 이동평균 + α (금일종가 혹은 지수 − 전일 이동평균)

※ 단, 0 〈 α 〈 1

SONA 모멘텀 산출식

산출일 = 금일 이동평균 − n 일전 종가 혹은 지수 이동평균

가격대별 거래량(매물 분석도)

차트 설명

누적된 거래량의 크기에 따라 지지와 저항의 강도를 분석할 수 있다. 보통 대량의 거래가 밀집된 가격대를 지지선과 저항선의 가격대로 분석한다. 또한 상승하던 주가가 하향 반전하여 지지 가격대를 하향 돌파하면 매도신호로 보고, 반대로 하락하던 주가가 상향 반전하여 저항 가격대를 상향 돌파하면 매수신호로 본다.

계산식

먼저 종축에 일정 비율의 폭으로 가격을 설정하여 두고 횡축에 해당 가격대에서 거래된 거래량을 누적적으로 표시하여 차트를 그린다. 두 번째로 그 위에 해당 주가(지수)차트를 그림으로써 시작점으로 쉽게 지지대와 저항대를 파악할 수 있도록 만들면 된다.

역시계방향

차트 설명

주가와 거래량의 일반적인 상관관계를 보면 다음과 같다.

첫째, 주가가 올라가면 거래량이 늘고 떨어지면 거래량도 함께 줄어든다.

둘째, 거래량은 주가에 선행하는 경향이 있다. 일반적으로 주가가 상승하고 시장 인기가 올라가고 있을 때는 거래량이 많아지지만 반대로 시황이 침체되면 거래량이 극도로 적어지는 경향이 있다.

일반적으로 주가가 상승하기 전에 거래량이 먼저 증가하기 시작하고 주가가 하락하기 전에 거래량이 먼저 감소하기 시작한다. 더욱이 거래량의 감소는 장세 약화에 더욱 박차를 가하게 된다.

'주가와 거래량 상관곡선' 은 이와 같이 주가와 거래량 간의 상관관계가 매우 크다는 점과 거래량이 주가에 선행하는 경향이 있다는 두 가지 이론적 근거에서 작성된 것으로 주가 예측에 매우 유용하게 활용되고 있다.

역시계방향(곡선)은 주가와 거래량의 20일 이동평균치를 사용하기 때문에 역시계 곡선 상에서는 실제 주가 움직임보다 약간 늦게 전환신호가 나타나게 된다는 점을 유의해야 한다. 그러므로 현재의 주가 및 거래량이 어느 국면에 와 있는지 파악하고 시장 전체의 동향을 함께 고려하여 종합적으로 판단해야 할 것이다.

계산식

첫째, 주가와 거래량의 25일 이동평균치를 계산한다.

둘째, 종축에 주가를 나타내고 횡축에 거래량을 나타낸다.

셋째, 종축에 횡축의 교차점을 연결한다.

여기서 20일 이동평균치를 사용하는 이유는 1일이나 5일치 이동평균 등의 단기 값을 사용할 경우, 곡선의 움직임이 보다 민감하게 움직이겠지만 반드시 역시계 방향으로 움직이지도 않고 우왕좌왕하는 경우가 많아 해석이 어려워지기 때문이다. 따라서 그 움직임을 완만하게 하고 중기적인 관점으로 파악하고자 20일 이동평균치를 사용하는 것이다.

변수명	일별	일간
이동평균기간	20일	20구간

삼선전환도

차트 설명

상승선에서 하락선으로 바뀔 때가 매도시점, 하락선에서 상승선으로 바뀔 때가 매수시점을 의미한다. 이 방법은 시장의 전환점을 잡기 쉽다는 장점이 있지만 과열된 시장에서는 하락선(음선이라고도 함)이 나오기 전에 급락하는 단점을 가지고 있기 때문에 어디까지나 참고 지표로 활용하는 것이 좋다.

계산식

삼선전환도는 시간개념을 완전히 무시하고 새로운 고가와 새로운 저가가 기록될 때만 차트에 기입한다. 이때 상승은 적색, 하락은 청색으로 나타내고 상승에서 하락 혹은 하락에서 상승으로 차트가 바뀌기 위해서는 직전 추세가 세 단계 이상의 전환이 있어야 한다. 주가가 세 번의 고가를 기록하며 700원이 올랐다면 하락하는 경우, 상승선 차트가 상승선(양선이라고도 함)에서 하락선(음선이라고도 함)으로 바뀌기 위해서는 당일의 하락폭이 700원 이상이어야 한다는 것이다.

이 방법은 상승선에서 하락선으로 바뀔 때가 매도시점인데 하락선에서 상승선으로 바뀌기 위해서는 당일의 하락폭이 700원 이상이어야 한다는 논리다.

VR

차트 설명

통상적으로 주가의 상승일은 하락일보다 거래량이 더 많다. 그러므로 극도의 침체장이 아니라면 일반적으로 VR 수치는 높게 나타나는데, 분석방법은 다음과 같다.

구분	범위	매매시점
VR	150% ~ 200%	보통상태
	450% 이상	천장권
	70% 이하	바닥권

VR 지표는 천장권일 때보다 바닥권일 때 신뢰도가 크다고 할 수 있다. 대개 상승장에서는 하락장에서보다 거래량이 훨씬 많기 때문에 평상시의 150% 이상을 유지한다. 또한 이보다 더 강세장일 경우 300% 이상인 것이 통례이다. 이때는 과열심리로 인해 천장 신호를 보여 주가는 지속적으로 상승한다. 하지만 비율이 100%라는 것은 주가가 상승할 때 오히려 거래량이 하락하여 거래량과 동일해지는 것을 의미하는데 70% 이하란 극도의 침체 장세를 일컫는다. 그 결과 바닥권이라는 것을 빨리 간파할 수 있다. 물론 VR 지표도 여타 지표와 병행하여 분석해야 실패의 확률이 적다는 점을 기억해야 한다.

계산식

[(주가상승일 거래량 합계 + 주가변동이 없는 날 거래량 합계 × 0.5) / (주가하락일 거래량 합계 + 주가변동이 없는 날 거래량 합계 × 0.5)] × 100

OBV

차트 설명

OBV 지수는 거래량의 누적지수로 주가의 변화에 앞서 거래량의 변동이 선행된다는 일반적인 통념을 이용한 분석이다. 특히 단기간의 추세를 분석하기 위해 고안된 지표로 OBV 지수가 상승할 경우 주가도 상승한다는 것을 의미하고 반대의 경우에는 하락한다는 것을 의미한다.

계산식

IF 금일종가 〉 전일종가

주가 상승시 : OBV = 전일 OBV + 금일거래량

ELSE IF 금일종가 〈 전일종가

주가 하락 시 : OBV = 전일 OBV − 금일거래량

ELSE 금일종가 = 전일종가

OBV = 전일 OBV

MACD OCS

차트 설명

교차점을 활용하는 방법은 두 가지가 있는데 각기 장단점이 있다. 시그널 선과의 교차로 매수 · 매도신호를 인식하는 것으로써 상당히 빠른 매수 · 매도신호를 나타내는 것이 장점이다. 하지만 속임수형이 상당히 많이 발생하여 매매 손실을 유발할 수도 있다, 때문에 자신이 평소에 관찰한 지표 한 두 개로 압축해서 보는 것이 가장 효과적이다.

또한 기준선 '0' 을 이용한 확인매매 방법이 있는데, 단기 이동평균선이 장기 이동평균선과 골드크로스(반대 데드크로스)하는 선으로 추세 전환의 확인 포인트로 사용된다. 시그널 선의 사용 시보다 속임수형을 많이 줄일 수 있다는 것이 장점이다.

계산식

MACD = 단기지수이동평균 – 장기지수이동평균

MACD Signal = n일 지수이동평균 MACD

MACD OSC = MACD – MACD 시그널(Signal)

지수이동평균 = {금일주가×2/(n일 + 1)} + {전일지수이동평균 × [1 – 2/(n일+1)]}

변수명	일별	일간
단기지수	이동평균 12일	12구간
장기지수	이동평균 26일	26구간
SIGNAL	이동평균 9일	9구간

RSI

차트 설명

RSI 지수는 현재의 가격이 상승추세라면 얼마나 강력한 상승추세인지, 하락추세라면 얼마나 강력한 하락추세인지를 백분율로 나타내는 것이다.

ROC지수 분석

70선을 상향 돌파 → 매수신호

30선을 하향 돌파 → 매도신호

계산식

RSI = [n일간의 주가상승폭 합계/(n일간의 주가상승폭 합계+n일간의 주가하락폭 합계)] × 100

스토캐스틱 Stochastic(Fast, Slow)

차트 설명

내개 두 개의 선으로 나타나는데 주요선을 %K라 하고 두 번째 선을 %D라 한다. 스토캐스틱을 해석하는 방법은 여러 가지가 있으나 대개 5가지로 분석한다.

먼저 오실레이터가 20범위 아래로 하락하면 매수하고 80범위 위로 상승하면 매도한다.

그리고 %K선이 %D선 위로 상향 돌파하면 매수하고 %K선이 %D선 아래로 하향 돌파하면 매도한다.

다음으로 다이버전스(Divergence)를 참조한다. 즉 주가는 이전 고점을 돌파하고 새로운 고점을 형성하는데, 스토캐스틱은 이전 고점 아래에서 되돌려질 때를 추세 전환이 임박했음을 알리는 신호로 본다.

다음은 힌지(Hinge) 분석인데, 상승 혹은 하락추세로 움직이던 %K선

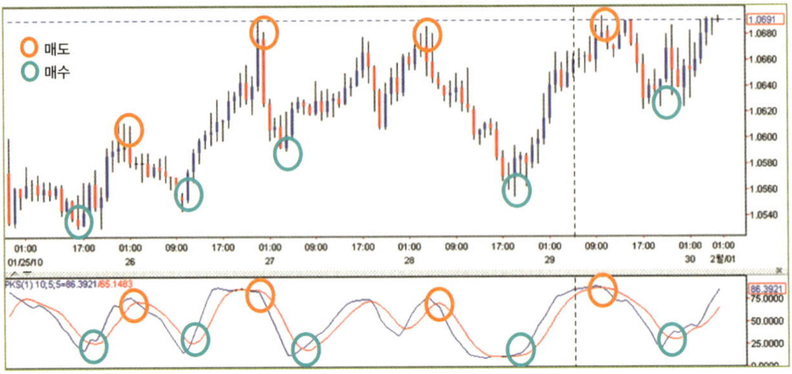

이 갑자기 둔화될 때를 힌지라 한다. 힌지가 발생하면 스토캐스틱의 추세가 바뀔 가능성이 농후하기 때문에 시장 추세의 반전을 암시하는 최초의 신호로 분석하는 것이다.

다음은 페일러(Failure) 분석이다. 페일러란 %K의 값이 85이상이거나 25이하에서 %K선과 %D선이 교차하며 매매 신호를 보인 후 곧바로 %K선과 %D선이 또 교차하여 매매 신호를 보이는 경우를 말하는데, 이 경우는 기존의 추세가 더욱 강화된 것으로 본다.

계산식

% K = [(당일 종가 − 해당기간의 최저가)/(해당기간의 최고가 − 해당기간의 최저가)] × 100

일반적으로 %K값을 구하기 위한 기본 기간은 5일을 사용하고 있다. 다음으로 %D값을 구해야 하는데 %D값은 %K의 이동평균을 %D값 기간만큼 계산하여 나타내며 3일을 기본 기간으로 계산한다. 즉 %D값은

%K값의 이동평균값이라고 보면 된다. 위의 계산방식을 일반적으로 빠른 스토캐스틱이라 하고 느린 스토캐스틱은 빠른 스토캐스틱의 %K를 버리고 빠른 스토캐스틱의 %D를 %K로 사용하며 새로운 %K의 이동평균값을 구해 %D로 사용한 것이다. 일반적으로 차트에서 빠른 스토캐스틱과 느린 스토캐스틱은 분석 기간에 따라 달리 사용한다.

스토캐스틱은 항상 0%~100% 범위 내에서 계산되는데, 0%이라는 것은 종가가 해당 거래기간값 범위에서 최저가에 있다는 것을 말하며 100%라는 것은 종가가 해당 거래기간값 중에서 최고값에 위치한다는 것을 말한다고 보면 된다.

에퀴볼륨(Equi Volumn)

차트 설명

에퀴볼륨(Equi Volumn)차트의 박스는 실제 거래기간 동안의 주식의 공급과 수요의 단면을 보여주는 차트이다. 짧고 굵은 박스는 (많은 거래량에 비해 주가가 조금 밖에 변화되지 않은 기간) 종종 전환점을 예고하고, 길고 얇은 박스는 (작은 거래량에 비해 주가가 많이 변화된 기간) 추세의 생성을 의미한다.

계산식

특정일의 고가, 저가, 거래량을 하나의 상자로 표시하고, 일별 거래량 구성비를 구하여 직사각형 가로의 폭을 결정한다.

거래량 구성비 = (일별 거래량 / 입회일 동안의 총거래량) × 100

상대강도

차트 설명

개별 기업이 속한 업종의 시장 변동성과 개별 기업의 시장 변동성을 비교 분석한 지표이다. 예를 들어 상대강도 OSC가 양수(+)일 때는 개별 기업의 주가가 업종지수보다 크게 오르거나 적게 떨어지는 경우에 해당되며, 상대강도 OSC가 음수(-)일 때는 개별 기업의 주가가 업종지수보다 적게 오르거나 더 크게 떨어진 경우에 해당된다고 본다. 이를 통하여 업종지수와 개별 기업의 주가 간의 상관관계를 추정하여 분석할 수 있는 지표이다.

변수명	일별	일간
이동평균기간	60일	12개

계산식

상대강도 = {(종목주가 / 종목주가의N일간이동평균) / 종목이소속업종지수의 종지수} / 종합업종지수의 N일간이동평균

상대강도 OSC = 상대강도 − 100

모멘텀(Momentum)

차트 설명

모멘텀 지표를 해석하는 방법은 크게 두 가지로 나눈다.

첫째, 모멘텀 지표는 MACD와 비슷한 추세 오실레이터로서의 지표라는 것이다. 지표가 저점에서 상승하면 매수하고 고점에서 하락하면 매도하는 분석법이다. (이때 지표의 기간은 단기로 9일 정도가 유용하다.)

둘째, 모멘텀 지표는 선행 지표라는 것이다. 전형적으로 시장의 고점은 급격한 가격 상승이 나타나고 저점은 급격한 가격 하락으로 끝나는데, 이 경우 모멘텀 지표를 사용하여 먼저 주가를 예측하는 분석법이다.

계산식

모멘텀 지표는 당일 종가와 해당 기간 전의 종가를 비교하여 계산한다.

Momentum = (당일 종가 / n일전 종가) × 100

롹(ROC)

차트 설명

일반적으로 12일 롹(ROC)은 중단기 과다 매수/과다 매도 지표로 사용하는데, 롹이 높이 올라갈수록 주가는 과다 매도 상태를 나타내고 롹이 낮게 떨어질수록 주가는 과다 매수 상태를 나타낸다.

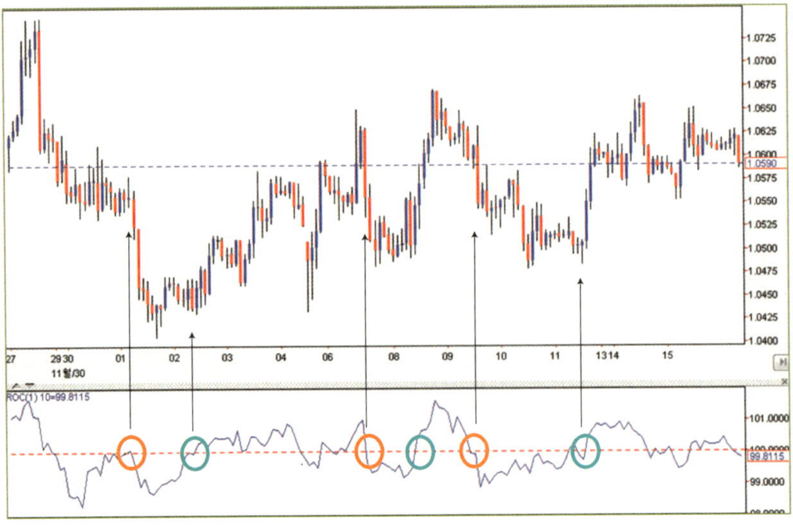

롤(ROC)지수 분석

0선을 상향 돌파 → 매수신호

0선을 하향 돌파 → 매도신호

계산식

롤(ROC) = (금일종가 − n일전 종가 / n일전 종가) × 100

CCI

차트 설명

당일의 평균 주가와 이동평균 주가와의 차이를 기초로 산출한 가격 지표로, 당일의 주가를 이동평균 주가로 나눈 이격도와 유사하다.

CCI 지수 분석

100 이상 → 과잉매수

−100 이하 → 과잉매도

계산식

[(금일 종가 + 금일 고가 + 금일 저가)]/3 − n일 이동평균{(종가 + 고가 + 저가)/3}] / [n일 이동평균|{(금일 종가 + 금일 고가 + 금일 저가)/3} − n일 이동평균 {(종가 + 고가 + 저가)/3 }|] × 0.015

CCI 지수 분석

100 이상 → 과잉매수

−100 이하 → 과잉매도

투자심리선

차트 설명

투자심리선은 일정기간 동안의 투자심리를 파악하여 시장이 과열상태인지 침체상태인지를 알아보는 데 그 목적이 있다. 일반적으로 투자자들은 투자심리선의 지수가 75% 이상일 때 시장 상황을 투자환경에 매우 밝고 매입 세력이 왕성한 경우(과열 상태)라고 판단하여 매도한다. 반대로 25% 이하일 때는 침체 상태로 판단하여 매입하는 지표로 활용하게 된다.

계산식

투자 심리선 = (n일간 동안의 상승일수 / n) × 100

변수명	일별	일간
적용기간	10일	10구간

이격도

차트 설명

일반적으로 이동평균선은 주가의 추세와 주가를 예측하는 수단으로 사용된다. 주가는 추세로부터 크게 벗어나면 원래 추세로 회귀하려는 속성이 있는데, 이런 속성을 이용하여 매매시점을 포착하기 위해 이격도를 활용한다. 이격도는 이동평균선과 주가와의 괴리도이다. 즉 당일의 주가를 이동평균치로 나눈 수치로, 20일 이격도가 100% 이상이라는 것은 당일의 주가가 20일 이동평균선 위에 있다는 뜻이 되고 100% 이하라는 것은 이동평균선 아래에 있다는 의미가 된다.

경험적인 이격 범위를 추출하여 투자 전략에 이용하면 과매도, 과매수 지역을 알 수 있다. 상승 국면과 하락 국면을 동일하게 적용하기 어렵지만 보통 중기선을 기준으로 플러스 이격 20%에서 경계, 마이너스 이격 15%에서 매수시점으로 이용한다면 확률이 높은 매매를 할 수 있다. 개별 종목에서는 일반적으로 플러스 최대 이격 30%, 마이너스 최대 이격 25%를 이용한다. 범위를 좁혀 더 구체적으로 보면, 아래 범위를 초과할 때를 단기적인 매입 또는 매도시점으로 판단할 수 있다.

이격도 구분	상승 국면	하락 국면
20일 이동평균 이격도	98%~106%	92%~102%
	매수	매도
60일 이동평균 이격도	98%~110%	88%~104%
	매수	매도

계산식

이격도 = (선택한 종목의 종가 / 선택한 종목의 n일간 이동평균) × 100

이격도 OSC = 이격도 − 100

변수명	일별	일간
이동평균기간	20일	20구간

실전매매에 필요한 지표들은 아주 많다. 모든 것을 하루아침에 숙지하기란 결코 쉽지 않다. 하지만 실전 교육과 함께 노력한다면 보다 빠른 감각을 익힐 수 있을 것이다. 여기 소개된 많은 지표와 이야기들이 처음 들을 때는 생소하고 낯설게 다가오겠지만, 모든 교육은 반복하는 과정에서 머릿속에 각인된다는 것을 기억하자.

거래를 할 때는 우선 원칙 세우기와 기술적 지표 읽기를 공부한 다음 증권사에 가서 선물 옵션 계좌를 트고 본격적인 트레이딩을 시작하는 것이 순서다. 또한 실전 감각을 익히기 위한 가상투자를 반드시 거친 다음 실전에 임할 것을 권한다. 아무런 지식과 경험이 없는 상태에서 계좌부터 개설하면 어설프게 배운 실력으로 사고를 칠 공산이 크기 때문이다.

확실하게 이론을 공부하고 실전 고수의 조언을 잘 듣고서 가상투자를 해보라. 어느 정도 자신감이 붙었을 때 실전에 자금을 투입해서 거래를 한다면 신바람 나는 투자여행이 될 것이다.

선물 옵션 실전 고수의 성공투자전략

1판 1쇄 인쇄 2010년 11월 23일
1판 1쇄 발행 2010년 12월 1일

지 은 이 문홍임
펴 낸 이 정정란

펴 낸 곳 도서출판 황매
출판등록 2002년 11월 15일
주 소 (121-240)서울시 마포구 연남동 567-31 3F
전 화 335-4179(편집부) 335-4121, 4131(영업부 외)
팩 스 335-4158

대표메일 hmbooks@hanmail.net

ISBN 978-89-6386-055-8 13320